智慧化税费申报与管理

主　编：洪　娟　柳　志

副主编：钟彩霞　赵媛媛　刘梦洁　周蓉晖

中国财经出版传媒集团
中国财政经济出版社

图书在版编目（CIP）数据

智慧化税费申报与管理 / 洪娟　柳志主编 . —北京：
中国财政经济出版社，2023. 5
ISBN 978-7-5223-2212-4

Ⅰ . ①智…　Ⅱ . ①洪… ②柳…　Ⅲ . ①税费 - 计算②
纳税 - 税收管理 - 中国 ③税收筹划 - 中国　Ⅳ .
① F810.423 ② F812.423

中国国家版本馆 CIP 数据核字（2023）第 089205 号

组稿编辑：谷　文　　　　责任编辑：李　冰
封面设计：孙俪铭　　　　责任校对：胡永立

智慧化税费申报与管理
ZHIHUIHUA SHUIFEI SHENBAO YU GUANLI

中国财政经济出版社 出版
URL：http：// www. cfeph. cn
E- mail：cfeph@ cfeph. cn

社址：北京市海淀区阜成路甲 28 号　邮政编码：100142
营销中心电话：010 - 88191522
天猫网店：中国财政经济出版社旗舰店
网址：https：// zgczjjcbs. tmall. com
廊坊市佳艺印务有限公司印刷　各地新华书店经销
成品尺寸：185mm × 260mm　16 开　21.75 印张　399 000 字
2023 年 8 月第 1 版　2023 年 8 月北京第 1 次印制
定价：78.00 元
ISBN 978-7-5223-2212-4
（图书出现印装问题，本社负责调换，电话：010-88190548）
本社质量投诉电话：010-88190744
打击盗版举报热线：010-88191661　QQ：2242791300

前言

党的二十大对职业教育重视程度之高前所未有，职业教育在整个教育体系中的分量之重前所未有，深化现代职业教育体系建设改革的任务之艰巨也前所未有。高等职业教育是我国职业教育体系的重要组成部分，在“三教”改革中教材又是基础，是推动高等职业教育发展的重要因素。在大数据、区域链、AR/VR 等技术迅猛发展与应用背景下，为适应税法的不断变化，实现智能财税新业态，高素质技术技能型人才培养目标，达到专业与行业、课堂与岗位、教学内容与岗位工作内容的无缝对接，我们编写了本教材。教材编写特色如下：

1. 落实立德树人，培养工匠精神。本教材以学生为中心，基于税务职业岗位，将知识、技能和素质融合为一体，同时融入职业道德、职业素养等课程思政内容，具备以德树人的教育功能，培养学生“爱岗敬业、诚实守信、坚持准则、强化服务”的职业素养。

2. 坚持知行合一，推进产教融合。校企深度融合共同制订人才培养方案，编写课程标准，共建教学资源，将职业教育教学内容与企业实际工作过程深度融合。以最新已颁布实施的税收法律法规为准绳，充分体现我国税收法律制度的最新发展动态和发展方向。

3. 打造智慧平台，设计活页教材。活页教材灵活性强，便于阅读、学习和纳税申报操作，满足新形态教材的要求，可以更好地促进学生开展有目的的学习，调动学生学习的积极性。

4. 贯彻理实一体，实现学做合一。本着“就业为导向，能力为本位”的职业教育理念，以企业实践专家开发的涉税案例作为典型工作任务，提高未来就业的适应性，实现“做中学，学中做，边学边做”。

5. 以金税工程为依托，以国家电子税务局为平台。各税种的申报与缴纳基于全方位、低风险、高效率的电子税务局服务平台，实现线上依法纳税，自我识别、防范税务风险，以全真模拟的电子税务软件为学生操作训练，实现智慧化税务申报与管理。

本书项目一由周蓉晖老师编写，项目二由洪娟老师编写，项目三由洪娟、黄艳老师编写，项目四由赵媛媛老师编写，项目五由钟彩霞老师编写，项目六由柳志、刘梦洁老师编写，危英老师负责全书的审核、校对。本书在编写过程中参考了有关专家、教授编写的教材和专著，株洲宏大高分子材料有限公司财务总监金勇华对本教材提出了宝贵的意见，在此表示衷心感谢。

由于时间及编者水平有限，书中难免有疏漏和不当之处，敬请使用本书的师生与读者批评指正。书中印章系电脑制作，只为增加仿真效果，别无他用。

编　者

2023 年 4 月

目录

项目一

智慧纳税工作流程认识

学习目标

知识目标

- 了解智慧税务建设与发展
- 熟悉税收与税法的基本原理
- 掌握各类涉税事务登记
- 熟悉发票领购
- 熟悉纳税申报
- 熟悉税款征收

能力目标

- 能够明确智慧税务现状
- 能在智慧税务平台进行企业开业、变更、注销等登记工作
- 能在智慧税务平台进行发票领购、开具及管理

素质目标

- 提升税务管理的数字化转型思维
- 增强依法纳税意识和社会责任感
- 培养爱国敬业、诚实守信、廉洁自律、坚持准则的职业道德

思维导图

- 智慧纳税工作流程认识
  - 智慧税务建设
    - 智慧税务概念
    - 智慧税务建设
  - 涉税登记
    - 税收认知
    - 涉税登记
  - 发票管理
    - 发票的概念
    - 发票的种类与适用范围
    - 发票的基本内容
    - 发票的管理
  - 纳税申报管理
    - 纳税申报认知
    - 纳税申报管理
  - 税款征收管理
    - 税款征收方式
    - 税款缴纳期限
    - 税款退还、追征与补征
    - 税款征收保障措施
  - 纳税信用管理
    - 适用范围
    - 纳税信用信息的采集
    - 纳税信用评价
    - 纳税信用修复

任务1　智慧税务建设

知识储备

智慧税务是2015年9月国家税务总局印发的《“互联网+税务”行动计划》中提出的概念。该行动计划提出“以提升税收治理能力为目标，深化互联互通与信息资源整合利用，构建智慧税务新局面”。

一、智慧税务概念

智慧税务是指建立一套完善的以纳税人自行申报纳税为核心、多元化服务为特征的征收服务体系，以及提高税务管理水平和效率的税政管理体系，以满足国家税务机关向纳税人提供更优质服务的需要和国家对税务工作转变的要求和提高税务干部能力。

二、智慧税务建设

近年来，我国税收制度改革不断深化，2021年3月中共中央办公厅、国务院办公厅印发了《关于进一步深化税收征管改革的意见》，对新时代进一步深化税收征管改革提出了具体要求。

（一）总体要求

1. 指导思想。

以习近平新时代中国特色社会主义思想为指导，着力建设以服务纳税人缴费人为中心、以发票电子化改革为突破口、以税收大数据为驱动力的具有高集成功能、高安全性能、高应用效能的智慧税务。

2. 主要目标。

到2022年，在税务执法规范性、税费服务便捷性、税务监管精准性上取得重要进展。到2023年，实现从“以票管税”向“以数治税”分类精准监管转变。到2025年，深化税收征管制度改革，基本建成功能强大的智慧税务。

（二）全面推进税收征管数字化升级和智能化改造

1. 加快推进智慧税务建设。

充分运用大数据、云计算、人工智能、移动互联网等现代信息技术，2022 年基本实现法人税费信息“一户式”、自然人税费信息“一人式”智能归集，2023 年基本实现税务机关信息“一局式”、税务人员信息“一员式”智能归集，2025 年实现税务执法、服务、监管与大数据智能化应用深度融合、高效联动、全面升级。

2. 稳步实施发票电子化改革。

2021 年建成全国统一的电子发票服务平台，24 小时在线免费为纳税人提供电子发票申领、开具、交付、查验等服务。制定出台电子发票国家标准，2025 年基本实现发票全领域、全环节、全要素电子化。

3. 深化税收大数据共享应用。

探索区块链技术在社会保险费征收、房地产交易和不动产登记等方面的应用，不断完善税收大数据云平台，2025 年建成税务部门与相关部门常态化、制度化数据共享协调机制，打造规模大、类型多、价值高的税收大数据。

（三）智慧税务信息化管理

1. 金税工程。

金税工程是运用高科技手段结合我国增值税管理实际而设计的高科技管理系统。该系统由一个网络（国家税务总局与省、地、县税务局四级计算机网络）和四个子系统（增值税防伪税控开票子系统、防伪税控认证子系统、增值税稽核子系统和发票协查子系统）构成，实现了利用覆盖全国税务机关的计算机网络对增值税专用发票和企业增值税纳税状况进行严密监控。

2. 电子税务局。

电子税务局是由税务机关提供的网上办税服务厅，实现“四个统一”，提供功能更加全面、办税更加便捷的网上办税系统，优化业务信息系统功能，提供预填或免填单服务，减少纳税人基础信息重复填写，提高了纳税人办事效率。

电子税务局的常用功能主要包括“我的信息”“我要办税”“我要查询”“互动中心”“公众服务”，如图 1–1 所示。

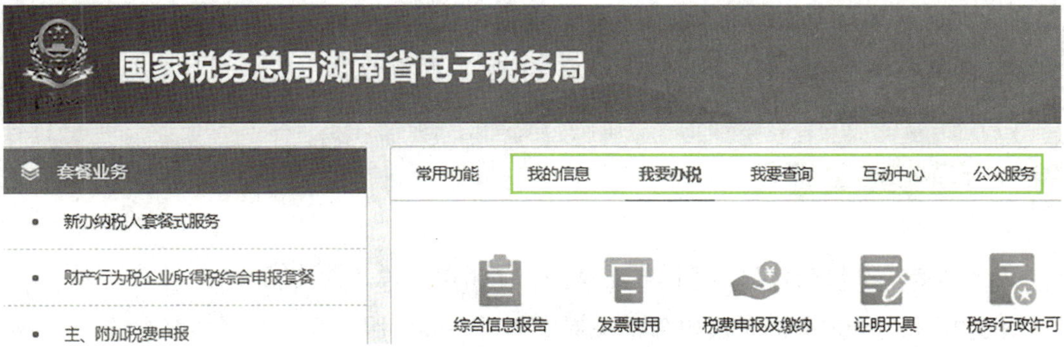

图 1–1　国家税务总局湖南省电子税务局

电子税务局登录方式较多，其中纳税人最常用的登录方式就是直接在浏览器上搜索各省电子税务局。进入平台后就可看到这五大功能区。

（1）“我的信息”，纳税人通过点击“我的信息”实现对自身基本信息、平台信息的管理和查看。包括纳税人信息、电子资料、用户管理等大类。

（2）“我要办税”，纳税人通过登录“我要办税”发起业务办理申请，实现发票使用、税收减免、税费申报与缴纳、证明开具、一般退（抵）税管理、增值税抵扣凭证管理、纳税信用、涉税专业服务机构管理、其他服务事项、风险管理等各类涉税事项的网上办理。

（3）“我要查询”，纳税人通过“我要查询”可以对发票信息查询、缴款信息查询、办税进度及结果信息查询、优惠信息查询、证明信息查询、纳税信用状态信息查询、财务会计制度备案查询以及失信行为查询。

（4）“互动中心”，纳税人与税务机关实现互联互通、在线交互。目前主要提供我的消息、在线交互、预约办税、权益保护、纳税人满意度调查等功能。

（5）“公众服务”，主要是一些无须登录即可查看的功能，包括通知公告、咨询辅导、公众查询等大类。

电子税务局还提供“个性服务”功能。纳税人可快速办理关联性较强的组合业务，自行定制常用功能模块，以及创新服务功能，如纳税人关联业务的一次性办理，纳税人常用办税功能便捷入口等。

3.“非接触式”网上办税。

2020 年初，为积极应对新冠疫情，最大程度降低疫情传播风险，税务部门积极拓展“非接触式”办税缴费事项。截至 2021 年 2 月，214 个涉税缴费事项可在网上办理，纳税人可依托电子税务局等各类“非接触式”办税缴费服务渠道，办理各项主要涉税事宜。在此基础上，各地税务部门又进一步依托电子税务局、手机 App、微信公众号、邮寄、传真、电子邮件等，不断拓宽“非接触式”办税缴费渠道。

任务实践

【任务要求】根据智慧税务的基本认知，了解电子税务局功能。

【分析】电子税务局是由税务机关提供的网上办税服务厅，实现“四个统一”，提供功能更加全面、办税更加便捷的网上办税系统，优化业务信息系统功能，提供预填或免填单服务，减少纳税人基础信息重复填写，让纳税人“多跑网络、少跑马路”。

任务2　涉税登记

知识储备

一、税收认知

税收是国家为了实现其职能，凭借其政治权利，强制地、无偿地参与国民收入和社会产品的分配及其再分配，取得财政收入的一种分配形式。国家通过征税，将一部分社会产品由纳税人所有转变为国家所有，征税的过程实际上是国家参与社会产品分配的过程。税收与其他分配方式相比，具有强制性、无偿性、固定性的特征。税收收入是财政收入的主要来源。

税法是国家制定的用来调整国家与纳税人之间的权利及义务关系的法律规范的总称。税法构成了国家与纳税人依法征税、依法纳税的行为准则体系。目的是保证国家利益和纳税人的合法权益，维护正常的税收秩序，保证国家的财政收入。

二、涉税登记

税务登记是税务机关对纳税人基本情况及生产经营项目进行登记管理的一项基本制度，是税务机关对纳税人实施税收征收管理的起点。企业涉税登记的范围主要包括设立登记、变更登记、停业复业登记、注销税务登记等。

（一）设立登记

1. 纳税人应当在规定的时限内，向主管税务机关申报办理税务登记、提供相关证件和资料、如实填写税务登记表，符合规定的，税务机关应当当日办理并发放税务登记证件。

2. 多证合一、一照一码将工商营业执照、组织机构代码证、税务登记证、社会保险登记证、统计登记证等整合到营业执照上，使“一照一码”营业执照成为企业唯一的“身份证”，使统一社会信用代码成为企业唯一的身份代码，实现企业“一照一码”走天下。由此，纳税人以18位统一社会信用代码为其纳税人识别号，按照现行规定办理税务登记。

（二）变更登记

纳税人办理设立税务登记后，因登记内容发生变化，需要对原有登记内容进行更改的，应向主管税务机关申报办理变更税务登记。

1. 纳税人已在市场监管部门办理变更登记的，应当自变更登记之日起30日内，向原税务登记机关申报办理变更税务登记。

2. 纳税人按照规定不需要在市场监管部门办理变更登记，或者其变更登记的内容与工商登记内容无关的，应当自税务登记内容实际发生变化之日起30日内，或者自有关机关批准或者宣布变更之日起30日内，到原税务登记机关申报办理变更税务登记。

3. 纳税人税务登记表和税务登记证中的内容都发生变更的，税务机关按变更后的内容重新发放税务登记证件；纳税人税务登记表的内容发生变更而税务登记证中的内容未发生变更的，税务机关不重新发放税务登记证件。

（三）停业、复业登记

1. 实行定期定额征收方式的个体工商户需要停业的，应当在停业前向税务机关申报办理停业登记。纳税人的停业期限不得超过1年。纳税人在申报办理停业登记时，应如实填写停业复业报告书，说明停业理由、停业期限、停业前的纳税情况和发票的领、用、存情况，并结清应纳税款、滞纳金、罚款。税务机关应收存其税务登记证件及副本、发票领购簿、未使用完的发票和其他税务证件。

2. 纳税人在停业期间发生纳税义务的，应当按照税收法律、行政法规的规定申报缴纳税款。

3. 纳税人应当于恢复生产经营之前，向税务机关申报办理复业登记，如实填写停业复业报告书，领回并启用税务登记证、发票领购簿及其停业前领购的发票。纳税人停业期满不能及时恢复生产经营的，应当在停业期满前到税务机关办理延长停业登记，并如实填写停业复业报告书。

（四）注销税务登记

1. 注销税务登记的情形

纳税人发生以下情形的，向主管税务机关申报办理注销税务登记：

（1）纳税人发生解散、破产、撤销以及其他情形，依法终止纳税义务的；

（2）纳税人被市场监管部门吊销营业执照或者被其他机关予以撤销登记的；

（3）纳税人因住所、经营地点变动，涉及变更税务登记机关的；

（4）境外企业在中国境内承包建筑、安装、装配、勘探工程和提供劳务的，项目完工、离开中国的。

2. 办理注销税务登记的流程

已实行“多证合一、一照一码”登记模式的企业办理注销登记，须先向主管税务机关申报清税，填写清税申报表。清税完毕后，受理税务机关根据清税结果向纳税人统一出具清税证明。纳税人办理注销税务登记前，应当向税务机关提交相关证明文件和资料，结清应纳税款、多退（免）税款、滞纳金和罚款，缴销发票、税务登记证件和其他税务证件，经税务机关核准后，办理注销税务登记手续。

课程思政

“谈谈税收认知及作用”——通过话题讨论，让学生能深入了解税收的作用，江河汇流成海，分文积累强国，依法诚信纳税，共享祖国繁荣。

改革开放40多年来，中国取得了辉煌的成就：有九天揽月的“北斗”，五洋捉鳖的“蛟龙”；有奔驰的高铁，有探索星空的“天问”；成功举办了北京冬奥会，彰显着大国的崛起。

国家的发展与崛起，需要财政资金的大力支持，税收是财政资金的重要来源，直接影响着中国经济的发展和国家的崛起，中国梦的实现离不开税收的巨大贡献，依法纳税是每一个中国公民应尽的义务。

任务实践

【资料】企业概况

（1）企业名称：星城兰波旺有限责任公司

（2）企业性质：有限责任公司（增值税一般纳税人）

（3）法定代表人：常征

（4）企业地址及电话：长沙市南湖路 168 号　0731–85321778

（5）开户银行及账号：工行南湖支行 5006937475401032117

（6）社会信用代码：430105392367576272

（7）主营产品：高档化妆品

【任务要求】公司股东大会作出变更决议更换法人为常胜利。

【分析】公司应当按照规定在市场监管部门办理变更登记，自变更登记之日起 30 日内，持有关证件到原税务登记机关申报办理变更税务登记。能在智慧税务平台办理变更税务登记。

任务 3　发票管理

知识储备

一、发票的概念

发票是在购销商品、提供或者接受服务以及从事其他经营活动中，开具、收取的收付款凭证。它是经营活动收付款的法定凭证，是核算纳税人经营活动相关业务的原始凭证，也是税务稽查的重要依据，发票通常由收款方向付款方开具。

在中华人民共和国境内印制、领购、开具、取得、保管、缴销发票的单位和个人（以下称印制、使用发票的单位和个人），必须遵守《中华人民共和国发票管理办法》（1993 年 12 月 12 日由国务院批准，1993 年 12 月 23 日财政部令第 6 号发布，2010 年 12 月 20 日第一次修订，2019 年 3 月 2 日第二次修订，以下简称《发票管理办法》）。

二、发票的种类与适用范围

（一）按适用发票管理办法分类

发票可以分为适用特殊行业发票管理办法的行业专业发票和常规发票。

目前常见的行业专业发票有金融企业的存贷、汇兑、转账凭证；公路、铁路和水上运输企业的客运发票；航空运输企业提供航空运输电子客票行程单；收费公路通行费增值税电子普通发票等。必须注意的是，行业专业发票仅适用于特殊行业的特殊经营业务，对于特殊行业的常规经营业务，仍应使用常规发票。

（二）按增值税抵扣凭证分类

按照增值税抵扣凭证分类，增值税发票可分为增值税专用发票和增值税普通发票两类。

1. 增值税专用发票。

增值税专用发票分为纸质发票和电子发票。增值税小规模纳税人（其他个人除外）发生增值税应税行为，需要开具增值税专用发票的，可以自愿使用增值税发票管理系统自行开具。选择自行开具增值税专用发票的小规模纳税人，税务机关不再为其代开增值税专用发票。

增值税纸质专用发票的基本联次为三联：发票联、抵扣联和记账联。发票联，作为购买方核算采购成本和增值税进项税额的记账凭证；抵扣联，作为购买方报送主管税务机关认证确认（自 2020 年 1 月起，取消认证确认，改为通过本省（自治区、直辖市和计划单列市）增值税发票综合服务平台对扣税凭证信息进行用途确认）和留存备查的凭证；记账联，作为销售方核算销售收入和增值税销项税额的记账凭证。

2. 增值税普通发票。

增值税普通发票是相对于增值税专用发票而言的，是增值税小规模纳税人销售货物、劳务、服务、无形资产和不动产开具的发票，一般纳税人在销售货物或者提供应税劳务而不能开具增值税专用发票时，也可以使用增值税普通发票。

增值税普通发票种类很多，格式、规格和联次不尽一致。增值税普通发票的基本联次包括存根联、发票联、记账联。存根联由收款方或开票方留存备查；发票联由付款方或受票方作为付款原始凭证；记账联由收款方或开票方作为记账原始凭证。

目前，常用增值税普通发票主要有：增值税纸质普通发票、增值税电子普通发票、收费公路通行费增值税电子普通发票、增值税普通发票（卷式）、增值税普通发票（折叠式）、门票、过路（过桥）费发票、定额发票、二手车销售统一发票和印有本单位名称的增值税普通发票等。

三、发票的基本内容

发票的基本内容包括：发票的名称、发票代码和号码、联次及用途、客户名称、开户银行及账号、商品名称或经营项目、计量单位、数量、单价、大小写金额、开票人、开票日期、开票单位（个人）名称（章）等。

四、发票的管理

（一）发票领购管理

1. 发票领购流程。

需要领购发票的单位和个人，持税务登记证件、经办人身份证明、按照国务院税务主管部门规定式样制作的发票专用章的印模，向主管税务机关办理发票领购手续。主管税务机关根据领购单位和个人的经营范围和规模，确认领购发票的种类、数量以及领购方式，在5个工作日内发给发票领购簿。单位和个人领购发票时，应当按照税务机关的规定报告发票使用情况，税务机关应当按照规定进行查验。

纳税人在国家税务电子平台【我要办税】–【发票使用】可以领购发票。如图1–2、图1–3所示。

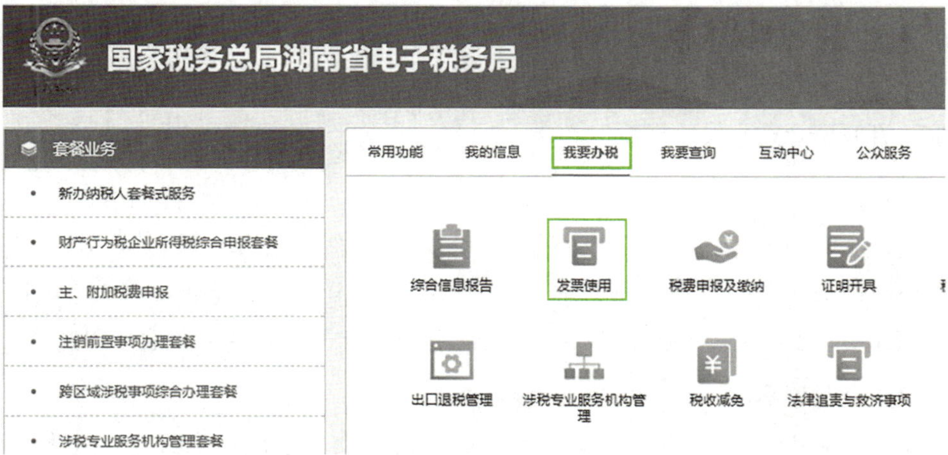

图1–2 “我要办税”界面

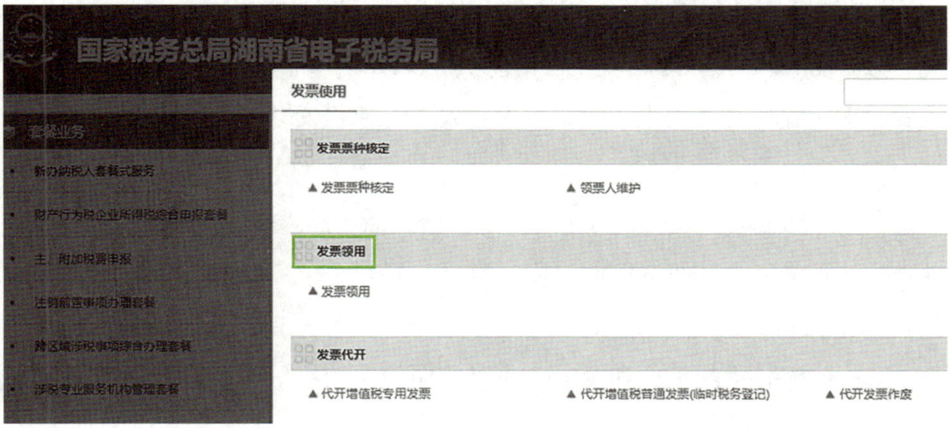

图1–3 “发票领用”界面

2. 发票代开。

需要临时使用发票的单位和个人，可以凭购销商品、提供或者接受服务以及从事其他经营活动的书面证明、经办人身份证明，直接向经营地税务机关申请代开发票。依照税收法律、行政法规规定应当缴纳税款的，税务机关应当先征收税款，再开具发票。税务机关根据发票管理的需要，可以按照国务院税务主管部门的规定委托其他单位代开发票。禁止非法代开发票。

3. 外地经营发票领购。

临时到本省、自治区、直辖市以外从事经营活动的单位或者个人，应当凭所在地税务机关的证明，向经营地税务机关领购经营地的发票。临时在本省、自治区、直辖市以内跨市、县从事经营活动领购发票的办法，由省、自治区、直辖市税务机关规定。

税务机关对外省、自治区、直辖市来本辖区从事临时经营活动的单位和个人领购发票的，可以要求其提供保证人或者根据所领购发票的票面限额以及数量交纳不超过1万元的保证金，并限期缴销发票。按期缴销发票的，解除保证人的担保义务或者退还保证金；未按期缴销发票的，由保证人或者以保证金承担法律责任。税务机关收取保证金应当开具资金往来结算票据。

（二）发票的开具和保管

根据《税收征收管理法》第二十一条的规定："单位、个人在购销商品、提供或者接受经营服务以及从事其他经营活动中，应当按照规定开具、使用、取得发票。"

1. 发票开具要求。

（1）销售商品、提供服务以及从事其他经营活动的单位和个人，对外发生经营业务收取款项，收款方应当向付款方开具发票；特殊情况下，由付款方向收款方开具发票。

（2）所有单位和从事生产、经营活动的个人在购买商品、接受服务以及从事其他经营活动支付款项时，应当向收款方取得发票。取得发票时，不得要求变更品名和金额。

（3）不符合规定的发票，不得作为财务报销凭证，任何单位和个人有权拒收。

（4）开具发票应当按照规定的时限、顺序、栏目，全部联次一次性如实开具，并加盖发票专用章。

（5）安装税控装置的单位和个人，应当按照规定使用税控装置开具发票，并按期向主管税务机关报送开具发票的数据。

使用非税控电子器具开具发票的，应当将非税控电子器具使用的软件程序说明资料报主管税务机关备案，并按照规定保存、报送开具发票的数据。

纳税人在国家税务电子平台【发票使用】中，进入【增值税发票综合服务平台】模块，输入手机和短信密码就可以开具发票。如图 1–4、图 1–5 所示。

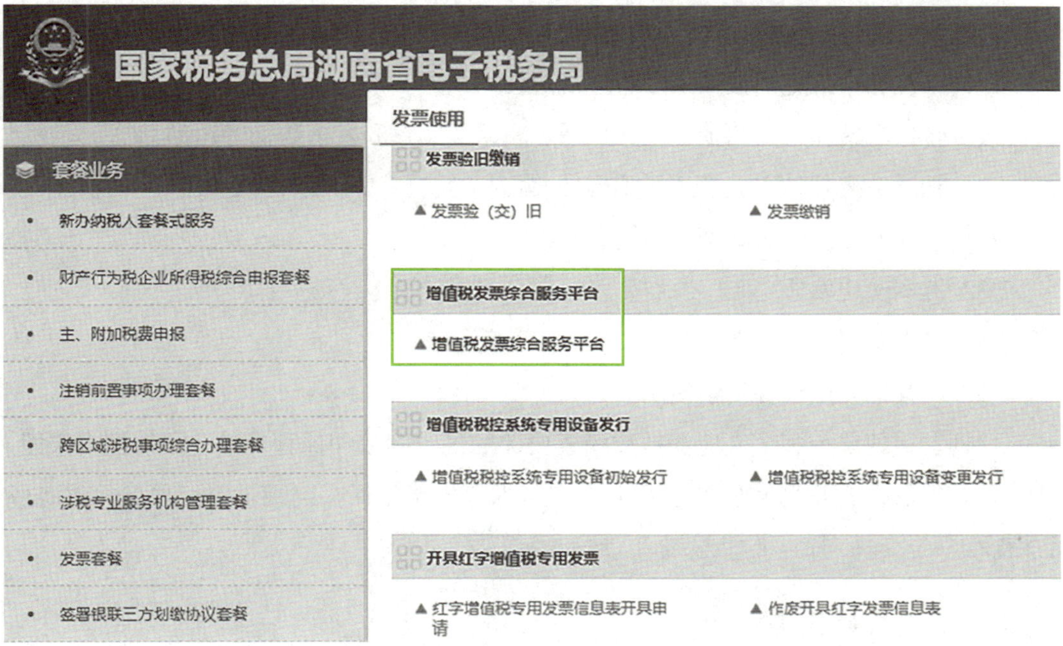

图 1–4　“发票领用—增值税发票综合服务平台”界面

图 1–5　“增值税发票综合服务平台”界面

2. 禁止性规定。

任何单位和个人不得有下列虚开发票行为：

（1）为他人、为自己开具与实际经营业务情况不符的发票。

（2）让他人为自己开具与实际经营业务情况不符的发票。

（3）介绍他人开具与实际经营业务情况不符的发票。

3. 发票的使用和保管。

任何单位和个人应当按照发票管理规定使用发票，不得有下列行为：

（1）转借、转让、介绍他人转让发票、发票监制章和发票防伪专用品。

（2）知道或者应当知道是私自印制、伪造、变造、非法取得或者废止的发票而受让、开具、存放、携带、邮寄、运输。

（3）拆本使用发票。

（4）扩大发票使用范围。

（5）以其他凭证代替发票使用。

开具发票的单位和个人应当按照税务机关的规定存放和保管发票，不得擅自损毁。已经开具的发票存根联和发票登记簿，应当保存5年。保存期满，报经税务机关查验后销毁。

（三）发票的检查

税务机关在发票管理中有权进行下列检查：

1. 检查印制、领购、开具、取得、保管和缴销发票的情况。

2. 调出发票查验。

3. 查阅、复制与发票有关的凭证、资料。

4. 向当事各方询问与发票有关的问题和情况。

5. 在查处发票案件时，对与案件有关的情况和资料，可以记录、录音、录像、照相和复制。

（四）网络发票管理

网络发票是指符合国家税务总局统一标准并通过国家税务总局及省、自治区、直辖市税务局公布的网络发票管理系统开具的发票。国家积极推广使用网络发票管理系统开具发票，并提供便捷的网络发票信息查询渠道。

1. 税务机关应根据开具发票的单位和个人的经营情况，核定其在线开具网络发票的种类、行业类别、开票限额等内容。开具发票的单位和个人需要变更网络发票核定内容的，可向税务机关提出书面申请，经税务机关确认，予以变更。

2. 开具发票的单位和个人开具网络发票应登录网络发票管理系统，如实完整填写发票的相关内容及数据，确认保存后打印发票。开具发票的单位和个人在线开具的网络发票，经系统自动保存数据后即完成开票信息的确认、查验。

3. 单位和个人取得网络发票时，应及时查询验证网络发票信息的真实性、完整性，对不符合规定的发票，不得作为财务报销凭证，任何单位和个人有权拒收。

4. 开具发票的单位和个人需要开具红字发票的，必须收回原网络发票全部联次或取得受票方出具的有效证明，通过网络发票管理系统开具金额为负数的红字网络发票。开具发票的单位和个人作废开具的网络发票，应收回原网络发票全部联次，注明"作废"，并在网络发票管理系统中进行发票作废处理。开具发票的单位和个人应当在办理变更税务登记或者注销税务登记的同时，办理网络发票管理系统的用户变更、注销手续并缴销空白发票。

5. 税务机关根据发票管理的需要，可以按照国家税务总局的规定委托其他单位通过网络发票管理系统代开网络发票。税务机关应当与受托代开发票的单位签订协议，明确代开网络发票的种类、对象、内容和相关责任等内容。

6. 开具发票的单位和个人必须如实在线开具网络发票，不得利用网络发票进行转借、转让、虚开发票及其他违法活动。当网络出现故障，无法在线开具发票时，可离线开具发票。开具发票后，不得改动开票信息，并于 48 小时内上传开票信息。

7. 省级以上税务机关在确保网络发票电子信息正确生成、可靠存储、查询验证、安全唯一等条件的情况下，可以试行电子发票。

任务实践

根据任务 2 中的任务实践资料，即提供的星城兰波旺有限责任公司的相关企业概况。

【任务要求】根据发票的基本认知，明确星城兰波旺有限责任公司使用的发票种类及开具要求。

【分析】星城兰波旺有限责任公司属于增值税一般纳税人，可以开具增值税专用发票、增值税普通发票及电子发票。企业需要按《税收征收管理法》的相关规定开具发票。

任务4 纳税申报管理

知识储备

纳税申报是纳税人按照税法规定的期限和内容，向税务机关提交有关纳税事项书面报告的法律行为，既是纳税人履行纳税义务、税务机关界定纳税人法律责任的主要依据，也是税务机关税收管理信息的主要来源和税务管理的重要制度。

一、纳税申报认知

（一）纳税申报的对象

纳税申报的对象为纳税人和扣缴义务人。纳税人在纳税期内没有应纳税款的，也应当按照规定办理纳税申报。纳税人享受减税、免税待遇的，在减税、免税期间应当按照规定办理纳税申报。

（二）纳税申报的内容

纳税人和扣缴义务人的纳税申报和代扣代缴、代收代缴税款报告的主要内容包括：税种、税目，应纳税项目或者应代扣代缴、代收代缴税款项目，计税依据，扣除项目及标准，适用税率或者单位税额，应退税项目及税额、应减免税项目及税额，应纳税额或者应代扣代缴、代收代缴税额，以及税款所属期限、延期缴纳税款、欠税、滞纳金等。

（三）纳税申报的期限

申报期限有两种：一种是法律、行政法规明确规定的；另一种是税务机关按照法律、行政法规的原则规定，结合纳税人生产经营的实际情况及其所应缴纳的税种等相关问题予以确定的。两种期限具有同等的法律效力。

（四）纳税申报的要求

纳税人办理纳税申报时，应当如实填写纳税申报表，并根据不同的情况相应报送下列有关证件、资料：

1. 财务会计报表及其说明材料。
2. 与纳税有关的合同、协议书及凭证。
3. 税控装置的电子报税资料。
4. 外出经营活动税收管理证明和异地完税凭证。
5. 境内或者境外公证机构出具的有关证明文件。
6. 税务机关规定应当报送的其他有关证件、资料。
7. 扣缴义务人办理代扣代缴、代收代缴税款报告时，应当如实填写代扣代缴、代收代缴税款报告表，并报送代扣代缴、代收代缴税款的合法凭证以及税务机关规定的其他有关证件、资料。

（五）纳税申报的方式

目前，纳税申报的形式主要有以下三种：

1. 直接申报，是指纳税人自行到税务机关办理纳税申报。这是一种传统申报方式。

2. 邮寄申报，是指经税务机关批准的纳税人使用统一规定的纳税申报特快专递专用信封，通过邮政部门办理交寄手续，并向邮政部门索取收据作为申报凭据的方式。

纳税人采取邮寄方式办理纳税申报的，应当使用统一的纳税申报专用信封，并以邮政部门收据作为申报凭据。邮寄申报以寄出的邮戳日期为实际申报日期。

3. 数据电文，是指经税务机关确定的电话语音、电子数据交换和网络传输等电子方式。例如，目前纳税人的网上申报，就是数据电文申报方式的一种形式。纳税人、扣缴义务人采取数据电文方式办理纳税申报的，其申报日期以税务机关计算机网络系统收到该数据电文的时间为准。

4. 其他方式申报，实行定期定额缴纳税款的纳税人，可以实行简易申报、简并征期等申报纳税方式。“简易申报”是指实行定期定额缴纳税款的纳税人在法律、行政法规规定的期限内或税务机关依据法律、行政法规的规定确定的期限内缴纳税款的，税务机关可以视同申报；“简并征期”是指实行定期定额缴纳税款的纳税人，经税务机关批准，可以采取将纳税期限合并为按季、半年、年的方式缴纳税款。

二、纳税申报管理

纳税人、扣缴义务人需要按照规定的期限办理纳税申报或者报送代扣代缴、代收代缴税款报告表。纳税人因有特殊情况，不能按期进行纳税申报的，经县以上税务机关核准，可以延期申报。

延期申报是指纳税人、扣缴义务人不能按照税法规定的期限办理纳税申报或扣缴税款报告。纳税人需要延期申报时，应当在规定的期限内向税务机关提出书面延期申请，经税务机关核准，在核准的期限内办理。如纳税人、扣缴义务人因不可抗力，不能按期办理纳税申报或者报送代扣代缴、代收代缴税款报告表的，可以延期办理，但应当在不可抗力情形消除后立即向税务机关报告。

经核准延期办理纳税申报的，应当在纳税期内按照上期实际缴纳的税额或者税务机关核定的税额预缴税款，并在核准的延期内办理纳税结算。

任务实践

根据任务 2 中的任务实践资料，即提供的星城兰波旺有限责任公司的相关企业概况。

【任务要求】根据纳税申报的基本认知，明确星城兰波旺有限责任公司纳税申报的内容、要求、期限和方式，了解纳税申报的流程。

【分析】星城兰波旺有限责任公司属于增值税一般纳税人，需要进行增值税及附加税费纳税申报；因企业主营产品是高档化妆品，需要进行消费税及附加税费纳税申报；企业还需进行企业所得税纳税申报及其他税种的纳税申报。具体的申报期限、方式及申报流程请参照各税种的学习。

任务 5　税款征收管理

知识储备

税款征收是指税务机关依照法律、行政法规的规定将纳税人应纳的税款组织入库的一系列活动的总称，是税收征收管理工作中的中心环节。是全部税收征管工作的目的和归宿，在整个税收工作中占据着极其重要的地位。

一、税款征收方式

税款征收方式是指税务机关根据各税种的不同特点、征纳双方的具体条件而确定的计算征收税款的方法和形式。税款征收的方式主要有：

（一）查账征收

查账征收是指税务机关按照纳税人提供的账表所反映的经营情况，依照适用税率计算缴纳税款的方式。这种方式一般适用于财务会计制度较为健全，能够认真履行纳税义务的纳税单位。

（二）查定征收

查定征收是指税务机关根据纳税人的从业人员、生产设备、采用原材料等因素，对其生产的应税产品查实核定产量、销售额并据以征收税款的方式。这种方式一般适用于账册不够健全，但是能够控制原材料或进销货的纳税单位。

（三）查验征收

查验征收是指税务机关通过查验数量，对纳税人应税商品按市场一般销售单价计算其销售收入并据以征税的方式。这种方式一般适用于经营品种比较单一，经营地点、时间和商品来源不固定的纳税单位。

（四）定期定额征收

定期定额征收是指税务机关通过典型调查，逐户确定营业额和所得额并据以征税的方式。这种方式一般适用于无完整考核依据的小型纳税单位。

（五）委托代征税款

委托代征税款是指税务机关委托代征人以税务机关的名义征收税款，并将税款缴入国库的方式。这种方式一般适用于小额、零散税源的征收。

二、税款缴纳期限

（一）当期缴纳

应纳税款的当期缴纳是指纳税人、扣缴义务人按照法律、行政法规规定或者税务机关依照法律、行政法规的规定确定的期限，缴纳或者解缴税款。税务机关收到税款后，应当向纳税人开具完税凭证。扣缴义务人代扣、代收税款时，纳税人要求扣缴义务人开具代扣、代收税款凭证的，扣缴义务人应当开具。

（二）延期缴纳

1. 纳税人因有特殊困难，不能按期缴纳税款的，经省、自治区、直辖市税务局批准，可以延期缴纳税款，但是最长不得超过 3 个月。

2. 纳税人需要延期缴纳税款的，应当在缴纳税款期限届满前提出申请，并报送规定材料。税务机关应当自收到申请延期缴纳税款报告之日起 20 日内作出批准或者不予批准的决定；不予批准的，从缴纳税款期限届满之日起加收滞纳金。

三、税款退还、追征与补征

（一）税款的退还

1. 主动退还。

纳税人超过应纳税额缴纳的税款，税务机关发现后，应当自发现之日起 10 日内办理退还手续。

2. 申请退还。

纳税人自结算缴纳税款之日起 3 年内发现多缴税款的，可以向税务机关要求退还多缴的税款并加计银行同期存款利息，税务机关应当自接到纳税人退还申请之日起 30 日内查实并办理退还手续。

（二）税款的追征

因纳税人、扣缴义务人过错，导致未缴或者少缴税款。

1. 因纳税人、扣缴义务人计算错误等失误，未缴或者少缴税款的，税务机关在 3 年内可以追征税款、滞纳金；有特殊情况的，追征期可以延长到 5 年。

2. 对偷税（逃税）、抗税、骗税的，税务机关追征其未缴或者少缴的税款、滞纳金或者所骗取的税款，不受前述规定期限的限制。

（三）税款的补征

因税务机关过错导致未缴或者少缴税款。因税务机关的责任，致使纳税人、扣缴义务人未缴或者少缴税款的，税务机关在 3 年内可以要求纳税人、扣缴义务人补缴税款，但不得加收滞纳金。

四、税款征收保障措施

（一）责令缴纳

对纳税人、扣缴义务人、纳税担保人应缴纳的欠税，税务机关可责令限期缴纳，并从滞纳税款之日起，按日加收滞纳金。滞纳金的加收标准是从滞纳税款之日起，按日加收滞纳税款万分之五的滞纳金。加收滞纳金的起止时间为自税款法定缴纳期限届满次日起至纳税人、扣缴义务人实际缴纳或者解缴税款之日止。

（二）提供纳税担保

1. 纳税担保适用情形。

（1）税务机关有根据认为纳税人有逃避纳税义务行为，在规定的纳税期之前经责令其限期缴纳应纳税款，在限期内发现纳税人有明显的转移、隐匿其应纳税的商品、货物以及其他财产或者应纳税收入的迹象，责成纳税人提供纳税担保的。

（2）欠缴税款、滞纳金的纳税人或者其法定代表人需要出境的。

（3）纳税人同税务机关在纳税上发生争议而未缴清税款，需要申请行政复议的。

2. 纳税担保范围。

税款、滞纳金和实现税款、滞纳金的费用。费用包括抵押、质押登记费用，质押保管费用，以及保管、拍卖、变卖担保财产等相关费用支出。

3. 纳税担保的方式。

纳税担保的方式主要包括纳税保证、纳税抵押、纳税质押。

（三）税收保全

税务机关认为有逃避纳税义务行为的纳税人具有税法规定情形，责令提供纳税担保而纳税人拒绝提供纳税担保或无力提供纳税担保的。具体措施包括以下：

1. 书面通知纳税人的开户银行或者其他金融机构冻结纳税人的相当于应纳税款的存款。

2. 扣押、查封纳税人的价值相当于应纳税款的商品、货物或者其他财产。

个人及其所扶养家属维持生活必需的住房和用品，不在税收保全措施的范围之内。个人所扶养家属，是指与纳税人共同居住生活的配偶、直系亲属以及无生活来源并由纳税人扶养的其他亲属。生活必需的住房和用品不包括机动车辆、金银饰品、古玩字画、豪华住宅或者一处以外的住房。税务机关对单价 5 000 元以下的其他生活用品，不采取税收保全措施和强制执行措施。

（四）强制执行

从事生产、经营的纳税人、扣缴义务人未按照规定的期限缴纳或解缴税款，纳税担保人未按照规定的期限缴纳所担保的税款，由税务机关责令限期缴纳，逾期仍未缴纳的，须经县以上税务局（分局）局长批准。具体措施包括以下：

1. 强制扣款。

书面通知纳税人的开户银行或者其他金融机构从其存款中扣缴税款。

2. 拍卖变卖。

扣押、查封、依法拍卖或者变卖其价值相当于应纳税款的商品、货物或者其他财产，以拍卖或者变卖所得抵缴税款。税务机关采取强制执行措施时，对上述规定中所列纳税人、扣缴义务人、纳税担保人未缴纳的滞纳金同时强制执行。个人及其所扶养家属维持生活必需的住房和用品，不在强制执行措施的范围之内。

3. 划拨滞纳金。

采取税收强制执行措施时，对纳税人、扣缴义务人、纳税担保人未缴纳的滞纳金必须同时强制执行。对纳税人已缴纳税款，但拒不缴纳滞纳金的，税务机关可以单独对纳税人应缴未缴的滞纳金采取强制执行措施。

任务实践

根据任务 2 中的任务实践资料，即提供的星城兰波旺有限责任公司的相关企业概况。

【任务要求】根据税款征收的基本认知，明确星城兰波旺有限责任公司税款征收的方式、期限，了解税款缴纳的流程。

【分析】星城兰波旺有限责任公司属于增值税一般纳税人，该企业如财务会计制度较为健全，能够认真履行纳税义务，则一般会采用查账征收的方式，可以选择网络申报。企业需要依照《税收征收管理法》的相关规定及时足额交纳各项税款。

任务 6　纳税信用管理

知识储备

纳税信用管理，是指税务机关对纳税人的纳税信用信息开展的采集、评估、确定、发布和应用等活动。国家税务总局主管全国纳税信用管理工作，省以下税务机关负责所辖地区纳税信用管理工作的组织和实施。

一、适用范围

（一）下列企业参与纳税信用评价

1. 已办理税务登记，从事生产、经营并适用查账征收独立核算的企业纳税人。
2. 从首次在税务机关办理涉税事宜之日起时间不满一个评价年度的企业。
3. 评价年度内无生产经营业务收入的企业。
4. 适用企业所得税核定征收办法的企业。

（二）非独立核算分支机构可自愿参与纳税信用评价

非独立核算分支机构参评后，2019 年度之前的纳税信用级别不再评价，在机构存续期间适用国家税务总局纳税信用管理相关规定。

二、纳税信用信息的采集

纳税信用信息采集工作由国家税务总局和省税务机关组织实施，按月采集。

（一）纳税信用信息的分类

1. 纳税人信用历史信息。

包括基本信息和评价年度之前的纳税信用记录，以及相关部门评定的优良信用记录和不良信用记录。

2. 税务内部信息。

包括涉税申报信息、税（费）款缴纳信息、发票与税控器具信息、登记与账簿信息等经常性指标信息；税务检查信息等非经常性指标信息。

3. 外部信息。

包括外部参考信息和外部评价信息。外部参考信息包括评价年度相关部门评定的优良信用记录和不良信用记录；外部评价信息是指从相关部门取得的影响纳税人纳税信用评价的指标信息。

（二）纳税人信用信息的采集

1. 纳税人信用历史信息中的基本信息由税务机关从税务管理系统中采集，评价年度之前的纳税信用记录，从税收管理记录、国家统一信用信息平台等渠道中采集。

2. 税务内部信息从税务管理系统中采集。

3. 外部信息主要通过税务管理系统、国家统一信用信息平台、相关部门官方网站、新闻媒体或者媒介等渠道采集。通过新闻媒体或者媒介采集的信息应核实后使用。

三、纳税信用评价

（一）纳税信用评价方法

纳税信用评价采取年度评价指标得分和直接判级两种方式。

1. 年度评价指标得分采用扣分方式。近三个评价年度内存在非经常性指标信息的，从 100 分起评；近三个评价年度内没有非经常性指标信息的，从 90 分起评。

2. 直接判级适用于有严重失信行为的纳税人。

（二）纳税信用评价周期

纳税信用评价周期为一个纳税年度，有下列情形之一的纳税人，不参加本期的评价：

1. 纳入纳税信用管理时间不满一个评价年度的。

2. 因涉嫌税收违法被立案查处尚未结案的。

3. 被审计、财政部门依法查出税收违法行为，税务机关正在依法处理，尚未办结的。

4. 已申请税务行政复议、提起行政诉讼尚未结案的。

5. 其他不应参加本期评价的情形。

（三）纳税信用级别

纳税信用级别设 A、B、M、C、D 五级。

1. A 级纳税信用为年度评价指标得分 90 分以上的。

2. B 级纳税信用为年度评价指标得分 70 分以上不满 90 分的。

3. 下列企业适用 M 级纳税信用：

（1）新设立企业。

（2）评价年度内无生产经营业务收入且年度评价指标得分 70 分以上的企业。

4. C 级纳税信用为年度评价指标得分 40 分以上不满 70 分的。

5. D 级纳税信用为年度评价指标得分不满 40 分或者直接判级确定的。

（四）纳税信用评估结果

1. 纳税信用评估结果发布时间和复核。

（1）税务机关每年 4 月确定上一年度纳税信用评价结果，并为纳税人提供自我查询服务。

（2）纳税人对纳税信用评价结果有异议的，可以书面向作出评价的税务机关申请复评。作出评价的税务机关应按前述纳税信用评估规定进行复核。

2. 纳税人纳税信用级别调整。

税务机关对纳税人的纳税信用级别实行动态调整。

纳税人对纳税信用评价结果有异议的，可在纳税信用评价结果确定的当年内，填写纳税信用复评申请表，向主管税务机关申请复评。主管税务机关受理申请之日起 15 个工作日内完成复评工作，并向纳税人反馈纳税信用复评信息或提供复评结果的自我查询服务。

3. 纳税信用评估结果的应用。

税务机关对不同信用级别的纳税人实施分类服务和管理。将纳税信用评价结果通报相关部门，建议在经营、投融资、取得政府供应土地、进出口、出入境、注册新公司、工程招投标、政府采购、获得荣誉、安全许可、生产许可、从业任职资格、资质审核等方面予以限制或禁止。

四、纳税信用修复

（一）纳税信用修复申请

纳入纳税信用管理的企业纳税人，符合下列条件之一的，可在规定期限内向主管税务机关申请纳税信用修复。

1. 纳税人发生未按法定期限办理纳税申报、税款缴纳、资料备案等事项且已补办的。

2. 未按税务机关处理结论缴纳或者足额缴纳税款、滞纳金和罚款，未构成犯罪，纳税信用级别被直接判为 D 级的纳税人，在税务机关处理结论明确的期限届满后 60 日内足额缴纳、补缴的。

3. 纳税人履行相应法律义务并由税务机关依法解除非正常户状态的。

（二）纳税信用修复流程

需向主管税务机关提出纳税信用修复申请的纳税人应填报《纳税信用修复申请表》，并对纠正失信行为的真实性作出承诺。税务机关发现纳税人虚假承诺的，撤销相应的纳税信用修复，并按照《纳税信用评价指标和评价方式（试行）调整表》予以扣分。

主管税务机关自受理纳税信用修复申请之日起 15 个工作日内完成审核，并向纳税人反馈信用修复结果。

纳税信用修复流程在国家税务总局电子税务平台的申请操作如下所述。

1. 纳税人进入国家税务总局湖南省电子税务局首页后，如图 1-6 所示，点击【登录】按钮。

图 1-6　国家税务总局湖南省电子税务局首页

2. 用企业纳税账号及密码登录，子账户无须填写，如图 1–7 所示，点击【立即登录】按钮。

图 1–7　国家税务总局湖南省电子税务局登录平台

3. 点击【我要办税】–【纳税信用】–【纳税信用修复】进入信用修复界面。如图 1–8、图 1–9 所示。

4. 填写纳税信用修复申请表，如图 1–10 所示，完成纳税信用修复申请。

图 1–8　“我要办税”界面

图 1-9　“纳税信用修复”界面

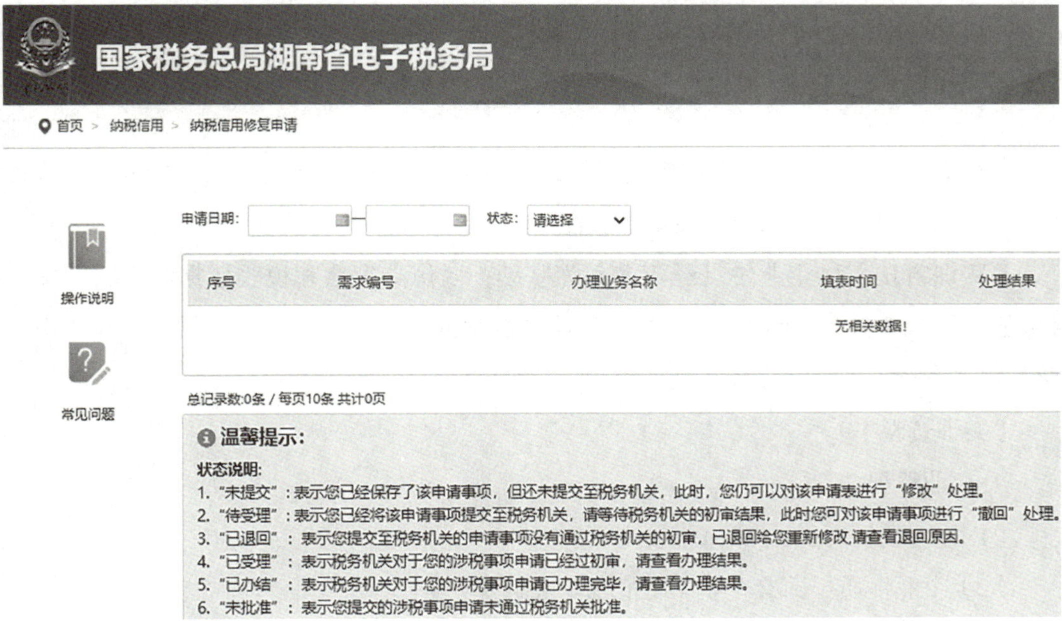

图 1-10　“纳税信用修复申请”界面

任务实践

根据任务 2 中的任务实践资料，即提供的星城兰波旺有限责任公司的相关企业概况。

【任务要求】根据纳税信用认知，了解纳税信用信息，熟悉纳税信用评价等级及纳税信用修复流程。

【分析】公司需要依照《税收征收管理法》按时足额交纳税款，保持良好的信用记录，经常查看纳税信用信息，一旦发现信息评价结果不理想，要及时查明原因，申请纳税信用修复。

知识巩固

项目实训

【实训目的】通过本项目的实训操作，能够熟练掌握增值税专用发票的开具基本技能，为学生从事办税业务奠定良好的技能基础，提升上岗操作技能。

【实训方法】以企业常见经济业务为基础，以仿真发票和税收票据为素材，按照《增值税暂行条例》《企业会计准则》等法规制度的规定，学生边学边做，在操作中深化学习，在学习中不断提升。

【实训资料】

1. 企业概况

（1）企业名称：长沙市京南明珠酒厂

（2）企业性质：国有企业（增值税一般纳税人）

（3）法定代表人：任乾，开票人：张婷，收款人：李静

（4）企业地址及电话：湖南省长沙腾飞路 618 号 0741-50302011

（5）开户银行及账号：工商银行万达分理处 0409200401100704545

（6）社会信用代码：430600001101625032

2. 基本业务

长沙市京南明珠酒厂为增值税一般纳税人（增值税税率 13%），主要外购粮食为原料生产 52 度白酒和啤酒，2023 年 9 月企业发生如下经济业务：

（1）9 月 12 日销售自产瓶装白酒 500 箱（10 瓶 / 箱，1 斤 / 瓶）给长沙太平烟酒批发公司，每箱不含税批发价 1 200 元，开出增值税专用发票，货款已收到。（长沙太平烟酒批发公司的企业信息包括以下资料，纳税人识别号：430985420456726732；地址、电话：湖南省长沙市五一路 25 号，0731–87283549；开户行及账号：工商银行太平支行，420556236897412095 4）

表 1–1

湖南增值税专用发票

（全国统一发票监制章　湖南　国家税务总局监制）

4300013678　　　　　　　　　　　　　　　　　　　　　　　　No 00036892

此联不作报销、扣税凭证使用　　　　　　　　　　　　　　　　年　月　日

购货单位	名　　称： 纳税人识别号： 地址、电话： 开户行及账号：			密码区	1235—1 < 6—7—61596288 < 032/52 > 9/29533—4974—47—6 < 7 > 2*3489 < 8 —2376 > 86532—2—47—6 < 7 > 2*—/ > * > 44974—47—6 < 7 < 6—7— 256/52268		
货物或应税劳务、服务名称	规格型号	单位	数量	单价	金额	税率	税额
合　计							
价税合计（大写）	（小写）						
销货单位	名　　称： 纳税人识别号： 地址、电话： 开户行及账号：			备注	（长沙市京南明珠酒厂　430600001101625032　发票专用章）		

收款人：李静　　　　复核：　　　　开票人：张婷　　　　销货方：（章）

第一联　记账联　销货方记账凭证

（2）9 月 15 日销售给长沙市友爱商场瓶装白酒 200 箱，每箱（10 瓶 / 箱,1 斤 / 瓶）不含税售价 1 180 元，开出增值税电子普通发票 1 张，货已发出，款已收回送存银行，收到包装物押金 1 000 元。（长沙市友爱商场的企业信息包括以下资料，纳税人识别号：437652391398745010；地址、电话：湖南省长沙市八一路 267 号，0731–47123478；开户行及账号：工商银行八一支行，408951036897412125 6）

表 1–2

湖南增值税电子普通发票

全国统一发票监制章
国家税务总局
湖南省税务局

机器编号：430045688666

发票代码：1439904566599
发票号码：00045869
开票日期：2023 年 09 月 15 日
校验码：00666 34560 97627 49988

购货单位	名　　称： 纳税人识别号： 地址、电话： 开户行及账号：			密码区	3294—1 < 5—7—34903138 < 001/52 > 2/93458—8763290 < 8—2376 > 54572—2—27—6 < 7 > 3*—/ > * > 4 < 8—4218 > 86732145—1 < 6—8—438—1 < 6—3409		
货物或应税劳务名称、服务名称	规格型号	计量单位	数量	单价	金额	税率	税额
合　计							
价税合计（大写）	（小写）						
销货单位	名　　称： 纳税人识别号： 地址、电话： 开户行及账号：			备注	长沙市京南明珠酒厂 430600001101625032 发票专用章		

收款人：李静　　复核：　　开票人：张婷　　销货单位（章）

（3）9 月 25 日销售自产啤酒 30 吨给长沙太平烟酒批发公司，每箱不含税批发价 4 000 元，开出增值税专用发票，货款已收到，收到包装物押金 2 000 元。（长沙太平烟酒批发公司的企业信息包括以下资料，纳税人识别号：430985420456726732；地址、电话：湖南省长沙市五一路 25 号，0731–87283549；开户行及账号：工商银行太平支行，4205562368974120954）

表 1–3

湖南增值税专用发票

全国统一发票监制章
湖　南
国家税务总局监制

4300013678　　　　此联不作报销、扣税凭证使用　　　　№ 00036892

年　月　日

购货单位	名　　称： 纳税人识别号： 地址、电话： 开户行及账号：			密码区	1235—1 < 6—7—61596288 < 032/52 > 9/29533—4974—47—6 < 7 > 2*3489 < 8—2376 > 86532—2—47—6 < 7 > 2*—/ > * > 44974—47—6 < 7 < 6—7—256/52268		
货物或应税劳务、服务名称	规格型号	单位	数量	单价	金额	税率	税额
合　计							
价税合计（大写）	（小写）						
销货单位	名　　称： 纳税人识别号： 地址、电话： 开户行及账号：			备注	长沙市京南明珠酒厂 430600001101625032 发票专用章		

第一联 记账联 销货方记账凭证

收款人：李静　　复核：　　开票人：张婷　　销货方：（章）

【实训要求】

1. 填写纸质增值税专用发票和增值税普通发票。

2. 在智慧税务平台开具电子增值税发票。

项目二
增值税及附加税费计算与申报管理

学习目标

知识目标

- 了解增值税的几种计税方法
- 掌握增值税及附加税费的基本法规知识
- 熟悉增值税出口退税的有关规定

能力目标

- 能够判定增值税纳税人的标准，判断是否属于增值税应税业务及适用税率情况
- 能够运用一般计税方法和简易计税方法计算应纳税额
- 能够在智慧税务平台进行增值税及附加税费的纳税申报

素质目标

- 强化诚实守信、坚持准则，提高纳税意识，依法纳税
- 增强学生制度自信，激发爱国情怀，培育参与管理及服务意识
- 树立严谨的工作作风，培养爱岗敬业的工匠精神

思维导图

- 增值税及附加税费计算与申报管理
  - 增值税认知
    - 增值税纳税人
    - 增值税征税范围
    - 增值税税率和征收率
    - 增值税优惠政策
  - 增值税应纳税额计算
    - 一般计税方法应纳税额的计算
    - 简易计税方法应纳税额的计算
    - 进口货物应纳税额的计算
    - 出口退（免）税的计算
  - 附加税费认知及计算
    - 城市维护建设税
    - 教育费附加
  - 增值税及附加税费智慧平台申报管理
    - 纳税义务发生时间
    - 纳税地点
    - 纳税期限
    - 智慧平台纳税申报

任务1　增值税认知

知识储备

增值税是以增值额为课税对象而征收的一种税。就我们国家而言，增值税是对在我国境内销售和进口货物，提供加工修理修配劳务，销售服务、无形资产或者不动产的单位和个人，就其货物或劳务或服务的增值额而征收的一种流转税。

一、增值税纳税人

在中华人民共和国境内销售和进口货物、提供加工与修理修配劳务或应税服务的单位和个人为增值税的纳税人，包括单位、个人、外商投资企业和外国企业等。《中华人民共和国增值税暂行条例》将纳税义务人按照经营规模大小及会计核算是否健全划分为一般纳税人和小规模纳税人两类。

（一）一般纳税人的认定标准

年应税销售额超过财政部规定的小规模纳税人标准（小规模纳税人标准为年应税销售额500万元及以下）的企业和企业性单位，经认定作为增值税一般纳税人。

对于年应税销售额未超过规定标准的纳税人，只要会计核算健全，能够提供准确税务资料的，可以向主管税务机关办理一般纳税人登记。

除国家税务总局另有规定外，纳税人一经认定为一般纳税人后，不得转为小规模纳税人。

（二）小规模纳税人的认定标准

年应税销售额未超过财政部规定的标准，并且会计核算不健全，不能按规定报送税务资料的企业和企业性单位，认定作为小规模纳税人。增值税小规模纳税人标准统一为年应税销售额500万元及以下。

自2020年2月1日起，增值税小规模纳税人（其他个人除外）发生增值税应税行为，需要开具增值税专用发票的，可以自愿使用增值税发票管理系统自行开具。选择自行开具增值税专用发票的小规模纳税人，税务机关不再为其代开增值税专用发票。

二、增值税征税范围

（一）销售或进口货物

销售货物指有偿转让货物的所有权，从购买方取得货款或取得索取款的凭证。货物是指有形动产，包括电力、热力、气体在内。

进口货物是指将货物从我国境外移送到我国境内的行为。税法规定，凡报关进口的应税货物，均属于增值税的征税范围，除享受免税政策外，在进口环节缴纳增值税。

（二）提供加工、修理修配劳务

加工是指受托加工货物，即委托方提供原料及主要材料，受托方按照委托方的要求，制造货物并收取加工费的业务。修理修配是指受托对损伤和丧失功能的货物进行修复，使其恢复原状和功能的业务。

（三）销售服务、无形资产或者不动产

销售服务包括交通运输服务（陆路运输服务、水路运输服务、航空运输服务、管道运输服务）、邮政服务（邮政普遍服务、邮政特殊服务、其他邮政服务）、电信服务（基础电信服务、增值电信服务）、建筑服务（工程服务、安装服务、修缮服务、装饰服务、其他建筑服务）、金融服务（贷款服务、直接收费金融服务、保险服务、金融商品转让）、现代服务（研发和技术服务、信息技术服务、文化创意服务、物流辅助服务、租赁服务、鉴证咨询服务、广播影视服务、商务辅助服务、其他现代服务）、生活服务（文化体育服务、教育医疗服务、旅游娱乐服务、餐饮住宿服务、居民日常服务、其他生活服务）。

销售无形资产是指转让无形资产所有权或者使用权的业务活动。无形资产，是指不具有实物形态，但能带来经济利益的资产。

销售不动产是指转让不动产所有权的业务活动。不动产是指不能移动或者移动后会引起性质、形状改变的财产，包括建筑物、构筑物等。

（四）增值税征税范围的特殊行为

1. 视同销售行为。

单位和个人经营者的下列行为，视同提供应税行为，征收增值税：

（1）将货物交付其他单位或者个人代销。

（2）销售代销货物。

（3）设有两个以上机构并实行统一核算的纳税人，将货物从一个机构移送另一个机构，但相关机构设在同一县（市）的除外。

（4）将自产或委托加工的货物用于非增值税应税项目。

（5）将自产或委托加工的货物用于集体福利或个人消费。

（6）将自产、委托加工或购买的货物作为投资、提供给其他单位或者个人。

（7）将自产、委托加工或购买的货物分配给股东或投资者。

（8）将自产、委托加工或购买的货物无偿赠送给其他单位或者个人。

（9）单位或者个体工商户向其他单位或者个人无偿提供服务，但用于公益事业或者以社会公众为对象的除外。

（10）单位或者个人向其他单位或者个人无偿转让无形资产或者不动产，但用于公益事业或者以社会公众为对象的除外。

（11）财政部和国家税务总局规定的其他情形。

2. 混合销售与兼营行为。

混合销售行为是指在同一项销售行为中同时存在货物和服务的混合，二者具有从属关系，按纳税人经营主业来缴纳增值税，销售额为货物销售额与服务销售额的合计数。

兼营行为是指同一纳税主体，既销售货物、加工修理修配劳务，又销售服务、无形资产、不动产，各类业务并无必然的从属关系。纳税人应当分别核算不同税率或征收率的销售额，未分别核算的，从高适用税率或从高适用征收率。

三、增值税税率和征收率

通常情况下，增值税一般纳税人适用增值税税率计算应纳税额，小规模纳税人适用增值税征收率计算应纳税额。

（一）增值税税率

1. 适用13%税率的项目。

纳税人销售或者进口货物（另有列举的货物除外）；提供加工、修理修配劳务；有形动产租赁服务。

2. 适用9%税率的项目。

（1）一般纳税人销售或者进口以下货物：粮食等农产品、食用植物油、食用盐；自来水、暖气、冷气、热水、煤气、石油液化气、天然气、沼气、居民用煤炭制品；图书、报纸、杂志、音像制品、电子出版物；饲料、化肥、农药、农机、农膜；二甲醚。

（2）一般纳税人销售交通运输、邮政、基础电信、建筑、不动产租赁服务，销售不动产和转让土地使用权。

3. 适用6%税率的项目。

一般纳税人销售增值电信服务、金融服务、现代服务和生活服务，销售土地使用权以外的无形资产。

4. 适用零税率的项目。

（1）纳税人出口货物或者劳务，适用增值税零税率，但是，国务院另有规定的除外。

（2）境内单位和个人跨境销售国务院规定范围的服务、无形资产，如国际运输服务、航天运输服务、向境外单位提供的完全在境外销售的研发服务、软件服务等。

（二）增值税征收率

小规模纳税人以及一般纳税人选择简易办法计税的，征收率一般为3%。特殊情况下，还可分别依照5%、2%、1.5%的征收率缴纳增值税。

四、增值税优惠政策

（一）增值税免税项目

免税是指对货物或应税劳务或服务的应纳税额全部予以免征。原增值税纳税人增值税的免税项目如下：

1. 农业生产者销售的自产农产品。

2. 避孕药品和用具。

3. 古旧图书。

4. 直接用于科学研究、科学领域和教学的进口仪器、设备。

5. 外国政府、国际组织无偿援助的进口物资和设备。

6. 由残疾人组织直接进口供残疾人专用的物品。

7. 销售的供自己使用过的物品。

此外，“营改增”后，增值税试点税收优惠项目很多，主要列举以下内容：

1. 托儿所、幼儿园提供的保育和教育服务。

2. 养老机构提供的养老服务。

3. 残疾人福利机构提供的育养服务。

4. 婚姻介绍服务。

5. 殡葬服务。

6. 残疾人员本人为社会提供的服务。

7. 医疗机构提供的医疗服务。

8. 从事学历教育的学校（不包括职业培训机构）提供的教育服务。

9. 学生勤工俭学提供的服务。

10. 农业机耕、排灌、病虫害防治、植物保护、农牧保险以及相关技术培训业务，家禽、牲畜、水生动物的配种和疾病防治。

11. 纪念馆、博物馆、文化馆、文物保护单位管理机构、美术馆、展览馆、书画院、图书馆在自己的场所提供文化体育服务取得的第一道门票收入。

12. 寺院、宫观、清真寺和教堂举办文化、宗教活动的门票收入。

13. 行政单位之外的其他单位收取的符合规定的政府性基金和行政事业性收费。

14. 个人转让著作权。

15. 个人销售自建自用住房。

16. 金融同业往来利息收入。

17. 纳税人提供技术转让、技术开发和与之相关的技术咨询、技术服务。

18. 政府举办的从事学历教育的高等、中等和初等学校（不含下属单位），举办进修班、培训班取得的全部归该学校所有的收入。

19. 家政服务企业由员工制家政服务员提供家政服务取得的收入。

20. 福利彩票、体育彩票的发行收入。

21. 将土地使用权转让给农业生产者用于农业生产。

22. 涉及家庭财产分割的个人无偿转让不动产、土地使用权。

23. 土地所有者出让土地使用权和土地使用者将土地使用权归还给土地所有者。

24. 提供社区养老、托育、家政等服务取得的收入。

（二）增值税起征点

起征点是指对纳税人开始征收增值税的销售额起点。如果纳税人未达到规定的起征点，免征增值税，超过起征点的全额征收增值税。增值税起征点的适用范围限于个人。

按期纳税的，增值税起征点为月销售额 5 000~20 000 元（含本数）；按次纳税的，增值税起征点为每次（日）销售额 300~500 元（含本数）。起征点的调整由财政部和国家税务总局规定。省、自治区、直辖市财政厅（局）和国家税务局应当在规定的幅度内，根据实际情况确定本地区适用的起征点，并报财政部和国家税务总局备案。

课程思政

“谈谈增值税税收政策优惠”——通过话题讨论，引导学生深入理解增值税相关政策，关注现实问题，国家降低税负，助推实体经济腾飞，加快民族复兴。

增值税是我们国家最重要的税种。它是在商品增值的各个生产流通环节向纳税人普遍征收，保证了国家财政收入的稳定增长。

但国家在近几年多次降低增值税税率，出台了多项增值税税收优惠政策，使实体经济减负增效，促进了企业增加投资，持续激发了市场主体活力，进一步完善了减税降费政策，将更大力度推进改革创新，助推实体经济腾飞。

任务实践

【任务要求】假设甲、乙、丙三人的征税对象数额分别为 9 999 元、10 000 元、10 001 元。

（1）现规定 10 000 元为征税的起征点，并规定税率为 6%，计算甲、乙、丙三人的税额分别为多少？

（2）现规定 10 000 元为征税的免征额，并规定税率为 6%，计算甲、乙、丙三人的税额分别为多少？

【分析】

（1）起征点是税法规定纳税人未达到规定的销售额，免征税额，超过起征点的全额征收税额。甲纳税人的收入没有达到起征点不需纳税；乙纳税人的收入正好达到起征点，应该全额征收，应纳税额 =10 000 × 6%=600 元；丙纳税人的收入超过了起征点，应该全额征收，应纳税额 =10 001 × 6%=600.06 元。

（2）免征额是税法规定在计算应交税费时，允许从计税基数中扣除的金额。甲纳税人的收入在免征额之内不纳税；乙纳税人的收入正好属于免征额的部分，也不需要纳税；丙纳税人的收入比免征额的数额要多，则需要纳税，但应该是收入中扣除免征额部分的余额部分纳税，应纳税额 =（10 001−10 000）× 6%=0.06 元。

任务 2 增值税应纳税额计算

知识储备

增值税的计税方法，主要包括一般计税方法和简易计税方法。我国目前对一般纳税人增值税的计算通常采用一般计税方法，某些特殊情况下采用或者选择采用简易计税方法。对小规模纳税人增值税的计算采用简易计税方法。

一、一般计税方法应纳税额的计算

一般计税方法计算增值税实行抵扣的办法，其计算公式为：

应纳税额 = 销项税额 − 准予抵扣的进项税额

如果当期进项税额大于当期销项税额，不足抵扣时，超出部分留待下期继续抵扣。

（一）销项税额的计算

销项税额是指纳税人发生应税销售行为，按照销售额和适用税率计算并向购买方收取的增值税税款，其计算公式为：

销项税额 = 销售额 × 适用税率

因此，要计算销项税额，关键在于确定销售额。

1. 销售额的确定。

销售额是指纳税人发生应税销售行为向购买方收取的全部价款和价外费用。但是不包括收取的销项税额。价外费用是指在价款外收取的手续费、补贴、基金、集资费、返还利润、包装费、储备费、优质费、包装物租金、运输装卸费、奖励费、违约金、延期付款利息、滞纳金、赔偿金、代收款项、代垫款项及其他性质的价外收费项目（价外费用一般是含税收入，计税时应换算为不含税收入），但不包括下列费用：

（1）受托加工应征消费税的消费品所代收代缴的消费税。

（2）同时符合以下条件代为收取的政府性基金或者行政事业性收费：由国务院或

者财政部批准设立的政府性基金，由国务院或者省级人民政府及其财政、价格主管部门批准设立的行政事业性收费；收取时开具省级以上财政部门印制的财政票据；所收款项全额上缴财政。

（3）销售货物的同时代办保险等而向购买方收取的保险费，以及向购买方收取的代购买方缴纳的车辆购置税、车辆牌照费。

（4）以委托方名义开具发票代委托方收取的款项。

应当注意的是，增值税实行价外税，计算销项税额时，销售额中不应含有增值税款。如果销售额中包含了增值税款即销项税额，则应将含税销售额换算成不含税销售额。其计算公式为：

不含税销售额 = 含税销售额 ÷（1+ 增值税税率）

【技能点 2–1】宏利公司为增值税一般纳税人，本月销售货物取得不含税收入 500 000 元，销售时向购买方收取手续费、包装费 1 130 元，受托加工应税消费品代收代缴消费税 1 500 元。计算宏利公司本月的计税销售额。

当期计税销售额 =500 000+1 130 ÷（1+13%）=501 000（元）

2. 销售额确定的特殊规定。

（1）折扣销售方式下的销售额。折扣销售是指销货方在销售货物时，因购货方购货数量较大等原因而给予购货方的价格优惠。税法规定，如果销售额和折扣额在同一张发票上分别注明的，按照折扣后的销售额征收增值税；如果将折扣额另开发票，不论在财务上如何处理，均不得从销售额中减除折扣额。

（2）以旧换新方式下的销售。纳税人采取以旧换新方式销售货物的，应按新货物的同期销售价确定销售额，计算销项税额。但对金银首饰以旧换新业务，可以按销售方实际收取的不含增值税的全部价款征收增值税。

（3）还本销售方式销售。还本销售是指纳税人在销售货物后，到一定期限将货款一次或分次退还给购货人全部或部分价款的一种销售方式。这种方式实际上是一种筹资，是以货物换取资金的使用价值，到期还本不付息的方法。采取还本销售方式销售货物，其销售额就是货物的销售价格，不得从销售额中减除还本支出。

（4）以物易物方式下的销售。纳税人采取以物易物方式销售货物的，双方均应作正常的销售处理，以各自发出货物的同期销售价格确定销售额，计算销项税额。

（5）随同产品出售的包装物。随同产品出售的包装物，无论包装物是否单独计价，也不论会计上如何核算，均应并入销售额计税。如果包装物不作价随同产品销售，而是收取押金且单独记账核算的，不并入销售额征税。但对逾期没收的包装物押金或收取一年以上的押金，无论财务上如何核算，均应并入销售额计征增值税。对销售除啤酒、黄酒外的其他酒类产品而收取的包装物押金，无论是否返还以及会计制度如何核算，均应并入当期销售额征税。

包装物押金是含税收入，在计税时应换算为不含税收入。

（6）视同销售的销售额的确定。纳税人发生视同销售行为而无销售额的，或纳税人销售货物或提供应税劳务的价格明显偏低且没有正当理由的，由主管税务机关核定其销售额。税务机关可按下列顺序确定其销售额：首先，按纳税人当月同类货物的平均销售价格确定；其次，按纳税人最近时期同类货物的平均销售价格确定；最后，如果以上两种价格都没有，按组成计税价格确定。计算公式为：

组成计税价格 = 成本 ×（1+ 成本利润率）

或 = 成本 ×（1+ 成本利润率）+ 消费税税额

= 成本 ×（1+ 成本利润率）÷（1− 消费税税率）

如果是应税消费品，则组成计税价格中应包括消费税。公式中的“成本”，如属自产货物的，为实际生产成本；如为外购的，为实际采购成本。公式中成本利润率为10%。但属于应征消费税的货物，其成本利润率按国家有关规定执行。

【技能点 2–2】静美化妆品公司为增值税一般纳税人，本月生产一批新产品 450 套（属高档化妆品），每套成本价 850 元（无同类产品市场价格），全部作为福利发放给本企业职工，化妆品成本利润率为 5%，化妆品消费税税率为 15%。求该化妆品公司的计税销售额。

当期计税销售额因无同类产品市场价格，应按组成计税价格确定。

组成计税价格 = 450 × 850 ×（1+5%）÷（1−15%）=472 500（元）

（二）进项税额的确定

进项税额是指纳税人购进货物、劳务、服务、无形资产或者不动产，支付或负担的增值税额。

1. 准予从销项税额中抵扣的进项税额。

（1）从销售方取得的增值税专用发票（含税控机动车销售统一发票）上注明的增值税税额。

（2）从海关取得的海关进口增值税专用缴款书上注明的增值税税额。

（3）购买农产品，取得了一般纳税人开具的增值税专用发票或海关进口增值税专用缴款书的，以专用发票或专用缴款书上注明增值税额为进项税额；从按照简易计税方法依照3%征收率计算缴纳增值税的小规模纳税人取得增值税专用发票的，以增值税专用发票上注明金额和9%扣除率计算进项税额；取得（开具）的农产品销售发票或收购发票的，以农产品销售或收购发票注明的农产品买价和9%扣除率计算进项税额；纳税人购进用于生产或委托加工13%税率货物的农产品，按照10%的扣除率计算进项税额。进项税额计算公式为：

进项税额＝买价 × 扣除率

（4）纳税人购进国内旅客运输服务未取得增值税专用发票的，暂按以下规定确定进项税额：

①取得增值税电子普通发票的，为发票上注明的税额。

②取得注明旅客身份信息的航空运输电子客票行程单的，按照下列公式计算进项税额：

航空旅客运输进项税额＝（票价＋燃油附加费）÷（1+9%）×9%

③取得注明旅客身份信息的铁路车票的，按照下列公式计算进项税额：

铁路旅客运输进项税额＝票面金额 ÷（1+9%）×9%

④取得注明旅客身份信息的公路、水路等其他客票的，按照下列公式计算进项税额：

公路、水路等其他旅客运输进项税额＝票面金额 ÷（1+3%）×3%

（5）从境外单位或者个人购进劳务、服务、无形资产或者境内的不动产，从税务机关或者扣缴义务人取得的代扣代缴税款的完税凭证上注明的增值税额。

2. 不准抵扣的进项税额。

（1）用于简易计税方法计税项目、免征增值税项目、集体福利或者个人消费的购进货物、劳务、服务、无形资产和不动产。

（2）非正常损失的购进货物，以及相关的劳务和交通运输服务。

（3）非正常损失的在产品、产成品所耗用的购进货物（不包括固定资产）、劳务和交通运输服务。

（4）非正常损失的不动产，以及该不动产所耗用的购进货物、设计服务和建筑服务。

（5）非正常损失的不动产在建工程所耗用的购进货物、设计服务和建筑服务。

（6）购进的餐饮服务、居民日常服务和娱乐服务。

（7）购进的贷款服务和纳税人接受贷款服务向贷款方支付的与该笔贷款直接相关的投融资顾问费、手续费、咨询费等费用，其进项税额不得从销项税额中抵扣。

（8）适用一般计税方法的纳税人，兼营简易计税方法计税项目、免征增值税项目而无法划分不得抵扣的进项税额的，按下列公式计算不得抵扣的进项税额：

不得抵扣的进项税额 = 当期无法划分的全部进项税额 ×（当期简易计税方法计税项目销售额 + 免征增值税项目销售额）÷ 当期全部销售额

（三）应纳税额的计算

应纳税额的计算公式如下：

应纳税额 = 销项税额 – 准予抵扣的进项税额

【技能点 2–3】宏达公司是增值税一般纳税人，增值税税率为 13%，本月销售产品一批，货物已发出并向银行办妥托收手续，但货款未到，向购买方开具的增值税专用发票注明的销售额 400 000 元；本月直接向农民收购用于生产加工的农产品一批，经税务机关批准的收购凭证上注明的买价为 100 000 元，本月全部领用生产 13% 的产品；月初增值税留抵税余额为 5 000 元。计算当期应纳增值税额。

当期销项税额 =400 000 × 13%=52 000（元）

当期进项税额 =100 000 × 10%=10 000（元）

当期应纳税额 =52 000–10 000–5 000=37 000（元）

【技能点 2–4】吉昌企业为增值税一般纳税人，增值税税率为 13%，9 月发生下列业务：

① 5 日收回委托加工的产品一批，同时收到增值税专用发票，注明加工费 20 000 元，增值税额 2 600 元，款已付。

② 10 日为改扩建职工食堂，领用本企业外购的库存材料一批，价款为 10 000 元。

③ 12 日开具普通发票，销售产品一批，收到含税销售额 11 300 元。

④ 17 日采用委托收款方式销售商品一批，开出增值税专用发票注明价款 48 000 元，增值税 6 240 元。

⑤本月结算的电费增值税专用发票注明销售额 2 000 元，增值税 260 元，水费增值税专用发票注明销售额 1 200 元，增值税 108 元。

计算吉昌企业 9 月应缴纳的增值税额。

当月应纳增值税计算过程如下：

①收回委托加工物资，接受劳务支付进项税额为 2 600 元。

②购进货物用于非应税项目、免税项目、集体福利或个人消费，其进项税额不得抵扣，已抵扣的进项税额转出。转出进项税额为 10 000 × 13%=1 300（元）

③将普通发票的含税销售额换算为不含税销售额。

计算销项税额 =11 300÷（1+13%）×13%=1 300（元）

④委托收款方式销售货物，销项税额为 6 240 元。

⑤水费和电费可抵扣的进项税额为 260+108=368 元。

则，当期可抵扣的进项税额 =2 600+368−1 300=1 668（元）

当期销项税额 =1 300+6 240=7 540（元）

当期应纳税额 =7 540−1 668=5 872（元）

二、简易计税方法应纳税额的计算

小规模纳税人发生应税销售行为采用简易计税方法计税；一般纳税人发生财政部和国家税务总局规定的特定应税行为，可以选择适用简易计税方法计税。其计算公式为：

应纳税额 = 当期不含税销售额 × 征收率

【技能点 2–5】长沙市华海运输公司是增值税小规模纳税人，本月取得客运收入 100 000 元，销售货物取得收入 50 000 元，运送该批货物取得运输收入 5 000 元，计算当月应纳增值税税额。

当期不含税销售额 =（100 000+50 000+5 000）÷（1+3%）=150 485.44（元）

当期应纳税额 =150 485.44×3%=4 514.56（元）

三、进口货物应纳税额的计算

纳税人进口货物，无论是一般纳税人还是小规模纳税人，均应按照组成计税价格和规定的税率计算应纳税额，不允许抵扣发生在境外的任何税金。其计算公式为：

应纳税额 = 组成计税价格 × 税率

组成计税价格 = 关税完税价格 + 关税 + 消费税

如果进口货物不属于应纳消费税的消费品，则组成计税价格公式中消费税额为零。

一般贸易下进口货物的关税完税价格以海关审定的成交价格为基础的到岸价格作为完税价格。

【技能点 2–6】长乐外贸进出口公司是增值税一般纳税人，增值税税率为 13%，本月进口货物一批，到岸价格是 100 000 元，在海关缴纳的关税是 20 000 元，应缴纳的消费税是 85 000 元，要求计算该批货物应缴纳进口环节的增值税。

组成计税价格 =100 000+20 000+85 000=205 000（元）

应纳增值税 =205 000 × 13%=26 650（元）

四、出口退（免）税的计算

我国的出口货物、劳务退（免）税，是指在国际贸易业务中，对我国报关出口的货物、劳务退还或免征国内各生产和流通环节的增值税和消费税。即对增值税出口货物、劳务实行零税率，出口货物、劳务适用零税率，不但出口环节不必纳税，而且还可以退还以前环节已纳税款，这就是我们通常所说的“出口退税”。

（一）增值税出口退（免）税的基本政策

目前，我国的出口货物或者劳务税收政策分为以下三种形式。

1. 出口免税并退税。

出口免税是指对货物在出口销售环节不征收增值税。出口退税是指对货物在出口前实际承担的税款，按规定的退税率计算后予以退还。下列企业出口货物，出口免税并退税。

（1）生产企业自营出口或委托外贸企业代理出口的自产货物。

（2）有进出口经营权的外贸企业收购后直接出口或委托其他外贸企业代理出口的货物。

（3）其他特定出口的货物。

2. 出口免税不退税。

出口免税指对货物在出口销售环节不征增值税，出口不退税是指适用这个政策的出口货物因前一道生产、销售环节或进口环节是免税的，因此，出口时该货物的价格中本身就不含税，也无须退税。下列企业出口货物，除另有规定外，给予免税，但不予退税。

（1）增值税小规模纳税人出口货物。

（2）外贸企业从小规模纳税人购进并持普通发票的货物出口。

（3）外贸企业直接购进国家规定的免税货物出口。

3. 出口不免税也不退税。

出口不免税是指对国家限制或禁止出口的某些货物或劳务的出口环节视同内销环节，照常征税；出口不退税是指对这些货物或者劳务出口不退还出口前其所负担的税款。

（二）出口货物退税的计算

根据《出口货物退（免）税管理办法》的规定，我国出口货物退税有两种计算方法：第一种是“免、抵、退”方法，主要适用于自营或委托出口自产货物的生产企业；第二种是“先征后退”方法，目前主要用于收购货物出口的外（工）贸企业。

1.“免、抵、退”税的方法。

生产企业自营或委托其他外贸企业代理出口（以下简称生产企业出口）自产货物，除另有规定外，增值税一律实行免、抵、退税管理办法。

实行免、抵、退税办法的“免”税，是指对生产企业出口的自产货物，免征本企业生产销售环节增值税；“抵”税，是指生产企业对出口自产货物所耗用的原材料、零部件、燃料、动力等所含应予退还的进项税额，抵顶内销货物的应纳税额；“退”税，是指生产企业出口自产货物在当月抵顶税额大于应纳税额时，对未抵顶完的部分予以退税。

免抵退税办法计算具体步骤如下：

第 1 步：免税。

是指对生产企业出口的自产货物和视同自产货物，免征出口销售环节的增值税。

第 2 步：剔税。

指计算不得免征、抵扣和退税的税额。当出口货物征税率与退税率不一致时，就会产生不予退税和不予抵扣的税额，计算公式为：

当期免抵退税不得免征和抵扣税额 = 出口货物离岸价 × 外汇人民币牌价 ×（出口货物征税率 – 出口货物退税率）– 免抵退税不得免征和抵扣税额抵减额

免抵退税不得免征和抵扣税额抵减额 = 免税购进原材料价格 ×（出口货物征税率 – 出口货物退税率）

本步骤计算出属于进项税额需转出额。

第 3 步：抵税。

当期应纳税额 = 当期内销货物的销项税额 –（当期全部进项税额 – 当期免抵退税不得免征和抵扣税额）– 上期留抵税额

本步骤计算当期应纳税额 ≥ 0，则是应纳税额，不需要退税，但涉及到免税和抵税。

如当期应纳税额＜ 0，则其绝对值为当期期末退税前的留抵税额。这样需要计算下一步骤退税金额。

第 4 步：退税。

免抵退税额 = 出口货物离岸价 × 外汇人民币牌价 × 出口货物退税率 – 免抵退税额抵减额

免抵退税额抵减额 = 免税购进原材料价格 × 出口货物退税率

比较第 3 步骤计算出的当期期末退税前的留抵税额和第 4 步骤的免抵退税额的大小。

①如当期期末退税前的留抵税额≤当期免抵退税额，则

当期应退税额 = 当期期末退税前的留抵税额

当期免抵税额 = 当期免抵退税额 – 当期应退税额

当期期末退税后的留抵税额 =0

②如当期期末退税前的留抵税额＞当期免抵退税额，则

当期应退税额 = 当期免抵退税额

当期免抵税额 =0

当期期末退税后的留抵税额 = 当期期末退税前的留抵税额 – 当期应退税额

【技能点 2–7】长沙成建公司为自营出口的生产企业，是增值税一般纳税人，增值税税率为 13%，出口退税率为 9%。本月有关经营业务为：购进原材料一批，取得的增值税专用发票注明的价款 4 000 000 元，外购货物准予抵扣的进项税额 520 000 元，货已入库。上期末留抵税款 50 000 元。本月内销货物不含税销售额 1 000 000 元，本月出口货物的离岸价折合人民币 2 000 000 元。试计算该企业当期的“免、抵、退”税额。

第 1 步：免税

免征出口环节增值税。

第 2 步：剔税

当期免抵退税不得免征和抵扣税额 =2 000 000 ×（13%–9%）=80 000（元）

第 3 步：抵税

当期应纳税额 =1 000 000 × 13%–（520 000–80 000）–50 000

=130 000–440 000–50 000=–360 000（元）

因应纳税额＜ 0，其绝对值为当期期末退税前的留抵税额，需要计算下一步骤当期免抵退税额。

第 4 步：退税

当期免抵退税额 =2 000 000 × 9%=180 000（元）

因当期期末退税前的留抵税额（360 000）＞当期免抵退税额（180 000），则：

当期应退税额 = 当期免抵退税额 =180 000（元）

当期免抵税额 = 当期免抵退税额 – 当期应退税额 =180 000–180 000=0（元）

当期期末留抵转下期继续抵扣的税额为 =360 000–180 000=180 000（元）

2.“先征后退”的计算方法

外贸企业以及实行外贸企业财务制度的工贸企业收购货物出口的，其出口销售环节的增值税免税；其收购货物的成本部分，因外贸企业在支付收购货款的同时也支付了生产经营该类商品的企业已纳增值税款，因此在货物出口后按收购成本与退税率计算退税额，退还给外贸企业。

外贸企业出口货物增值税的计算应依据购进出口货物所取得的增值税专用发票上列明的购进金额和该货物适用的退税率计算退税。

应退税额 = 收购不含增值税购进金额 × 退税率

【技能点 2–8】长沙市衡立进出口公司本月向美国出口货物一批，该批货物进货时增值税专用发票上注明的价款为 200 000 元，出口货物销售价格为 300 000 元，退税率为 9%，计算该公司出口应退税额。

应退税额 =200 000 × 9%=18 000（元）

任务实践

【资料】

1. 企业概况

（1）企业名称：长沙市国月电器批发商场

（2）企业性质：有限责任公司（增值税一般纳税人）

（3）法定代表人：艾银

（4）企业地址及电话：湖南省长沙市裕华路 228 号　0731–45372536

（5）开户银行及账号：工商银行裕华分理处 0409200401100702375

（6）社会信用代码：430600001102615045

2. 基本业务

该公司 2023 年 9 月初有未交增值税及附加税费 13 000 元，9 月份发生的涉税经济业务如下。

（1）9 月 5 日，公司向长沙市建达电器批发公司销售彩电取得不含增值税价款 400 000 元，增值税额 52 000 元，销售中央空调取得不含增值税价款 1 600 000 元，增值税额 208 000 元，货款已收。

表 2–1

湖南增值税专用发票

全国统一发票监制章 湖南 国家税务总局监制

4300013678　　　　　　　　　　　　　　　　　　　　No 00036892

此联不作报税、扣税凭证使用　　　　　　　　　　2023 年 09 月 05 日

购货单位	名　　称：长沙市建达电器批发公司 纳税人识别号：430145876897216768 地址、电话：湖南省长沙市湘春路 23 号 0731–84524823 开户行及账号：工行湘春路支行 4302440361325125236			密码区	1235—1 < 6—7—61596288 < 032/52 > 9/29533—4974—47—6 < 7 > 2*3489 < 8— 2376 > 86532—2—47—6 < 7 > 2*—/ > * > 44974—47—6 < 7 < 6—7—256/52268		
货物或应税劳务名称	计量单位	数量	单价		金额	税率	税额
TCL 彩电	台	50	8 000.00		400 000.00	13%	52 000.00
大金中央空调	套	40	40 000.00		1 600 000.00	13%	208 000.00
合　计					¥2 000 000.00		¥260 000.00
价税合计（大写）	人民币　贰佰贰拾陆万元整　　（小写）¥2 260 000.00						
销货单位	名　　称：长沙市国月电器批发商场 纳税人识别号：430600001102615045 地址、电话：湖南省长沙市裕华路 228 号 0731–45372536 开户行及账号：工商银行裕华分理处 0409200401100702375			备注	长沙市国月电器批发商场 430600001102615045 发票专用章		

收款人：张晓　　　　复核：　　　　开票人：袁平　　　　销货单位（章）

第一联　记账联　销货方记账凭证

表 2–2

中国工商银行单位客户专用回单

交易日期：2023 年 09 月 05 日　　　验证码：2023090500000156　　　业务种类：网上支付

付款人账号：	4302440361325125236	收款人账号：	0409200401100702375
付款人全称：	长沙市建达电器批发公司	收款人全称：	长沙市国月电器批发商场
付款人开户行：	工行湘春路支行	收款人开户行：	裕华分理处
金额：(大写)：	人民币贰佰贰拾陆万元整	金额（小写）：	¥2 260 000.00
用途：	货款		长沙工商银行股份有限公司 裕华分理处 业务专用章
备注：			
流水号：	990678906543217	交易机构：99060106	交易柜员：9906808

打印方式：自助打印　　　打印时间：2023–09–05 14：30：24　　　打印次数：第 1 次

打印柜员：1854321　　　打印机构：裕华分理处　　　打印状态：初次打印

表 2–3

出　库　单

2023 年 09 月 05 日　　　　单位：元

货号	产品	单位	数量	单位成本	总成本	备注
	TCL 彩电	台	50	7 000.00	350 000.00	销售
	大金中央空调	套	40	35 000.00	1 400 000.00	
	合计				1 750 000.00	

复核：杨玲　　　　制单：李平

（2）9 月 8 日，公司向长沙市志成电器批发部销售电暖器 200 台，每台不含税售价 400 元，并实行买一赠一促销活动，赠送的小吹风机不含税售价每件 50 元（小家电没有开具发票，成本价 40 元 / 件），货款已收。

表 2–4

湖南增值税专用发票

（印章：全国统一发票监制章　湖南　国家税务总局监制）

4300012789　　　　No 00037821

此联不作报销、扣税凭证使用　　　　2023 年 09 月 08 日

购货单位	名　　称：长沙市志成电器批发部 纳税人识别号：432356976892653721 地址、电话：湖南省长沙市建湘路 211 号 0731–82098816 开户行及账号：工行建湘路支行 4312780247525124218	密码区	1643—1 < 6—7—098542838 < 213/52 > 3/90654—49743214 < 8—2376 > 86532—2— 24—6 < 7 > 3*—/ > * > 41235—1 < 6—7— 61596288 < 032/52 > 1235—1 < 23

货物或应税劳务名称	计量单位	数量	单价	金额	税率	税额
彩虹电暖器	台	200	400.00	80 000.00	13%	10 400.00
合计				¥80 000.00		¥10 400.00
价税合计（大写）	人民币　玖万零肆佰元整		（小写）¥90 400.00			

销货单位	名　　称：长沙市国月电器批发商场 纳税人识别号：430600001102615045 地址、电话：湖南省长沙市裕华路 228 号 0731–45372536 开户行及账号：工商银行裕华分理处 0409200401100702375	备注	赠送 200 个小吹风机 （印章：长沙市国月电器批发商场 430600001102615045 发票专用章）

收款人：张晓　　复核：　　开票人：袁平　　销货单位（章）

第一联　记账联　销货方记账凭证

表 2-5 **中国工商银行单位客户专用回单**

交易日期：2023 年 09 月 08 日　　验证码：2023090800001898　　业务种类：网上支付

付款人账号：	4312780247525124218	收款人账号：	0409200401100702375
付款人全称：	长沙市志成电器批发部	收款人全称：	长沙市国月电器批发商场
付款人开户行：	工行建湘路支行	收款人开户行：	裕华分理处
金额：（大写）：	人民币玖万零肆佰元整	金额（小写）：	¥90 400.00
用途：	货款		
备注：			
流水号：	990612546548906	交易机构：99068080	交易柜员：9906666

长沙工商银行股份有限公司 裕华分理处 业务专用章

打印方式：自助打印　　打印时间：2023-09-08 16：36：26　　打印次数：第 1 次

打印柜员：1854323　　打印机构：裕华分理处　　打印状态：初次打印

表 2-6 **出　库　单**

2023 年 09 月 08 日　　单位：元

货号	产品	单位	数量	单位成本	总成本	备注
	彩虹电暖器	台	200	300.00	60 000.00	销售
	小吹风机	台	200	40.00	8 000.00	赠送
	合计				68 000.00	

复核：杨玲　　制单：李平

（3）9 月 14 日，缴纳 8 月的增值税及附加税费 13 000 元。

表 2-7 **长沙工商银行单位客户专用回单**

交易日期：2023 年 09 月 14 日　　验证码：2023091400000006　　业务种类：其他回单

付款人账号：0409200401100702375　　收款人账号：6222031035278543286

付款人全称：长沙市国月电器批发商场　　收款人全称：待报解预算收入电子缴税

付款人开户行：裕华分理处　　收款人开户行：东城支行营业部

金额（大写）：人民币壹万叁仟元整　　金额（小写）：¥13 000.00

用途：教育费附加；地方教育附加；增值税；城市维护建设税

备注：教育费附加；地方教育附加；增值税；城市维护建设税

流水号：202309146789065　　交易机构：20230101　　交易柜员：2023806

长沙工商银行股份有限公司 裕华分理处 业务专用章

打印方式：自助打印　　打印时间：2023-09-14 12：50：36　　打印次数：第 1 次

打印柜员：1854321　　打印机构：裕华分理处　　打印状态：初次打印

（4）9 月 20 日，向湖南长沙市城南职业学校以旧换新销售洗衣机 80 台，每台不含税售价 2 000 元，旧洗衣机每台收购价不含税价 200 元。尚未收到款项。

表 2–8

湖南增值税电子普通发票

全国统一发票监制章　国家税务总局　湖南省税务局

发票代码：1439902775588
发票号码：00045869
开票日期：2023 年 09 月 20 日
机器编号：430045670966
校验码：00234 34560 97627 45321

购货单位	名　　称：湖南长沙市城南职业学校 纳税人识别号：431902576267853328 地址、电话：湖南省长沙市城南路 80 号 0731–42898210 开户行及账号：建行城南路支行 4109860215735138902	密码区	3270—1 < 5—7—89763138 < 001/52 > 2/93458—8763290 < 8—2376 > 54132—2—27—6 < 7 > 3*—/ > * > 4 < 8—4218 > 89439245—1 < 6—8—438—1 < 6—6739

货物或应税劳务名称	计量单位	数量	单价	金额	税率	税额
小天鹅洗衣机	台	80	2 000.00	160 000.00	13%	20 800.00
合计				¥160 000.00		¥20 800.00
价税合计（大写）	人民币　壹拾捌万零捌佰元整　　（小写）¥180 800.00					

销货单位	名　　称：长沙市国月电器批发商场 纳税人识别号：430600001102615045 地址、电话：湖南省长沙市裕华路 228 号 0731–45372536 开户行及账号：工商银行裕华分理处 0409200401100702375	备注	长沙市国月电器批发商场 430600001102615045 发票专用章

收款人：　　　　复核：　　　　开票人：袁平　　　　销货单位（章）

表 2–9

出　库　单

2023 年 09 月 20 日　　　　单位：元

货号	产品	单位	数量	单位成本	总成本	备注
	小天鹅洗衣机	台	80	1 800.00	144 000.00	销售
	合计				144 000.00	

复核：杨玲　　　　制单：李平

表 2–10　　**入　库　单**

供应单位：湖南长沙市城南职业学校　　　　编号：1155

发票号码：　　　　2023 年 09 月 20 日　　　　仓库：A 仓库

规格	材料名称	编号	数量		实际价格（元）														
			应收	实收	单位	单价	发票金额	运杂费	合计										
									千	百	十	万	千	百	十	元	角	分
	旧洗衣机	1001	80	80	台	200.00	16 000.00					1	6	0	0	0	0	0
备注			验收人盖章		王节			合计￥16 000.00										

采购人：　　　　检验员：刘凤　　　　记账员：　　　　保管员：陈红

第二联：会计部门

（5）9 月 21 日，公司向湖南省长沙市顺承冰箱厂购进货物不含税价 1 200 000 元，取得增值税专用发票上注明税款 156 000 元，货款未付。

表 2–11　　**湖南增值税专用发票**

全国统一发票监制章　湖南　国家税务总局监制

4309801259　　　　No 00246789

2023 年 09 月 21 日

购货单位	名　　称：长沙市国月电器批发商场 纳税人识别号：430600001102615045 地址、电话：湖南省长沙市裕华路 228 号 0731–45372536 开户行及账号：工商银行裕华分理处 0409200401100702375	密码区	1215—1 < 6—7—021890438 < 2362/52 > 3/67832—49742478 < 8—1285 > 15635—2—48—8 < 7 > 4*—/1 > * > 81217—1 < 6—7—023452838 < 342/52 > 3/9065435

货物或应税劳务名称	计量单位	数量	单价	金额	税率	税额
容声冰箱	台	300	4 000.00	1 200 000.00	13%	156 000.00
合计				￥1 200 000.00		￥156 000.00
价税合计（大写）	人民币　壹佰叁拾伍万陆仟元整　（小写）￥1 356 000.00					

销货单位	名　　称：湖南省长沙市顺承冰箱厂 纳税人识别号：436035621018900213 地址、电话：湖南省长沙市城关路 12 号 0731–81232096 开户行及账号：建设银行城关路支行 4309431201563202297	备注	湖南省长沙市顺承冰箱厂 436035621018900213 发票专用章

收款人：刘小平　　　　复核：　　　　开票人：王宇　　　　销货单位（章）

第三联 发票联 购货方记账凭证

表 2-12

湖南增值税专用发票

全国统一发票监制章　湖南　国家税务总局监制

4309801259　　　　　　　　　　　　　　　　　　　　　No 00246789

2023 年 09 月 21 日

购货单位	名　　称：长沙市国月电器批发商场 纳税人识别号：430600001102615045 地址、电话：湖南省长沙市裕华路 228 号 0731-45372536 开户行及账号：工商银行裕华分理处 0409200401100702375		密码区	1215—1 < 6—7—021890438 < 2362/52 > 3/67832—49742478 < 8—1285 > 15635—2—48—8 < 7 > 4*—/1 > * > 81217—1 < 6—7—023452838 < 342/52 > 3/9065435		
货物或应税劳务名称	计量单位	数量	单价	金额	税率	税额
容声冰箱	台	300	4 000. 00	1 200 000.00	13%	156 000.00
合计				¥1 200 000.00		¥156 000.00
价税合计（大写）	人民币　壹佰叁拾伍万陆仟元整　　（小写）¥1 356 000.00					
销货单位	名　　称：湖南省长沙市顺承冰箱厂 纳税人识别号：436035621018900213 地址、电话：湖南省长沙市城关路 12 号 0731-81232096 开户行及账号：建设银行城关路支行 4309431201563202297		备注	湖南省长沙市顺承冰箱厂 436035621018900213 发票专用章		

收款人：刘小平　　　复核：　　　开票人：王宇　　　销货单位（章）

第二联　抵扣联　购货方扣税凭证

表 2-13

入　库　单

供应单位：湖南省长沙市顺承冰箱厂　　　　　　　　　　编号：1133

发票号码：00246789　　　　2023 年 09 月 21 日　　　　仓库：A 仓库

规格	材料名称	编号	数量		实际价格（元）														
			应收	实收	单位	单价	发票金额	运杂费	合计										
									千	百	十	万	千	百	十	元	角	分
	容声冰箱	2005	300	300	台	4 000.00	1 200 000.00			1	2	0	0	0	0	0	0	0

备注	验收人盖章		王节	合计¥1 200 000.00

采购人：　　　检验员：刘凤　　　记账员：　　　保管员：陈红

第二联：会计部门

（6）9 月 25 日，公司从广东省长光电器有限公司购入长虹彩电 100 台，每台进价 4 000 元，取得增值税专用发票上注明税金 52 000 元。货未到，公司尚未支付货款。

表 2–14

湖南增值税专用发票

全国统一发票监制章 湖南 国家税务总局监制

4309801359

No 00242354

2023 年 09 月 25 日

购货单位	名　　称：长沙市国月电器批发商场 纳税人识别号：430600001102615045 地址、电话：湖南省长沙市裕华路 228 号 0731–45372536 开户行及账号：工商银行裕华分理处 0409200401100702375	密码区	2365—1 < 6—7—432170438 < 2985/52 > 3/43217—49743295 < 8—3589 > 15635—2— 24—8 < 7 > 4*—/1 > * > 8215—1 < 6—7— 021890438 < 2362/52 > 3/56901

货物或应税劳务名称	计量单位	数量	单价	金额	税率	税额
长虹彩电	台	100	4 000.00	400 000.00	13%	52 000.00
合计				¥400 000.00		¥52 000.00
价税合计（大写）	人民币　肆拾伍万贰仟元整　（小写）¥452 000.00					

销货单位	名　　称：广东省长光电器有限公司 纳税人识别号：440035613465900298 地址、电话：广东省广州市韶南路 221 号 021–45212026 开户行及账号：工商银行韶南路支行 4456231201853309492	备注	广东省长光电器有限公司 440035613465900298 发票专用章

收款人：张万　　复核：　　开票人：陈凤　　销货单位（章）

第三联　发票联　购货方记账凭证

表 2–15

湖南增值税专用发票

全国统一发票监制章 湖南 国家税务总局监制

4309801359

No 00242354

2023 年 09 月 25 日

购货单位	名　　称：长沙市国月电器批发商场 纳税人识别号：430600001102615045 地址、电话：湖南省长沙市裕华路 228 号 0731–45372536 开户行及账号：工商银行裕华分理处 0409200401100702375	密码区	2365—1 < 6—7—432170438 < 2985/52 > 3/43217—49743295 < 8—3589 > 15635—2— 24—8 < 7 > 4*—/1 > * > 8215—1 < 6—7— 021890438 < 2362/52 > 3/56901

货物或应税劳务名称	计量单位	数量	单价	金额	税率	税额
长虹彩电	台	100	4 000.00	400 000.00	13%	52 000.00
合计				¥400 000.00		¥52 000.00
价税合计（大写）	人民币　肆拾伍万贰仟元整　（小写）¥452 000.00					

销货单位	名　　称：广东省长光电器有限公司 纳税人识别号：440035613465900298 地址、电话：广东省广州市韶南路 221 号 021–45212026 开户行及账号：工商银行韶南路支行 4456231201853309492	备注	广东省长光电器有限公司 440035613465900298 发票专用章

收款人：张万　　复核：　　开票人：陈凤　　销货单位（章）

第二联　抵扣联　购货方扣税凭证

（7）9 月 29 日，5 台数码相机因质量问题公司退给厂家，电器批发商场收回的红字专用发票上注明退货款 10 000 元和税金 1 300 元，款未收。

表 2–16

湖南增值税专用发票

（全国统一发票监制章　湖南　国家税务总局监制）

4300254383　　　　No 00098625

2023 年 09 月 29 日

购货单位	名　　称：长沙市国月电器批发商场 纳税人识别号：430600001102615045 地址、电话：湖南省长沙市裕华路 228 号 0731–45372536 开户行及账号：工商银行裕华分理处 0409200401100702375		密码区	2309—1 < 6—7—8743218 < 643/52 > 3/90654—49745627 < 8—4318 > 83796—2— 54—8 < 9 > 4*—/ > * > 9365—1 < 6—7— 432170438 < 2985/52 > 3/43219		
货物或应税劳务名称	计量单位	数量	单价	金额	税率	税额
佳能数码相机	台	–5	2 000.00	–10 000.00	13%	–1 300.00
合计				￥–10 000.00		￥–1 300.00
价税合计（大写）	人民币　负数壹万壹仟叁佰元整　　（小写）￥–11 300.00					
销货单位	名　　称：深圳市德立数码设备有限公司 纳税人识别号：446700963402639874 地址、电话：广东省深圳市南山路 388 号 026–56892588 开户行及账号：建设银行南山路支行 4987600401654322387		备注	（深圳市德立数码设备有限公司 446700963402639874 发票专用章）		

收款人：江茜　　　复核：　　　开票人：洪宁　　　销货单位（章）

第三联　发票联　购货方记账凭证

表 2–17

湖南增值税专用发票

（全国统一发票监制章　湖南　国家税务总局监制）

4300254383　　　　No 00098625

2023 年 09 月 29 日

购货单位	名　　称：长沙市国月电器批发商场 纳税人识别号：430600001102615045 地址、电话：湖南省长沙市裕华路 228 号 0731–45372536 开户行及账号：工商银行裕华分理处 0409200401100702375		密码区	2309—1 < 6—7—8743218 < 643/52 > 3/90654—49745627 < 8—4318 > 83796—2— 54—8 < 9 > 4*—/ > * > 9365—1 < 6—7— 432170438 < 2985/52 > 3/43219		
货物或应税劳务名称	计量单位	数量	单价	金额	税率	税额
佳能数码相机	台	–5	2 000.00	–10 000.00	13%	–1 300.00
合计				￥–10 000.00		￥–1 300.00
价税合计（大写）	人民币　负数壹万壹仟叁佰元整　　（小写）￥–11 300.00					
销货单位	名　　称：深圳市德立数码设备有限公司 纳税人识别号：446700963402639874 地址、电话：广东省深圳市南山路 388 号 026–56892588 开户行及账号：建设银行南山路支行 4987600401654322387		备注	（深圳市德立数码设备有限公司 446700963402639874 发票专用章）		

收款人：江茜　　　复核：　　　开票人：洪宁　　　销货单位（章）

第二联　抵扣联　购货方扣税凭证

表 2-18　　　　**出　库　单**

2023 年 09 月 29 日　　　　单位：元

货号	产品	单位	数量	单位成本	总成本	备注
	佳能数码相机	台	5	2 000.00	10 000.00	退货
	合计				10 000.00	

复核：杨玲　　　　制单：李平

【任务要求】计算长沙市国月电器批发商场 2023 年 9 月需要交纳的增值税。

【分析】

（1）销售彩电和空调的销项税额 =260 000（元）

（2）销售电暖器的销项税额 =10 400（元）

（3）买一赠一视同销售，销项税额 =200 × 50 × 13%=1 300（元）

（4）以旧换新销售洗衣机销项税额 =20 800（元）

（5）采购冰箱进项税额 =156 000（元）

（6）采购彩电进项税额 =52 000（元）

（7）退数码相机进项税额 =-1 300（元）

应纳税额 = 销项税额 - 进项税额

= (260 000+10 400+1 300+20 800) - (156 000+52 000-1 300)

= 85 800（元）

任务 3 附加税费认知及计算

知识储备

一、城市维护建设税

城市维护建设税是以纳税人实际缴纳的增值税、消费税税额为计税依据所征收的一种税，主要目的是筹集城镇设施建设和维护资金。

（一）纳税人

1. 城市维护建设税的纳税人，是指在中华人民共和国境内缴纳增值税、消费税的单位和个人，包括各类企业（含外商投资企业、外国企业）、行政单位、事业单位、军事单位、社会团体及其他单位，以及个体工商户和其他个人（含外籍个人）。

2. 城市维护建设税扣缴义务人为负有增值税、消费税扣缴义务的单位和个人。

（二）税率

1. 城市维护建设税实行地区差别比例税率，共三档，具体为：

（1）纳税人所在地在市区的，税率为 7%。

（2）纳税人所在地在县城、镇的，税率为 5%。

（3）纳税人所在地不在市区、县城或者镇的，税率为 1%。

2. 特殊情况的税率适用规则：

（1）由受托方代扣代缴、代收代缴增值税、消费税的单位和个人，其代扣代缴、代收代缴的城市维护建设税按受托方所在地适用税率执行。

（2）流动经营等无固定纳税地点的单位和个人，在经营地缴纳增值税、消费税的，其城市维护建设税的缴纳按经营地适用税率执行。

（三）应纳税额的计算

应纳税额 = 实际缴纳的增值税、消费税税额之和 × 适用税率

【技能点 2-9】位于市区的长乐企业本月主营业务实际缴纳增值税 440 000 元，消费税 60 000 元。计算该企业应交的城市维护建设税。

应纳税额 =（440 000+60 000）× 7% =35 000 元

（四）税收优惠

城市维护建设税属于增值税、消费税的一种附加税，原则上不单独规定税收减免条款。如果税法规定减免增值税、消费税，也就相应地减免了城市维护建设税。现行城市维护建设税的减免规定主要有：

1. 对进口货物或者境外单位和个人向境内销售劳务、服务、无形资产缴纳的增值税、消费税税额，不征收城市维护建设税。

2. 对出口货物、劳务和跨境销售服务、无形资产以及因优惠政策退还增值税、消费税的，不退还已缴纳的城市维护建设税。

3. 对增值税、消费税实行先征后返、先征后退、即征即退办法的，除另有规定外，对随增值税、消费税附征的城市维护建设税，一律不予退（返）还。

二、教育费附加

教育费附加是以各单位和个人实际缴纳的增值税、消费税的税额为计征依据而征收的一种费用，其目的是加快发展地方教育事业，扩大地方教育经费资金来源。

（一）纳税人

税法规定征收增值税、消费税的单位和个人。包括外商投资企业、外国企业及外籍个人。

（二）征收比率

教育费附加征收比率为 3%，地方教育附加征收比率为 2%。

（三）应纳税额的计算

应纳教育费附加或地方教育附加 = 实际缴纳的增值税、消费税税额之和 × 征收

比率

【技能点 2-10】长沙成建公司为增值税一般纳税人，本月该公司应向税务机关缴纳增值税 1 000 000 元，实际缴纳增值税 800 000 元；应向税务机关缴纳消费税 500 000 元，实际缴纳消费税 500 000 元。已知，教育费附加征收比率为 3%，地方教育附加征收比率为 2%。计算该公司当月应缴纳的教育费附加及地方教育附加。

应纳教育费附加 =（实际缴纳的增值税 + 实际缴纳的消费税）× 3%

=（800 000+500 000）× 3%=39 000（元）

应纳地方教育附加 =（实际缴纳的增值税 + 实际缴纳的消费税）× 2%

=（800 000+500 000）× 2%=26 000（元）

（四）教育费附加减免规定

教育费附加的减免，原则上比照增值税、消费税的减免规定。如果税法规定增值税、消费税减免，则教育费附加也就相应地减免。主要的减免规定有：

1. 对海关进口产品征收的增值税、消费税，不征收教育费附加。

2. 对由于减免增值税、消费税而发生退税的，可同时退还已征收的教育费附加。但对出口产品退还增值税、消费税的，不退还已征的教育费附加。

【技能点 2-11】处在县城生产服装的长联公司本月交纳了增值税 100 000 元，消费税 300 000 元，补交了上月应纳的消费税 60 000 元，取得出口退还增值税 50 000 元，交纳进口关税 80 000 元、进口增值税 200 000 元、进口消费税 100 000 元。计算本月应交的城市维护建设税、教育费附加及地方教育附加。

因取得出口退还增值税和消费税的不退还已征收的附加税费，进口征收增值税和消费税的也不征收附加税费。则：

应纳城市维护建设税 =（100 000+300 000+60 000）× 5%=23 000（元）

应纳教育费附加 =（100 000+300 000+60 000）× 3%=13 800（元）

应纳地方教育附加 =（100 000+300 000+60 000）× 2%=9 200（元）

任务实践

【任务要求】根据任务 2 任务实践中的长沙市国月电器批发商场 9 月缴纳增值税情况，计算该月应交的城市维护建设税、教育费附加及地方教育附加。

【任务分析】根据任务 2 任务实践中长沙市国月电器批发商场计算出应纳增值税额为 85 800 元，则：

应纳城市维护建设税 =85 800 × 7%=6 006（元）

应纳教育费附加 =85 800 × 3%=2 574（元）

应纳地方教育附加 =85 800 × 2%=1 716（元）

任务 4　增值税及附加税费智慧平台申报管理

知识储备

一、纳税义务发生时间

（一）纳税人发生应税销售行为，为收讫销售款项或者取得索取销售款项凭据的当天；先开具发票的，为开具发票的当天。具体为：

1. 采取直接收款方式销售货物，不论货物是否发出，均为收到销售款或取得索取销售款凭据的当天。

2. 采取托收承付和委托银行收款方式销售货物，为发出货物并办妥托收手续的当天。

3. 采取赊销和分期收款方式销售货物，为书面合同约定的收款日期的当天，无书面合同的或者书面合同没有约定收款日期的，为货物发出的当天。

4. 采取预收货款方式销售货物，为货物发出的当天，但生产销售生产工期超过 12 个月的大型机械设备、船舶、飞机等货物，为收到预收款或者书面合同约定的收款日期的当天。

5. 委托其他纳税人代销货物，为收到代销单位的代销清单或者收到全部或者部分货款的当天。未收到代销清单及货款的，其纳税义务发生时间为发出代销货物满 180 天的当天。

6. 纳税人提供租赁服务采取预收款方式的，其纳税义务发生时间为收到预收款的当天。

7. 纳税人从事金融商品转让的，为金融商品所有权转移的当天。

8. 纳税人发生相关视同销售货物行为的，为货物移送的当天。

9. 纳税人发生视同销售劳务、服务、无形资产、不动产情形的，为劳务、服务、无形资产转让完成的当天或者不动产权属变更的当天。

（二）纳税人进口货物，其纳税义务发生时间为报关进口的当天

（三）增值税扣缴义务发生时间为纳税人增值税纳税义务发生的当天

附加税费纳税义务发生时间为缴纳增值税、消费税的当日，扣缴义务发生时间为扣缴增值税、消费税的当日。

二、纳税地点

（一）增值税纳税地点

为了保证纳税人按期申报纳税，税法具体规定了增值税的纳税地点。

1. 固定业户应当向其机构所在地主管税务机关申报纳税。总机构和分支机构不在同一县（市）的，应当分别向各自所在地税务机关申报纳税；经国务院财政、税务部门或者其授权的财政、税务机关批准，可以由总机构汇总向总机构所在地主管税务机关申报纳税。

2. 固定业户到外县（市）销售货物或者劳务，应当向其机构所在地税务机关报告外出经营事项，并向其机构所在地的税务机关申报纳税；未报告的，应当向销售地或者劳务发生地的税务机关申报纳税；未向销售地或者劳务发生地的税务机关申报纳税的，由其机构所在地的税务机关补征税款。

3. 非固定业户销售货物或提供应税劳务，应当向销售地或者劳务发生地的税务机关申报纳税；未申报纳税的，由其机构所在地或居住地的税务机关补征税款。

4. 进口货物，应当向报关地海关申报纳税。

5. 扣缴义务人应当向其机构所在地或者居住地的税务机关申报缴纳其扣缴的税款。

（二）附加税费纳税地点

纳税人缴纳增值税、消费税的地点，就是该纳税人缴纳附加税费的地点。扣缴义务人应当向其机构所在地或者居住地的主管税务机关申报缴纳其扣缴的税款。有特殊情况的，按下列原则和办法确定纳税地点：

1. 代扣代缴、代收代缴增值税、消费税的单位和个人，同时也是附加税费的代扣代缴、代收代缴义务人，其纳税地点为代扣代收地。

2. 对流动经营等无固定纳税地点的单位和个人，应随同增值税、消费税在经营地纳税。

三、纳税期限

增值税的纳税期限分别为 1 日、3 日、5 日、10 日、15 日、1 个月或者 1 个季度。

纳税人的具体纳税期限，由税务机关根据纳税人应纳税额的大小分别核定；不能按照固定期限纳税的，可以按次纳税。以 1 个季度为纳税期限的规定适用于小规模纳税人、银行、财务公司、信托投资公司、信用社以及财政部和国家税务总局规定的其他纳税人。

纳税人以 1 个月或者 1 个季度为 1 个纳税期的，自期满之日起 15 内申报纳税；以 1 日、3 日、5 日、10 日或 15 日为 1 个纳税期的，自期满之日 5 日内预缴税款，于次月 1 日起 15 日内申报纳税，并结清上月应纳税款。

纳税人进口货物，自海关填发进口增值税专用缴款书之日起 15 日内缴纳税款。

附加税费的纳税期限与增值税、消费税的一致。一般按月或者按季计征。不能按固定期限计征的，可以按次计征。

四、智慧平台纳税申报

企业的各税费主要通过国家电子税务局的平台纳税申报。电子税务局是金税工程通过统一规范国家税务总局、省局的纳税服务渠道、功能，建设的全国纳税服务信息系统，它为纳税人和社会公众提供统一、规范的信息服务、办税服务、征纳互动服务。同时建设网络实时开具的电子发票平台，做到发票无纸化，全面电子发票化，保证了全国税收数据大集中。从而实现了降低征纳税成本和税收风险的税收征管改革目标。

增值税作为国家最重要的税种，实现了合法合规且自动化的申报管理，通过与国家电子税务平台实现了线上全流程自动申报，借助信息化、智能化手段，提高了纳税申报、风险管理及税务筹划效率。增值税纳税申报在国家税务总局电子税务平台的申报操作流程如下所述。

1. 登录国家税务总局湖南省电子税务局平台，选择【我要办税】，如图 2–1 所示。

2. 用企业纳税账号及密码登录，子账户无须填写，登录后，选择左侧【主、附加税费申报】，如图 2–2 所示。

3. 单击【主、附加税费申报】，进入填写“纳税申报”窗口，如图 2–3 所示。

图 2-1　国家税务总局湖南省电子税务局首页

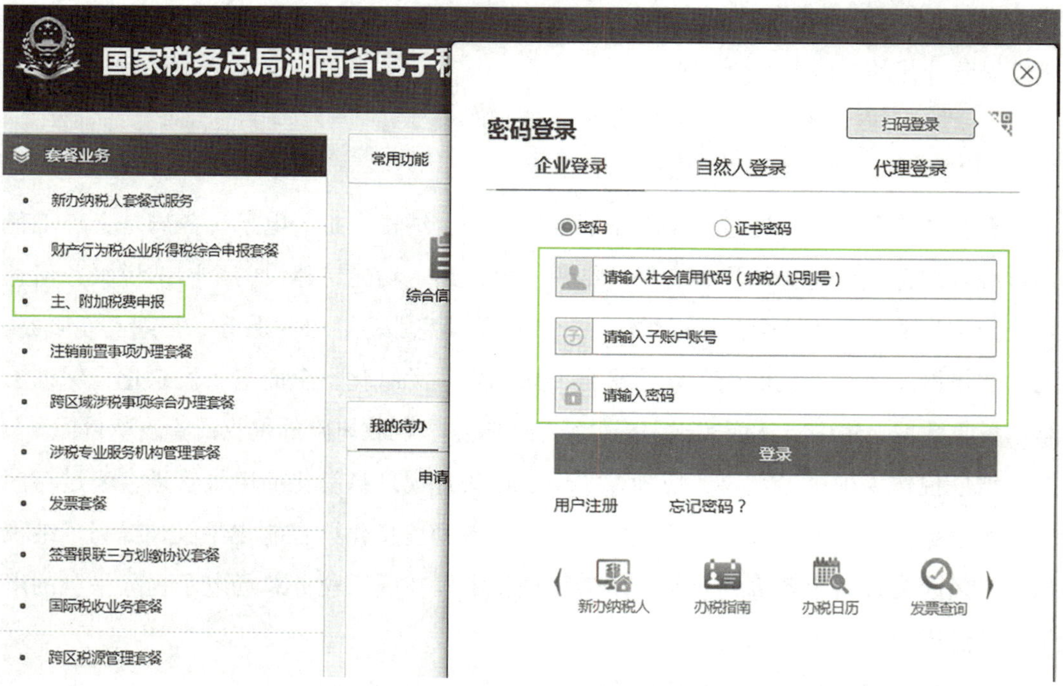

图 2-2　电子税务局企业登录平台

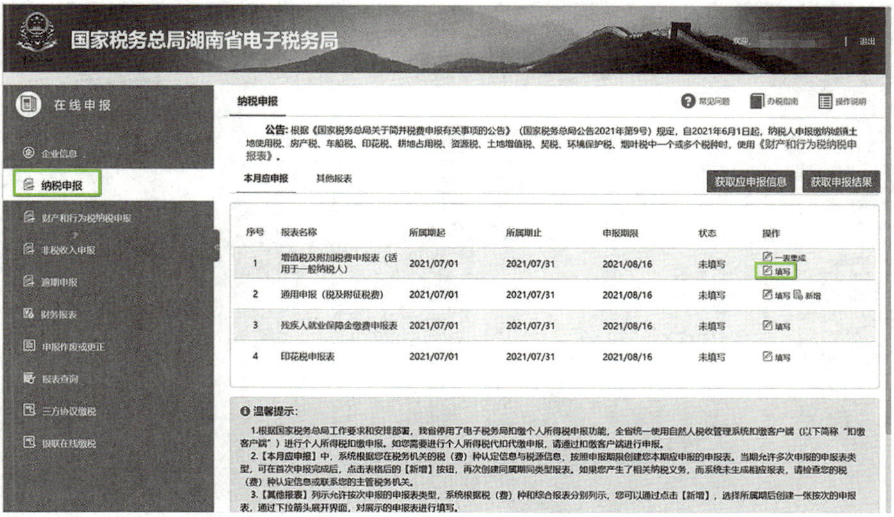

图 2–3　填写申报表界面

4. 单击增值税及附加税费申报表（适用于一般纳税人）右侧的填写，进入增值税及附加税申报表。增值税及附加税费申报表包括主表、附列资料一本期销售情况明细、附列资料二本期进项税额明细、附列资料三服务、不动产和无形资产扣除项目明细、附列资料四税额抵减情况表、附列资料五附加税费情况表、增值税减免税申报明细表七张表。将附加税费作为增值税的附列资料五，填写该表单后，附加税费不用进入“附加税（费）申报表”单独申报，并在主表中显示附加税费的金额，因增值税主表增加了三行 39、40、41 填写附加税费信息。如图 2–4、图 2–5 所示。

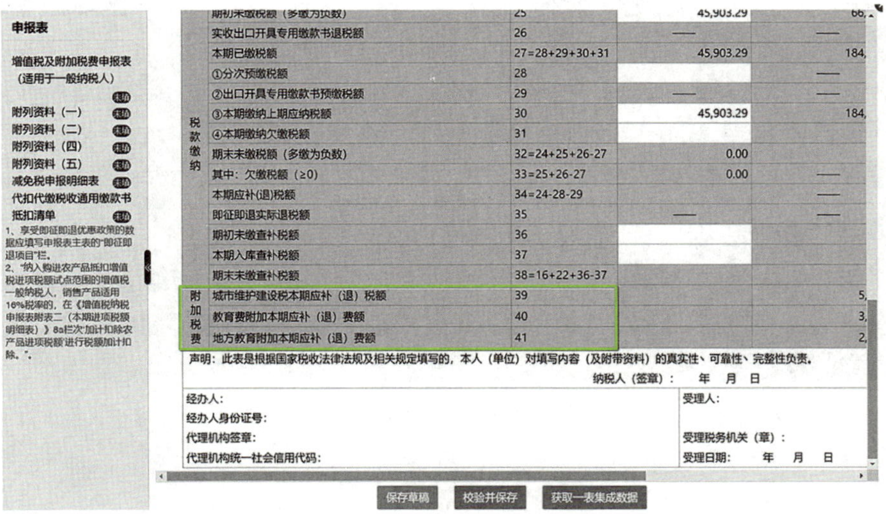

图 2–4　纳税申报主表窗口

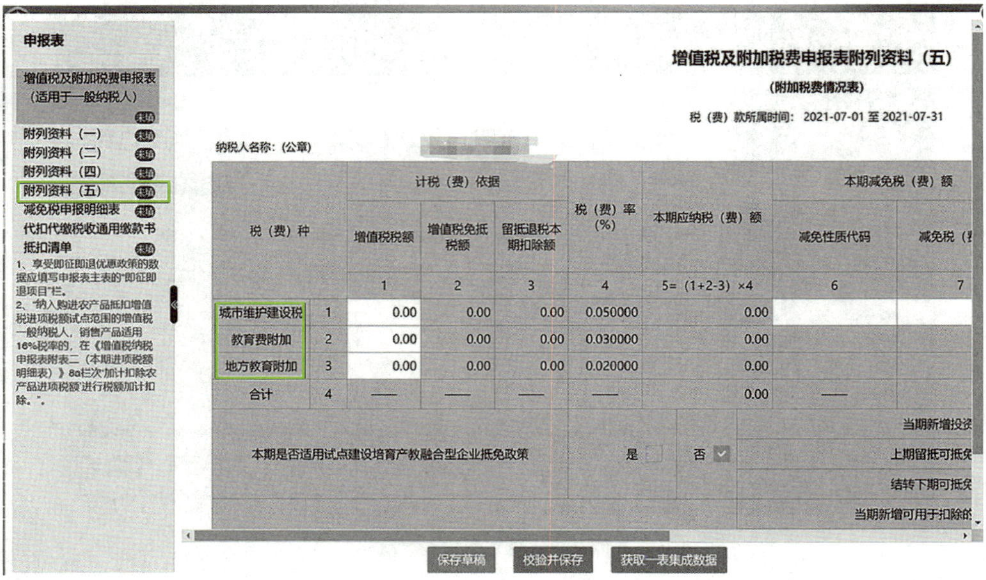

图 2-5　附加税费纳税申报窗口

5. 全部资料信息确认无误并保存后，点击【申报】按钮，进行申报，如图 2-6 所示。

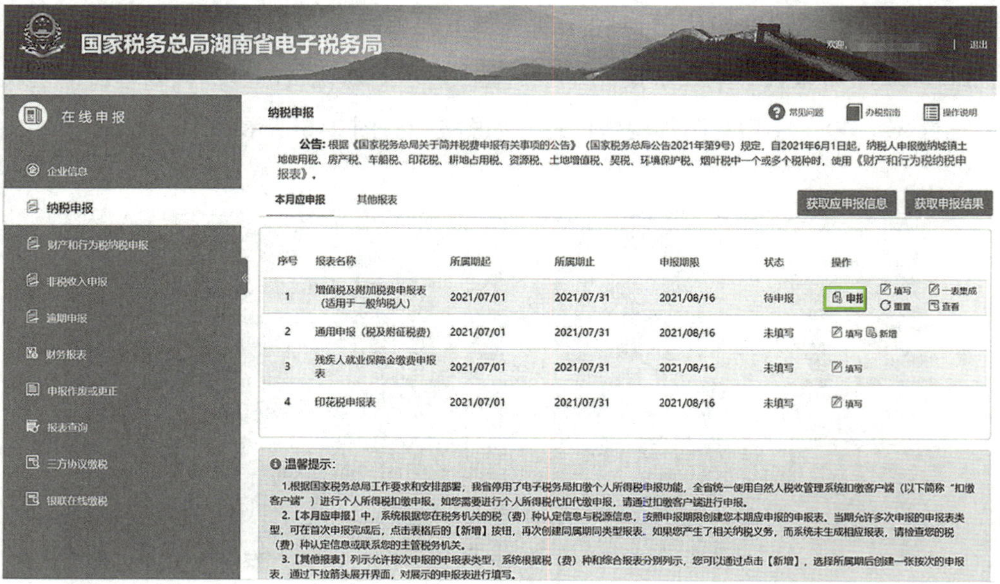

图 2-6　申报窗口

6. 申报完成后，单击【三方协议缴纳】，弹出“是否需要缴款”，单击【确定】进入增值税缴纳环节，单击【下一步】，确认缴费，缴款成功，如图 2-7 所示。纳税人通过【申报查询及打印】模块，可以查看和下载申报的报表。

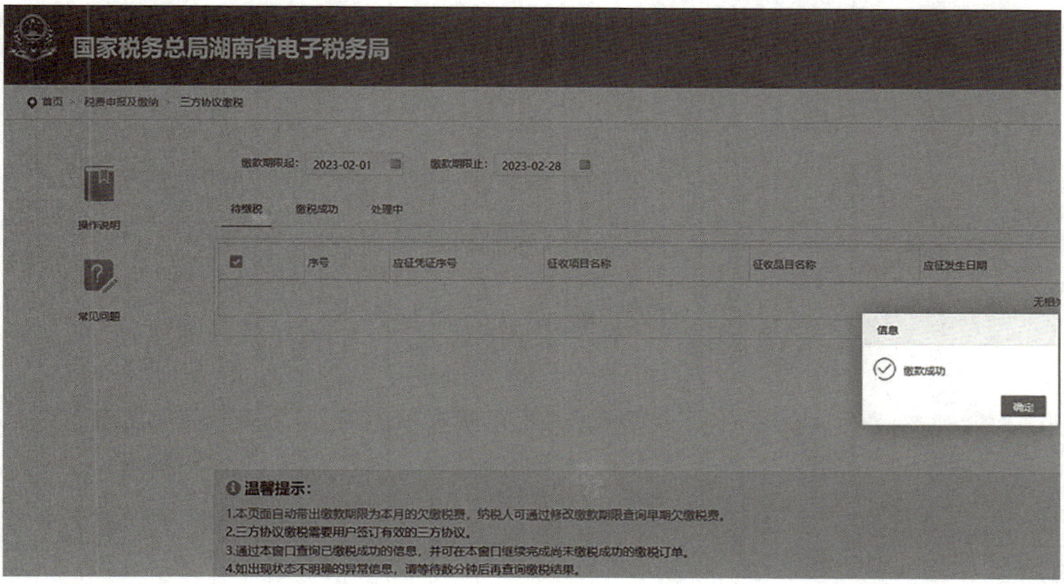

图 2-7　增值税缴费窗口

任务实践

【任务要求】根据任务 2 及任务 3 任务实践中的长沙市国月电器批发商场 9 月缴纳增值税、城市维护建设税、教育费附加及地方教育附加情况，填制增值税及附加税费纳税申报表。

【分析】根据国家税务总局 2021 年 8 月推行增值税与附加税申报表整合工作，纳税人在申报增值税时，应一并申报附征的城市维护建设税、教育费附加和地方教育附加等附加税费。根据任务 2 及任务 3 长沙市国月电器批发商场 2023 年 9 月资料及计算税额，公司需要编制增值税及附加税费申报表，因该公司是批发企业，且没有抵减和减免税额，则增值税附表三服务、不动产和无形资产扣除项目明细、附表四税额抵减情况表及增值税减免税申报明细表不需要填制。具体填制申报表如表 2-19、表 2-20、表 2-21、表 2-22 所示。

表 2–19

增值税及附加税费申报表

（一般纳税人适用）

根据国家税收法律法规及增值税相关规定制定本表。纳税人不论有无销售额，均应按税务机关核定的纳税期限填写本表，并向当地税务机关申报。

税款所属时间：自 2023 年 09 月 01 日至 2023 年 09 月 30 日　　填表日期 2023 年 10 月 14 日　　金额单位：元（列至角分）

纳税人识别号（统一社会信用代码）：430600001102615045　　所属行业：批发及零售业

<table>
<tr><td colspan="2">纳税人名称：长沙市国月电器批发商场</td><td>法定代表人姓名</td><td>艾银</td><td>注册地址</td><td>湖南省长沙市裕华路 228 号</td><td>生产经营地址</td><td>湖南省长沙市裕华路 228 号</td></tr>
<tr><td colspan="2">开户银行及账号</td><td>工商银行裕华分理处 0409200401100702375</td><td>登记注册类型</td><td colspan="3">内资企业有限责任公司</td><td>电话号码 0731–45372536</td></tr>
<tr><td colspan="2" rowspan="2">项目</td><td rowspan="2">栏次</td><td colspan="2">一般项目</td><td colspan="2">即征即退项目</td></tr>
<tr><td>本月数</td><td>本年累计</td><td>本月数</td><td>本年累计</td></tr>
<tr><td rowspan="10">销售额</td><td>（一）按适用税率计税销售额</td><td>1</td><td>2 250 000.00</td><td>略</td><td></td><td></td></tr>
<tr><td>其中：应税货物销售额</td><td>2</td><td>2 250 000.00</td><td></td><td></td><td></td></tr>
<tr><td>应税劳务销售额</td><td>3</td><td></td><td></td><td></td><td></td></tr>
<tr><td>纳税检查调整的销售额</td><td>4</td><td></td><td></td><td></td><td></td></tr>
<tr><td>（二）按简易办法计税销售额</td><td>5</td><td></td><td></td><td></td><td></td></tr>
<tr><td>其中：纳税检查调整的销售额</td><td>6</td><td></td><td></td><td></td><td></td></tr>
<tr><td>（三）免、抵、退办法出口销售额</td><td>7</td><td></td><td></td><td>—</td><td>—</td></tr>
<tr><td>（四）免税销售额</td><td>8</td><td></td><td></td><td>—</td><td>—</td></tr>
<tr><td>其中：免税货物销售额</td><td>9</td><td></td><td></td><td>—</td><td>—</td></tr>
<tr><td>免税劳务销售额</td><td>10</td><td></td><td></td><td>—</td><td>—</td></tr>
<tr><td rowspan="4">税款计算</td><td>销项税额</td><td>11</td><td>292 500.00</td><td></td><td></td><td></td></tr>
<tr><td>进项税额</td><td>12</td><td>208 000.00</td><td></td><td></td><td></td></tr>
<tr><td>上期留抵税额</td><td>13</td><td></td><td></td><td></td><td>—</td></tr>
<tr><td>进项税额转出</td><td>14</td><td>1 300.00</td><td></td><td></td><td></td></tr>
</table>

续表

项目		栏次	一般项目		即征即退项目	
			本月数	本年累计	本月数	本年累计
税款计算	免、抵、退应退税额	15			—	—
	按适用税率计算的纳税检查应补缴税额	16			—	—
	应抵扣税额合计	17=12+13−14−15+16	206 700.00	—		—
	实际抵扣税额	18（如 17<11，则为 17，否则为 11）	206 700.00			
	应纳税额	19=11−18	85 800.00			
	期末留抵税额	20=17−18				—
	简易计税办法计算的应纳税额	21				
	按简易计税办法计算的纳税检查应补缴税额	22			—	—
	应纳税额减征额	23				
	应纳税额合计	24=19+21−23	85 800.00			
税款缴纳	期初未缴税额（多缴为负数）	25	13 000.00			
	实收出口开具专用缴款书退税额	26			—	—
	本期已缴税额	27=28+29+30+31	13 000.00			
	①分次预缴税额	28		—		—
	②出口开具专用缴款书预缴税额	29		—	—	—
	③本期缴纳上期应纳税额	30	13 000.00			
	④本期缴纳欠缴税额	31				
	期末未缴税额（多缴为负数）	32=24+25+26−27	85 800.00			
	其中：欠缴税额（≥0）	33=25+26−27		—		—
	本期应补（退）税额	34 ＝ 24−28−29	85 800.00	—		—

续表

项目		栏次	一般项目		即征即退项目	
			本月数	本年累计	本月数	本年累计
税款缴纳	即征即退实际退税额	35	—	—		
	期初未缴查补税额	36			—	—
	本期入库查补税额	37			—	—
	期末未缴查补税额	38=16+22+36−37			—	—
附加税费	城市维护建设税本期应补（退）税额	39	6 006.00		—	—
	教育费附加本期应补（退）费额	40	2 574.00		—	—
	地方教育附加本期应补（退）费额	41	1 716.00		—	—

声明：此表是根据国家税收法律法规及相关规定填写的，本人（单位）对填报内容（及附带资料）的真实性、可靠性、完整性负责。

纳税人（签章）：长沙市国月电器批发商场　　2023 年 10 月 14 日

经办人：略 经办人身份证号：略 代理机构签章： 代理机构统一社会信用代码：	受理人： 受理税务机关（章）：　受理日期：　年　月　日

注：

（1）“一般项目”列：填写除享受增值税即征即退政策以外的货物、劳务和服务、不动产、无形资产的征（免）税数据。

（2）“即征即退项目”列：填写纳税人按规定享受增值税即征即退政策的货物、劳务和服务、不动产、无形资产的征（退）税数据。

（3）“本年累计”列：一般填写本年度内各月“本月数”之和。

（4）第 1 栏“（一）按适用税率计税销售额”：填写纳税人本期按一般计税方法计算缴纳增值税的销售额。

（5）第 2 栏“其中：应税货物销售额”：填写纳税人本期按适用税率计算增值税的应税货物的销售额。

（6）第 3 栏“应税劳务销售额”：填写纳税人本期按适用税率计算增值税的应税劳务的销售额。

（7）第 4 栏“纳税检查调整的销售额”：填写纳税人因税务、财政、审计部门检查，并按一般计税方法在本期计算调整的销售额。

（8）第 5 栏“按简易办法计税销售额”：填写纳税人本期按简易计税方法计算增值税的销售额。

（9）第 6 栏“其中：纳税检查调整的销售额”：填写纳税人因税务、财政、审计部门检查，并按简易计税方法在本期计算调整的销售额。

（10）第 7 栏“免、抵、退办法出口销售额”：填写纳税人本期适用免、抵、退税办法的出口货物、劳务和服务、无形资产的销售额。

（11）第 8 栏“免税销售额”：填写纳税人本期按照税法规定免征增值税的销售额和适用零税率的销售额。

（12）第 9 栏“其中：免税货物销售额”：填写纳税人本期按照税法规定免征增值税的货物销售额及适用零税率的货物销售额。

（13）第10栏“免税劳务销售额”：填写纳税人本期按照税法规定免征增值税的劳务销售额及适用零税率的劳务销售额。

（14）第11栏“销项税额”：填写纳税人本期按一般计税方法计税的货物、劳务和服务、不动产、无形资产的销项税额。

（15）第12栏“进项税额”：填写纳税人本期申报抵扣的进项税额。

（16）第13栏“上期留抵税额”：“本月数”按上一税款所属期申报表第20栏“期末留抵税额”“本月数”填写。

（17）第14栏“进项税额转出”：填写纳税人已经抵扣，但按税法规定本期应转出的进项税额。

（18）第15栏“免、抵、退应退税额”：反映税务机关退税部门按照出口货物、劳务和服务、无形资产免、抵、退办法审批的增值税应退税额。

（19）第16栏“按适用税率计算的纳税检查应补缴税额”：填写税务、财政、审计部门检查，按一般计税方法计算的纳税检查应补缴的增值税税额。

（20）第17栏“应抵扣税额合计”：填写纳税人本期应抵扣进项税额的合计数。

（21）第18栏“实际抵扣税额”：“本月数”按表中所列公式计算填写。

（22）第19栏“应纳税额”：反映纳税人本期按一般计税方法计算并应缴纳的增值税额。

（23）第20栏“期末留抵税额”：“本月数”按表中所列公式填写。

（24）第21栏“简易计税办法计算的应纳税额”：反映纳税人本期按简易计税方法计算并应缴纳的增值税额。

（25）第22栏“按简易计税办法计算的纳税检查应补缴税额”：填写纳税人本期因税务、财政、审计部门检查并按简易计税方法计算的纳税检查应补缴税额。

（26）第23栏“应纳税额减征额”：填写纳税人本期按照税法规定减征的增值税应纳税额。

（27）第24栏“应纳税额合计”：反映纳税人本期应缴增值税的合计数。按表中所列公式计算填写。

（28）第25栏“期初未缴税额（多缴为负数）”：“本月数”按上一税款所属期申报表第32栏“期末未缴税额（多缴为负数）”“本月数”填写。“本年累计”按上年度最后一个税款所属期申报表第32栏“期末未缴税额（多缴为负数）”“本年累计”填写。

（29）第26栏“实收出口开具专用缴款书退税额”：本栏不填写。

（30）第27栏“本期已缴税额”：反映纳税人本期实际缴纳的增值税额。

（31）第28栏“分次预缴税额”：填写纳税人本期已缴纳的准予在本期增值税应纳税额中抵减的税额。

（32）第29栏“出口开具专用缴款书预缴税额”：本栏不填写。

（33）第30栏“本期缴纳上期应纳税额”：填写纳税人本期缴纳上一税款所属期应缴未缴的增值税额。

（34）第31栏“本期缴纳欠缴税额”：反映纳税人本期实际缴纳和留抵税额抵减的增值税欠税额，但不包括缴纳入库的查补增值税额。

（35）第32栏“期末未缴税额（多缴为负数）”：“本月数”反映纳税人本期期末应缴未缴的增值税额。

（36）第33栏“其中：欠缴税额（≥0）”：反映纳税人按照税法规定已形成欠税的增值税额。按表中所列公式计算填写。

（37）第34栏“本期应补（退）税额”：反映纳税人本期应纳税额中应补缴或应退回的数额。

（38）第35栏“即征即退实际退税额”：反映纳税人本期因符合增值税即征即退政策规定，而实际收到的税务机关退回的增值税额。

（39）第36栏“期初未缴查补税额”：“本月数”按上一税款所属期申报表第38栏“期末未缴查补税额”“本月数”填写。

（40）第37栏“本期入库查补税额”：反映纳税人本期因税务、财政、审计部门检查而实际入库的增值税额。

（41）第38栏“期末未缴查补税额”：“本月数”反映纳税人接受纳税检查后应在本期期末缴纳而未缴纳的查补增值税额。

（42）第39栏“城市维护建设税本期应补（退）税额”：填写纳税人按税法规定应当缴纳的城市维护建设税。

（43）第40栏“教育费附加本期应补（退）费额”：填写纳税人按规定应当缴纳的教育费附加。

（44）第41栏“地方教育附加本期应补（退）费额”：填写纳税人按规定应当缴纳的地方教育附加。

表 2-20

增值税及附加税费申报表附列资料（一）

（本期销售情况明细）

税款所属时间：2023 年 09 月 01 日至 2023 年 09 月 30 日

纳税人名称：长沙市国月电器批发商场　　　　金额单位：元（列至角分）

项目及栏次				开具增值税专用发票		开具其他发票		未开具发票		纳税检查调整		合计			服务、不动产和无形资产扣除项目本期实际扣除金额	扣除后	
				销售额	销项（应纳）税额	销售额	销项（应纳）税额	销售额	销项（应纳）税额	销售额	销项（应纳）税额	销售额	销项（应纳）税额	价税合计		含税（免税）销售额	销项（应纳）税额
				1	2	3	4	5	6	7	8	9=1+3+5+7	10=2+4+6+8	11=9+10	12	13=11−12	14=13÷（100%+税率或征收率）×税率或征收率
一、一般计税方法计税	全部征税项目	13% 税率的货物及加工修理修配劳务	1	2 080 000.00	270 400.00	160 000.00	20 800.00	10 000.00	1 300.00			2 250 000.00	292 500.00	—	—	—	—
		13% 税率的服务、不动产和无形资产	2														
		9% 税率的货物及加工修理修配劳务	3											—	—	—	—
		9% 税率的服务、不动产和无形资产	4														
		6% 税率	5														
	其中：即征即退项目	即征即退货物及加工修理修配劳务	6	—	—	—	—	—	—	—	—			—	—	—	—
		即征即退服务、不动产和无形资产	7	—	—	—	—	—	—	—	—						
二、简易计税方法计税	全部征税项目	6% 征收率	8							—	—			—	—	—	—
		5% 征收率的货物及加工修理修配劳务	9a							—	—			—	—	—	—
		5% 征收率的服务、不动产和无形资产	9b							—	—						
		4% 征收率	10							—	—			—	—	—	—
		3% 征收率的货物及加工修理修配劳务	11							—	—			—	—	—	—

续表

项目及栏次				开具增值税专用发票		开具其他发票		未开具发票		纳税检查调整		合计			服务、不动产和无形资产扣除项目本期实际扣除金额	扣除后	
				销售额	销项（应纳）税额	销售额	销项（应纳）税额	销售额	销项（应纳）税额	销售额	销项（应纳）税额	销售额	销项（应纳）税额	价税合计		含税（免税）销售额	销项（应纳）税额
				1	2	3	4	5	6	7	8	9=1+3+5+7	10=2+4+6+8	11=9+10	12	13=11−12	14=13÷（100%+税率或征收率）×税率或征收率
二、简易计税方法计税	全部征税项目	3% 征收率的服务、不动产和无形资产	12							—	—						
		预征率　%	13a							—	—						
		预征率　%	13b							—	—						
		预征率　%	13c							—	—						
	其中：即征即退项目	即征即退货物及加工修理修配劳务	14	—	—	—	—	—	—	—	—			—	—	—	—
		即征即退服务、不动产和无形资产	15	—	—	—	—	—	—	—	—						
三、免抵退税	货物及加工修理修配劳务		16	—	—		—		—	—	—		—	—	—	—	—
	服务、不动产和无形资产		17	—	—		—		—	—	—		—				—
四、免税	货物及加工修理修配劳务		18				—		—	—	—		—	—	—	—	—
	服务、不动产和无形资产		19	—	—		—		—	—	—		—				—

注：

（1）第 1 至 2 列“开具增值税专用发票”：反映本期开具增值税专用发票（含税控机动车销售统一发票）的情况。

（2）第 3 至 4 列“开具其他发票”：反映除增值税专用发票以外本期开具的其他发票的情况。

（3）第 5 至 6 列“未开具发票”：反映本期未开具发票的销售情况。

（4）第 7 至 8 列“纳税检查调整”：反映经税务、财政、审计部门检查并在本期调整的销售情况。

（5）第 9 至 11 列“合计”：按照表中所列公式填写。

（6）第 12 列“服务、不动产和无形资产扣除项目本期实际扣除金额”：填写营业税改征增值税的纳税人，服务、不动产和无形资产有扣除项目的。

（7）第 13 列“扣除后”“含税（免税）销售额”：本列各行次 = 第 11 列对应各行次 − 第 12 列对应各行次。

（8）第 14 列“扣除后”“销项（应纳）税额”：营业税改征增值税的纳税人，按要求填写本列，其他纳税人不填写。

（9）各栏目的填写则需按不同税率和项目分别填写增值税的全部征税项目。

表 2-21

增值税及附加税费申报表附列资料（二）

（本期进项税额明细）

税款所属时间：2023 年 09 月 01 日至 2023 年 09 月 30 日

纳税人名称：（公章）长沙市国月电器批发商场　　　　金额单位：元（列至角分）

一、申报抵扣的进项税额				
项目	栏次	份数	金额	税额
（一）认证相符的增值税专用发票	1=2+3	2	1 600 000.00	20 800.00
其中：本期认证相符且本期申报抵扣	2	2	1 600 000.00	20 800.00
前期认证相符且本期申报抵扣	3			
（二）其他扣税凭证	4=5+6+7+8a+8b			
其中：海关进口增值税专用缴款书	5			
农产品收购发票或者销售发票	6			
代扣代缴税收缴款凭证	7		—	
加计扣除农产品进项税额	8a	—	—	
其他	8b			
（三）本期用于购建不动产的扣税凭证	9			
（四）本期用于抵扣的旅客运输服务扣税凭证	10			
（五）外贸企业进项税额抵扣证明	11	—	—	
当期申报抵扣进项税额合计	12=1+4+11		1 600 000.00	20 800.00

二、进项税额转出额		
项目	栏次	税额
本期进项税额转出额	13=14 至 23 之和	1 300.00
其中：免税项目用	14	
集体福利、个人消费	15	
非正常损失	16	
简易计税方法征税项目用	17	
免抵退税办法不得抵扣的进项税额	18	
纳税检查调减进项税额	19	
红字专用发票信息表注明的进项税额	20	1 300.00

续表

项目	栏次	份数	金额	税额
上期留抵税额抵减欠税	21			
上期留抵税额退税	22			
异常凭证转出进项税额	23a			
其他应作进项税额转出的情形	23b			
三、待抵扣进项税额				
项目	栏次	份数	金额	税额
（一）认证相符的增值税专用发票	24	—	—	—
期初已认证相符但未申报抵扣	25			
本期认证相符且本期未申报抵扣	26			
期末已认证相符但未申报抵扣	27			
其中：按照税法规定不允许抵扣	28			
（二）其他扣税凭证	29=30 至 33 之和			
其中：海关进口增值税专用缴款书	30			
农产品收购发票或者销售发票	31			
代扣代缴税收缴款凭证	32		—	
其他	33			
	34			
四、其他				
项目	栏次	份数	金额	税额
本期认证相符的增值税专用发票	35	2	1 600 000.00	20 800.00
代扣代缴税额	36	—	—	

注：

（1）第 1 至 12 栏“一、申报抵扣的进项税额”：分别反映纳税人按税法规定符合抵扣条件，在本期申报抵扣的进项税额。

（2）第 13 至 23b 栏“二、进项税额转出额”各栏：分别反映纳税人已经抵扣但按规定应在本期转出的进项税额明细情况。

（3）第 24 至 34 栏“三、待抵扣进项税额”各栏：分别反映纳税人已经取得，但按税法规定不符合抵扣条件，暂不予在本期申报抵扣的进项税额情况及按税法规定不允许抵扣的进项税额情况。

（4）第 35 至 36 栏“四、其他”各栏。第 35 栏反映本期认证相符的增值税专用发票的情况。第 36 栏“代扣代缴税额”：填写纳税人扣缴的应税劳务增值税额与根据营业税改征增值税有关政策规定扣缴的服务、不动产和无形资产增值税额之和。

表 2–22

增值税及附加税费申报表附列资料（五）

（附加税费情况表）

税（费）款所属时间：2023 年 09 月 01 日至 2023 年 09 月 30 日

纳税人名称：（公章）长沙市国月电器批发商场　　　　金额单位：元（列至角分）

税（费）种		计税（费）依据			税（费）率（%）	本期应纳税（费）额	本期减免税（费）额		试点建设培育产教融合型企业		本期已缴税（费）额	本期应补（退）税（费）额
		增值税税额	增值税免抵税额	留抵退税本期扣除额			减免性质代码	减免税（费）额	减免性质代码	本期抵免金额		
		1	2	3	4	5=（1+2–3）×4	6	7	8	9	10	11=5–7–9–10
城市维护建设税	1	85 800.00			7%	6 006.00			—	—		6 006.00
教育费附加	2	85 800.00			3%	2 574.00						2 574.00
地方教育附加	3	85 800.00			2%	1 716.00						1 716.00
合计	4	—	—	—	—	10 296.00	—		—			10 296.00
本期是否适用试点建设培育产教融合型企业抵免政策					否	当期新增投资额				5		
						上期留抵可抵免金额				6		
						结转下期可抵免金额				7		
可用于扣除的增值税留抵退税额使用情况						当期新增可用于扣除的留抵退税额				8		
						上期结存可用于扣除的留抵退税额				9		
						结转下期可用于扣除的留抵退税额				10		

注：本表根据主表增值税本期应补（退）税额，按适用的税（费）率计算缴纳的应纳税（费）额、本期应减免税（费）额、本期抵免金额及本期应补（退）税（费）额。

知识巩固

项目实训

一、增值税小规模纳税人纳税业务实训

【实训目的】通过本项目的实训操作，能够熟练掌握小规模纳税人增值税的应纳税额的计算、涉税账务处理、纳税申报资料填报的基本技能，为学生从事增值税办税业务奠定良好的技能基础，提升上岗操作技能。

【实训方法】以企业常见经济业务为基础，以仿真发票和税收票据为素材，按照《增值税暂行条例》《企业会计准则》等法规制度的规定，学生边学边做，在操作中深化学习，在学习中不断提升。

【实训资料】

1. 企业概况

（1）企业名称：长沙市望顺新丰服装厂

（2）企业性质：私有企业

（3）法定代表人：张铜

（4）企业地址及电话：湖南省长沙市解放路228号　0731-23745261

（5）开户银行及账号：工商银行解放西路分理处　4866669900111568123

（6）社会信用代码：410100000665770125

2. 基本业务

该企业为小规模纳税人，主管部门核定的纳税期限为1个月。2023年9月发生了以下业务。

（1）9月2日，公司向长沙市成美服装批发店销售自产连衣裙，含税售价80 800元，货款已入账。

表 2–23　　　　**湖南增值税电子普通发票**

（全国统一发票监制章　国家税务总局　湖南省税务局）

发票代码：1430122778866
发票号码：00037821
开票日期：2023 年 09 月 02 日
机器编号：430001278905　　　　校验码：00036 32123 34567 78906

购货单位	名　　称：长沙市成美服装批发店 纳税人识别号：430032924752651564 地址、电话：湖南省长沙市火车站路 102 号 0731-56278456 开户行及账号：工行火车路支行 4324350247743524956			密码区	3690—1 < 6—7—032754838 < 221/52 > 3/90654—49742654 < 8—2376 > 86532—2—24— 6 < 7 > 3*—/ > * > 4 < 8—2265 > 86247640— 1 < 6—8—690—1 < 6—3290		
货物或应税劳务名称	计量单位	数量	单价	金额	税率	税额	
连衣裙	件	400	200.00	80 000.00	1%	800.00	
合计				¥80 000.00		¥800.00	
价税合计（大写）	人民币　捌万零捌佰元整　　（小写）¥80 800.00						
销货单位	名　　称：长沙市望顺新丰服装厂 纳税人识别号：410100000665770125 地址、电话：湖南省长沙市解放路 228 号 0731-23745261 开户行及账号：工商银行解放西路分理处 4866669900111568123			备注	（长沙市望顺新丰服装厂 410100000665770125 发票专用章）		

收款人：袁红　　　复核：　　　开票人：陈晴　　　销货单位（章）

表 2–24　　　　**中国工商银行单位客户专用回单**

交易日期：2023 年 09 月 02 日　　　验证码：2023090200045678　　　业务种类：网上支付

付款人账号：	4324350247743524956	收款人账号：	4866669900111568123
付款人全称：	长沙市成美服装批发店	收款人全称：	长沙市望顺新丰服装厂
付款人开户行：	工行火车路支行	收款人开户行：	解放西路分理处
金额：（大写）：	人民币捌万零捌佰元整	金额（小写）：	¥80 800.00
用途：	货款		（长沙工商银行股份有限公司 解放西路分理处 业务专用章）
备注：			
流水号：	990688997748578	交易机构：99069098	交易柜员：9906777

打印方式：自助打印　　　打印时间：2023-09-02 17：10：26　　　打印次数：第 1 次
打印柜员：1854323　　　打印机构：解放西路分理处　　　打印状态：初次打印

表 2–25

出 库 单

2023 年 09 月 02 日　　　　单位：元

货号	产 品	单位	数量	单位成本	总成本	备注
	连衣裙	件	400	150.00	60 000.00	销售
	合 计				60 000.00	

复核：刘利　　　　制单：张册

（2）9 月 15 日，购进原材料棉布一批，增值税专用发票注明价款 15 000 元，税款 1 950 元，材料已入库，货款尚未支付。

表 2–26

湖南增值税专用发票

全国统一发票监制章 湖南 国家税务总局监制

4323465462　　　　№ 00254329

2023 年 09 月 15 日

<table>
<tr><td>购货单位</td><td colspan="3">名　　称：长沙市望顺新丰服装厂
纳税人识别号：410100000665770125
地址、电话：湖南省长沙市解放路 228 号 0731–23745261
开户行及账号：工商银行解放西路分理处 4866669900111568123</td><td>密码区</td><td colspan="3">3237—1 < 6—7—432894838 < 543/52 >
3/32154—8976454 < 8—2432 > 2387—2—
25—6 < 8 > 3*—/ > * > 4 < 8—2321 >
321680—1 < 6—8—640—1 < 6—6520</td></tr>
<tr><td colspan="2">货物或应税劳务名称</td><td>计量单位</td><td>数量</td><td>单价</td><td>金额</td><td>税率</td><td>税额</td></tr>
<tr><td colspan="2">棉布</td><td>匹</td><td>30</td><td>500.00</td><td>15 000.00</td><td>13%</td><td>1 950.00</td></tr>
<tr><td colspan="2">合计</td><td></td><td></td><td></td><td>¥15 000.00</td><td></td><td>¥1 950.00</td></tr>
<tr><td colspan="2">价税合计（大写）</td><td colspan="6">人民币 壹万陆仟玖佰伍拾元整　　（小写）¥16 950.00</td></tr>
<tr><td>销货单位</td><td colspan="3">名　　称：湖南省长沙市黄花棉麻厂
纳税人识别号：432456981014509213
地址、电话：湖南省长沙市黄花路 80 号 0731–83467999
开户行及账号：建设银行黄花路支行 4098751202895306734</td><td>备注</td><td colspan="3">湖南省长沙市黄花棉麻厂
432456981014509213
发票专用章</td></tr>
</table>

收款人：杨度　　复核：　　开票人：陈好　　销货单位（章）

第三联 发票联 购货方记账凭证

表 2–27

湖南增值税专用发票

全国统一发票监制章 湖南 国家税务总局监制

4323465462　　　　No 00254329

2023 年 09 月 15 日

购货单位	名　　称：长沙市望顺新丰服装厂 纳税人识别号：410100000665770125 地址、电话：湖南省长沙市解放路 228 号 0731-23745261 开户行及账号：工商银行解放西路分理处 4866669900111568123	密码区	3237—1 < 6—7—432894838 < 543/52 > 3/32154—8976454 < 8—2432 > 2387—2— 25—6 < 8 > 3*—/ > * > 4 < 8—2321 > 321680—1 < 6—8—640—1 < 6—6520

货物或应税劳务名称	计量单位	数量	单价	金额	税率	税额
棉布	匹	30	500.00	15 000.00	13%	1 950.00
合计				¥15 000.00		¥1 950.00
价税合计（大写）	人民币　壹万陆仟玖佰伍拾元整　　（小写）¥16 950.00					

销货单位	名　　称：湖南省长沙市黄花棉麻厂 纳税人识别号：432456981014509213 地址、电话：湖南省长沙市黄花路 80 号 0731-83467999 开户行及账号：建设银行黄花路支行 40987512028953067 34	备注	湖南省长沙市黄花棉麻厂 432456981014509213 发票专用章

收款人：杨度　　复核：　　开票人：陈好　　销货单位（章）

第二联 抵扣联 购货方扣税凭证

表 2–28

入　库　单

供应单位：湖南省长沙市黄花棉麻厂　　　　编号：001

发票号码：00254329　　2023 年 09 月 15 日　　仓库：1# 仓库

规格	材料名称	编号	数量		实际价格（元）													
			应收	实收	单位	单价	发票金额	其他	合计									
									千	百	十	万	千	百	十	元	角	分
	棉布	001	30	30	匹	500.00	15 000.00	1 950.00				1	6	9	5	0	0	0
备注			验收人盖章			李一			合计¥16 950.00									

采购人：　　检验员：王歌　　记账员：　　保管员：杨玲

第二联：会计部门

（3）9 月 18 日，接受加工委托材料一批，23 日加工完毕，开出含税发票金额 5 050 元，货款尚未收到。

表 2–29　　　　**湖南增值税电子普通发票**

全国统一发票监制章 国家税务总局 湖南省税务局

机器编号：430001278920

发票代码：1430122778866
发票号码：00037822
开票日期：2023 年 09 月 23 日
校验码：00036 32123 98767 78321

购货单位	名　　称：长沙市小美服装店 纳税人识别号：434890432734981513 地址、电话：湖南省长沙市韶山南路 65 号 0731–82306478 开户行及账号：建行韶山南路支行 4390870244783224653		密码区	3238—1 < 4—7—03432138 < 543/52 > 3/93218—4674290 < 8—2376 > 86532—2—24—6 < 7 > 3*—/ > * > 4 < 8—2532 > 56709240—1 < 6—8—329—1 < 6—4320		
货物或应税劳务名称	计量单位	数量	单价	金额	税率	税额
劳务费		1	5 000.00	5 000.00	1%	50.00
合计				¥5 000.00		¥50.00
价税合计（大写）	人民币　伍仟零伍拾元整　　（小写）¥5 050.00					
销货单位	名　　称：长沙市望顺新丰服装厂 纳税人识别号：410100000665770125 地址、电话：湖南省长沙市解放路 228 号 0731–23745261 开户行及账号：工商银行解放西路分理处 4866669900111568123		备注	长沙市望顺新丰服装厂 410100000665770125 发票专用章		

收款人：袁红　　复核：　　开票人：陈晴　　销货单位（章）

（4）9 月 25 日，公司向湖南省长沙市黄花棉麻厂购进麻布不含税价 20 000 元，取得增值税专用发票上注明税款 2 600 元，货款未付。

表 2–30　　　　**湖南增值税专用发票**

全国统一发票监制章 湖南 国家税务总局监制

4323463678

№ 02348318
2023 年 09 月 25 日

购货单位	名　　称：长沙市望顺新丰服装厂 纳税人识别号：410100000665770125 地址、电话：湖南省长沙市解放路 228 号 0731–23745261 开户行及账号：工商银行解放西路分理处 4866669900111568123		密码区	2390—1 < 6—7—765432838 < 543/52 > 5/76534—4321654 < 8—2546 > 6543—2—43—6 < 8 > 3*—/ > * > 4 < 8—2321 > 432178—1 < 9—0—4321—1 < 8—9854		
货物或应税劳务名称	计量单位	数量	单价	金额	税率	税额
麻布	匹	50	400.00	20 000.00	13%	2 600.00
合计				¥20 000.00		¥2 600.00
价税合计（大写）	人民币　贰万贰仟陆佰元整　　（小写）¥22 600.00					
销货单位	名　　称：湖南省长沙市黄花棉麻厂 纳税人识别号：432456981014509213 地址、电话：湖南省长沙市黄花路 80 号 0731–83467999 开户行及账号：建设银行黄花路支行 4098751202895306734		备注	湖南省长沙市黄花棉麻厂 432456981014509213 发票专用章		

第三联 发票联 购货方记账凭证

收款人：杨度　　复核：　　开票人：陈好　　销货单位（章）

表 2–31

湖南增值税专用发票

全国统一发票监制章 湖南 国家税务总局监制

4323463678　　　　　　　　　　　　　　　　　　　　No 02348318

2023 年 09 月 25 日

购货单位	名　　称：长沙市望顺新丰服装厂 纳税人识别号：410100000665770125 地址、电话：湖南省长沙市解放路 228 号 0731–23745261 开户行及账号：工商银行解放西路分理处 486666990011568123	密码区	2390—1 < 6—7—765432838 < 543/52 > 5/76534—4321654 < 8—2546 > 6543—2— 43—6 < 8 > 3*—/ > * > 4 < 8—2321 > 432178—1 < 9—0—4321—1 < 8—9854

货物或应税劳务名称	计量单位	数量	单价	金额	税率	税额
麻布	匹	50	400.00	20 000.00	13%	2 600.00
合计				¥20 000.00		¥2 600.00
价税合计（大写）	人民币　贰万贰仟陆佰元整		（小写）¥22 600.00			

销货单位	名　　称：湖南省长沙市黄花棉麻厂 纳税人识别号：432456981014509213 地址、电话：湖南省长沙市黄花路 80 号 0731–83467999 开户行及账号：建设银行黄花路支行 4098751202895306734	备注	湖南省长沙市黄花棉麻厂 432456981014509213 发票专用章

收款人：杨度　　　复核：　　　开票人：陈好　　　销货单位（章）

第二联　抵扣联　购货方扣税凭证

表 2–32

入　库　单

供应单位：湖南省长沙市黄花棉麻厂　　　　　　　　编号：001

发票号码：00254329　　　　2023 年 09 月 25 日　　　　仓库：1# 仓库

规格	材料名称	编号	数量			实际价格（元）													
			应收	实收	单位	单价	发票金额	其他	合计										
									千	百	十	万	千	百	十	元	角	分
	麻布	002	50	50	匹	400.00	20 000.00	2 600.00				2	2	6	0	0	0	0
备注			验收人盖章			李一		合计¥22 600.00										

采购人：　　　　检验员：王歌　　　　记账员：　　　　保管员：杨玲

第二联：会计部门

【实训要求】

（1）计算该企业应纳增值税税额。

（2）填制小规模纳税人增值税及附加税费申报表并在智慧税务平台申报处理。

表 2–33

增值税及附加税费申报表

（小规模纳税人适用）

纳税人识别号（统一社会信用代码）：□□□□□□□□□□□□□□□□□□□□
纳税人名称：　　　　　　　　　　　　　　　　　　　　　　　　　金额单位：元（列至角分）
税款所属期：　年　月　日至　年　月　日　　　　　　　　　　　　填表日期：　年　月　日

项目		栏次	本期数		本年累计	
			货物及劳务	服务、不动产和无形资产	货物及劳务	服务、不动产和无形资产
一、计税依据	（一）应征增值税不含税销售额（3% 征收率）	1				
	增值税专用发票不含税销售额	2				
	其他增值税发票不含税销售额	3				
	（二）应征增值税不含税销售额（5% 征收率）	4	—		—	
	增值税专用发票不含税销售额	5	—		—	
	其他增值税发票不含税销售额	6	—		—	
	（三）销售使用过的固定资产不含税销售额	7（7 ≥ 8）		—		—
	其中：其他增值税发票不含税销售额	8		—		—
	（四）免税销售额	9=10+11+12				
	其中：小微企业免税销售额	10				
	未达起征点销售额	11				
	其他免税销售额	12				
	（五）出口免税销售额	13（13 ≥ 14）				
	其中：其他增值税发票不含税销售额	14				

续表

项目		栏次	本期数		本年累计	
			货物及劳务	服务、不动产和无形资产	货物及劳务	服务、不动产和无形资产
二、税款计算	本期应纳税额	15				
	本期应纳税额减征额	16				
	本期免税额	17				
	其中：小微企业免税额	18				
	未达起征点免税额	19				
	应纳税额合计	20=15-16				
	本期预缴税额	21			—	—
	本期应补（退）税额	22=20-21			—	—
三、附加税费	城市维护建设税本期应补（退）税额	23				
	教育费附加本期应补（退）费额	24				
	地方教育附加本期应补（退）费额	25				

表 2-34　**增值税及附加税费申报表（小规模纳税人适用）附列资料（一）**

（服务、不动产和无形资产扣除项目明细）

税款所属期：　年　月　日至　年　月　日　　　　填表日期：　年　月　日

纳税人名称（公章）：　　　　金额单位：元（列至角分）

应税行为（3% 征收率）扣除额计算			
期初余额	本期发生额	本期扣除额	期末余额
1	2	3（3 ≤ 1+2 之和，且 3 ≤ 5）	4=1+2−3
应税行为（3% 征收率）计税销售额计算			
全部含税收入（适用 3% 征收率）	本期扣除额	含税销售额	不含税销售额
5	6=3	7=5−6	8=7 ÷ 1.03
应税行为（5% 征收率）扣除额计算			
期初余额	本期发生额	本期扣除额	期末余额
9	10	11（11 ≤ 9+10 之和，且 11 ≤ 13）	12=9+10−11
应税行为（5% 征收率）计税销售额计算			
全部含税收入（适用 5% 征收率）	本期扣除额	含税销售额	不含税销售额
13	14=11	15=13−14	16=15 ÷ 1.05

表 2-35　　增值税及附加税费申报表（小规模纳税人适用）附列资料（二）

（附加税费情况表）

税（费）款所属时间：　年　月　日至　年　月　日

纳税人名称:（公章）　　金额单位：元（列至角分）

税（费）种	计税（费）依据	税（费）率（%）	本期应纳税（费）额	本期减免税（费）额		增值税小规模纳税人"六税两费"减征政策		本期已缴税（费）额	本期应补（退）税（费）额
	增值税税额			减免性质代码	减免税（费）额	减征比例（%）	减征额		
	1	2	3=1×2	4	5	6	7=（3-5）×6	8	9=3-5-7-8
城市维护建设税									
教育费附加									
地方教育附加									
合计	—	—		—		—			

二、增值税一般纳税人出口退税业务实训

【实训目的】通过本项目的实训操作，能够掌握一般纳税人出口退税的计算、涉税账务处理、纳税申报资料填报的基本技能，为学生从事增值税办税业务奠定良好的技能基础，提升上岗操作技能。

【实训方法】以企业常见经济业务为基础，以仿真发票和税收票据为素材，按照《增值税暂行条例》《出口货物退（免）税管理办法》《企业会计准则》等法规制度的规定，学生边学边做，在操作中深化学习，在学习中不断提升。

【实训资料】

1. 企业概况

（1）企业名称：长沙市汇通茶业有限公司

（2）企业性质：国有企业

（3）法定代表人：李铁

（4）企业地址及电话：长沙市湘江中路 148 号　0731–65372536

（5）开户银行及账户：中国工商银行湘江中路支行　4300897654326544331

（6）社会信用代码：430100000220060456

2. 基本业务

该企业为生产出口型企业，实行“免、抵、退”退税方式，该企业增值税税率为 13%，退税率为 9%。2023 年 9 月份有关业务资料如下。

（1）9 月 2 日，采购原材料毛茶，取得增值税专用发票上注明的价款 1 000 000 元，税款 130 000 元，款项尚未支付，货物已入库。

表 2–36

湖南增值税专用发票

全国统一发票监制章　湖南　国家税务总局监制

4329867636　　　　No 00353698

2023 年 09 月 02 日

购货单位	名　　称：长沙市汇通茶业有限公司 纳税人识别号：430100000220060456 地址、电话：长沙市湘江中路 148 号 0731–65372536 开户行及账号：中国工商银行湘江中路支行 4300897654326544331	密码区	2367—1 < 6—7—032237809 < 3212/52 > 4/12345—69874378 < 8—1285 > 15635—2— 43—8 < 7 > 4*—/1 > * > 81217—1 < 8—0— 456798648 < 764/52 > 3/231234213

货物或应税劳务名称	计量单位	数量	单价	金额	税率	税额
毛茶	千克	5 000	200.00	1 000 000.00	13%	130 000.00
合计				¥1 000 000.00		¥130 000.00
价税合计（大写）	人民币　壹佰壹拾叁万元整　　（小写）¥1 130 000.00					

销货单位	名　　称：湖南省长沙潇湘茶厂 纳税人识别号：431235621015674209 地址、电话：湖南省长沙市枫林路 20 号 0731–83652042 开户行及账号：工商银行枫林路支行 4237831298753201356	备注	湖南省长沙潇湘茶厂 431235621015674209 发票专用章

收款人：刘婷　　复核：　　开票人：陈平　　销货单位（章）

第三联 发票联 购货方记账凭证

表 2–37

湖南增值税专用发票

（全国统一发票监制章 湖南 国家税务总局监制）

4329867636　　　　　　　　　　　　　　No 00353698

2023 年 09 月 02 日

购货单位	名　　称：长沙市汇通茶业有限公司 纳税人识别号：430100000220060456 地址、电话：长沙市湘江中路 148 号 0731-65372536 开户行及账号：中国工商银行湘江中路支行 4300897654326544331			密码区	2367—1 < 6—7—032237809 < 3212/52 > 4/12345—69874378 < 8—1285 > 15635—2 —43—8 < 7 > 4 *—/1 > * > 81217—1 < 8—0—456798648 < 764/52 > 3/231234213	
货物或应税劳务名称	计量单位	数量	单价	金额	税率	税额
毛茶	千克	5 000	200.00	1 000 000.00	13%	130 000.00
合计				¥1 000 000.00		¥130 000.00
价税合计（大写）	人民币　壹佰壹拾叁万元整			（小写）¥1 130 000.00		
销货单位	名　　称：湖南省长沙潇湘茶厂 纳税人识别号：431235621015674209 地址、电话：湖南省长沙市枫林路 20 号 0731-83652042 开户行及账号：工商银行枫林路支行 4237831298753201356			备注	（湖南省长沙潇湘茶厂 431235621015674209 发票专用章）	

收款人：刘婷　　　　复核：　　　　开票人：陈平　　　　销货单位（章）

第二联　抵扣联　购货方扣税凭证

表 2–38

入　库　单

供应单位：湖南省长沙潇湘茶厂　　　　　　　　　　编号：1092

发票号码：00353698　　　　2023 年 09 月 02 日　　　　仓库：材料 仓库

规格	材料名称	编号	数量 应收	数量 实收	单位	实际价格（元） 单价	发票金额	运杂费	合计 千	百	十	万	千	百	十	元	角	分
	毛茶		5 000	5 000	千克	200.00	1 000 000.00			1	0	0	0	0	0	0	0	0
备注			验收人盖章			陈静			合计 ¥1 000 000.00									

采购人：　　　　检验员：彭静　　　　记账员：　　　　保管员：肖歌

第二联：会计部门

（2）9 月 11 日，向国内湖南通程商业有限公司销售一批黑玫瑰茶叶，不含税销售额为 500 000 元，款项已收到。

表 2–39

湖南增值税专用发票

（全国统一发票监制章　湖南　国家税务总局监制）

4267847631　　　　　　　　　　　　　　　　　　　　№ 34253327

此联不作报销、扣税凭证使用　　　　　　　　　　　2023 年 09 月 11 日

购货单位	名　　称：湖南通程商业有限公司 纳税人识别号：910100330259060468 地址、电话：长沙市解放东路 90 号 0731-45672338 开户行及账号：工商银行解放东路支行 4300987651256744778	密码区	1489—1 < 5—9—234598769 < 3342/52 > 4/16545—65424378 < 8—1285 > 15635—2— 21—8 < 7 > 4*—/1 > * > 81217—1 < 8— 0—432168648 < 643/52 > 3/7656724

货物或应税劳务名称	计量单位	数量	单价	金额	税率	税额
黑玫瑰	千克	1 000	500.00	500 000.00	13%	65 000.00
合 计				¥500 000.00		¥65 000.00
价税合计（大写）	人民币　伍拾陆万伍仟元整			（小写）¥565 000.00		

销货单位	名　　称：长沙市汇通茶业有限公司 纳税人识别号：430100000220060456 地址、电话：长沙市湘江中路 148 号 0731-65372536 开户行及账号：中国工商银行湘江中路支行 4300897654326544331	备注	（长沙市汇通茶业有限公司 430100000220060456 发票专用章）

收款人：刘文　　　　复核：　　　　开票人：李影　　　　销货单位（章）

第一联　记账联　销货方记账凭证

表 2–40

中国工商银行单位客户专用回单

交易日期：2023 年 09 月 11 日　　　　验证码：2023091100043216　　　　业务种类：网上支付

付款人账号：	4300987651256744778	收款人账号：	4300897654326544331
付款人全称：	湖南通程商业有限公司	收款人全称：	长沙市汇通茶业有限公司
付款人开户行：	工商银行解放东路支行	收款人开户行：	中国工商银行湘江中路支行
金额：（大写）：	人民币伍拾陆万伍仟元整	金额（小写）：	¥565 000.00
用途：	货款		（长沙工商银行股份有限公司 湘江中路支行 业务专用章）
备注：			
流水号：	990890467748667	交易机构：990809098	交易柜员：9906222

打印方式：自助打印　　　　打印时间：2023-09-11 16：15：28　　　　打印次数：第 1 次

打印柜员：1854568　　　　打印机构：湘江中路支行　　　　打印状态：初次打印

表 2–41

出　库　单

2023 年 09 月 11 日　　　　　　　　单位：元

货号	产品	单位	数量	单位成本	总成本	备注
	黑玫瑰	千克	1 000	400.00	400 000.00	销售
	合计				400 000.00	

复核：陈莎　　　　制单：李万

（3）9 月 22 日，根据美国公司的订货单，填制出口报关单，向长沙黄花机场海关报关，根据现行税法规定，该批货物免征出口关税，增值税实行免抵退政策。9 月 28 日，收到美国 ABC 公司汇来的货款 50 000 美元（汇率 1USD：6.5RMB），已通过开户银行收讫，并报经外汇管理局收汇核销，开出出口商业汇票。

表 2–42　　中华人民共和国海关出口货物报关单

纳税人编号：430100000220060456　　　　海关编号：123456781123678342

出口口岸 长沙黄花机场		备案号 9876543288665	出口时间 2023-09-22	申报日期 2023-09-22
经营单位 长沙市汇通茶业有限公司		运输方式 航空运输	运输工具名称 海南航空 688	提运单号 876500998
发货单位 长沙市汇通茶业有限公司		贸易方式	征免性质 一般征税 101	结汇方式 信用证
许可证号		运抵国（地区） 美国	接运港 洛杉矶	境内货源地 中国长沙
批准文号	成交方式 FOB	运费	保费	杂费
合同协议号	件数 10	包装种类 纸箱	毛重（千克） 500	净重（千克） 500
集装编号 8989	随附单据		生产厂家 长沙市汇通茶业有限公司	
标记唛码及备注 N/M				

项号	商品编号	商品名称	数量及单位	单价	原产国	最终目的国	总价	币制	征免
1	062556880021	黑玫瑰茶叶	500 千克	100	中国	美国洛杉矶	50 000	USD	照章

税费征收情况：免征出口增值税		
录入员　　录入单位	兹声明以上申报无讹 不承担法律责任	海关审单批注及放行记录（盖章）
报关员　150178987642 报关员　陈静		审单　　审价
单位地址	申报单位（盖章）	征税　　统计
邮编　　电话	填制日期	查验　　放行

长沙市汇通茶业有限公司 中国长沙 进出口专用章

长沙黄花报关服务有限公司 报关专用章

表 2–43 **出 库 单**

2023 年 09 月 22 日　　　　单位：元

货号	产品	单位	数量	单位成本	总成本	备注
	黑玫瑰	千克	500	400.00	200 000.00	销售
	合　计				200 000.00	

复核：陈莎　　　　制单：李万

表 2–44 出口收汇核销单

出口收汇核销单（存根）

编号：430122678 798809149

出口单位：长沙市汇通茶业有限公司	
单位代码：430100000220060456	
出口币种总价：USD 50 000.00	
收汇方式：信用证	
预计收款日期：2023–09–28	
报关日期：2023–09–22	
备注：汇率：1：6.5	
此单报关有效期截至 2023–9–30	

出口单位盖章

出口收汇核销单

编号：430122678

出口单位：

出口代码：

银行签注栏	类别	币种金额	日期	盖章
	茶叶	USD 50 000.00	23–09–22	

海关签注栏：

外汇局签注栏：2023 年 12 月 28 日

出口单位盖章

海关盖单

出口收汇核销单（出口退税专用）

编号：430122678

出口单位：长沙市汇通茶业有限公司

出口代码：430100000220060456

货物名称：茶叶

数量	币种	总价
500	USD	50 000.00

报关单编号：123456781123678342

外汇局签注栏：

表 2–45 **长沙市汇通茶业有限公司出口商业汇票**

CHANGSHA HUITONG TEA CO., LTD. COMMERCIAL INVOICE

致 TO:	ABC COMPANY OF AMERICA	信用证号 L/C NO.	2023CCB002
		发票号码 INVOICE NO.	2023HN0088
		日期 DATE	September 28，2023
		合同号 CONTRACT NO.	88–09–2023
唛头及号码 Marks & numbers	数量及品名规格 Quantities and descriptions	单价 Unit price	总价 Total
MADE IN CHINA			FOB CHANGSHA
	BLACK ROSE TEA 500 kilogram	USD100.00/ kilogram	USD50 000.00
		FOB	USD50 000.00
		TOTAL	USD50 000.00
	TOTAL QUANTITY: 500 PIECES IN 10BOXS.		
	TOTAL AMOUNT: U.S. DOLLARS FIFTY THOUSAND ONLY.		

表 2-46　　中国工商银行单位客户专用回单

币种：人民币　　2023 年 09 月 28 日　　流水号：2675489487M 2P8

付款人	全称	美国 ABC 公司	收款人	全称	长沙市汇通茶业有限公司
	账号	LSJ-006688		账号	4300897654326544331
	开户行	美国央行洛杉矶支行		开户行	中国工商银行湘江中路支行
金额		（大写）叁拾贰万伍仟元整　　（小写）¥325 000.00			
凭证种类		信用证	凭证号码		
结算方式		转账	用途		货款
汇款交易日期：20230928 支付清算业务类型：A100 汇款合约编号：23456742302033964809876 实际收款人账户：4300897654326544331 实际收款人户名：长沙市汇通茶业有限公司 用户名： 汇出行行号：美国央行洛杉矶支行 汇票备注：电子汇入			打印柜员：888B1608 打印机构：509898026 打印卡号：627865420440456 （印章：长沙工商银行股份有限公司 23.09.28 业务专用章） 汇款附言：货款		

打印时间：2023-09-28 18：05：08　　交易柜员：Z199922　　交易机构：50045320

【实训要求】

（1）计算该企业增值税的应退税额及免抵税额。

（2）填制增值税及附加税费申报表及增值税纳税附列资料表一、表二、表五并在智慧税务平台申报处理。

表 2-47

增值税及附加税费申报表

（一般纳税人适用）

根据国家税收法律法规及增值税相关规定制定本表。纳税人不论有无销售额，均应按税务机关核定的纳税期限填写本表，并向当地税务机关申报。

税款所属时间：自　年　月　日至　年　月　日　　填表日期：　年　月　日　　金额单位：元（列至角分）

纳税人识别号（统一社会信用代码）：□□□□□□□□□□□□□□□□□□□□　　所属行业：

纳税人名称：		法定代表人姓名		注册地址		生产经营地址	
开户银行及账号			登记注册类型			电话号码	

项目		栏次	一般项目		即征即退项目	
			本月数	本年累计	本月数	本年累计
销售额	（一）按适用税率计税销售额	1				
	其中：应税货物销售额	2				
	应税劳务销售额	3				
	纳税检查调整的销售额	4				
	（二）按简易办法计税销售额	5				
	其中：纳税检查调整的销售额	6				
	（三）免、抵、退办法出口销售额	7			—	—
	（四）免税销售额	8			—	—
	其中：免税货物销售额	9			—	—
	免税劳务销售额	10			—	—
税款计算	销项税额	11				
	进项税额	12				
	上期留抵税额	13				—
	进项税额转出	14				
	免、抵、退应退税额	15			—	—

续表

项目		栏次	一般项目		即征即退项目	
			本月数	本年累计	本月数	本年累计
税款计算	按适用税率计算的纳税检查应补缴税额	16			—	—
	应抵扣税额合计	17=12+13-14-15+16		—		—
	实际抵扣税额	18（如 17<11，则为 17，否则为 11）				
	应纳税额	19=11-18				
	期末留抵税额	20=17-18				—
	简易计税办法计算的应纳税额	21				
	按简易计税办法计算的纳税检查应补缴税额	22			—	—
	应纳税额减征额	23				
	应纳税额合计	24=19+21-23				
税款缴纳	期初未缴税额（多缴为负数）	25				
	实收出口开具专用缴款书退税额	26			—	—
	本期已缴税额	27=28+29+30+31				
	①分次预缴税额	28		—		—
	②出口开具专用缴款书预缴税额	29		—	—	—
	③本期缴纳上期应纳税额	30				
	④本期缴纳欠缴税额	31				
	期末未缴税额（多缴为负数）	32=24+25+26-27				
	其中：欠缴税额（≥0）	33=25+26-27		—		—
	本期应补(退)税额	34 = 24-28-29		—		—
	即征即退实际退税额	35	—	—		

续表

项目		栏次	一般项目		即征即退项目	
			本月数	本年累计	本月数	本年累计
税款缴纳	期初未缴查补税额	36			—	—
	本期入库查补税额	37			—	—
	期末未缴查补税额	38=16+22+36−37			—	—
附加税费	城市维护建设税本期应补（退）税额	39			—	—
	教育费附加本期应补（退）费额	40			—	—
	地方教育附加本期应补（退）费额	41			—	—

声明：此表是根据国家税收法律法规及相关规定填写的，本人（单位）对填报内容（及附带资料）的真实性、可靠性、完整性负责。

纳税人（签章）：　　　　年　　月　　日

经办人： 经办人身份证号： 代理机构签章： 代理机构统一社会信用代码：	受理人： 受理税务机关（章）： 受理日期：　　年　　月　　日

表 2-48

增值税及附加税费申报表附列资料（一）

（本期销售情况明细）

税款所属时间：　　年　月　日至　　年　月　日

纳税人名称：(公章)　　　　　　　　　　　　　　　　　　　金额单位：元（列至角分）

项目及栏次				开具增值税专用发票		开具其他发票		未开具发票		纳税检查调整		合计			服务、不动产和无形资产扣除项目本期实际扣除金额	扣除后	
				销售额	销项（应纳）税额	销售额	销项（应纳）税额	销售额	销项（应纳）税额	销售额	销项（应纳）税额	销售额	销项（应纳）税额	价税合计		含税（免税）销售额	销项（应纳）税额
				1	2	3	4	5	6	7	8	9=1+3+5+7	10=2+4+6+8	11=9+10	12	13=11−12	14=13÷（100%+税率或征收率）×税率或征收率
一、一般计税方法计税	全部征税项目	13%税率的货物及加工修理修配劳务	1											—	—	—	—
		13%税率的服务、不动产和无形资产	2														
		9%税率的货物及加工修理修配劳务	3											—	—	—	—
		9%税率的服务、不动产和无形资产	4														
		6%税率	5														
	其中：即征即退项目	即征即退货物及加工修理修配劳务	6	—	—	—	—	—	—	—	—			—	—	—	—
		即征即退服务、不动产和无形资产	7	—	—	—	—	—	—	—	—						

续表

项目及栏次				开具增值税专用发票		开具其他发票		未开具发票		纳税检查调整		合计			服务、不动产和无形资产扣除项目本期实际扣除金额	扣除后	
				销售额	销项（应纳）税额	销售额	销项（应纳）税额	销售额	销项（应纳）税额	销售额	销项（应纳）税额	销售额	销项（应纳）税额	价税合计		含税（免税）销售额	销项（应纳）税额
				1	2	3	4	5	6	7	8	9=1+3+5+7	10=2+4+6+8	11=9+10	12	13=11−12	14=13÷（100%+税率或征收率）×税率或征收率
二、简易计税方法计税	全部征税项目	6%征收率	8							—	—			—	—	—	—
		5%征收率的货物及加工修理修配劳务	9a							—	—			—	—	—	—
		5%征收率的服务、不动产和无形资产	9b							—	—						
		4%征收率	10							—	—			—	—	—	—
		3%征收率的货物及加工修理修配劳务	11							—	—			—	—	—	—
		3%征收率的服务、不动产和无形资产	12							—	—						
		预征率　%	13a							—	—						
		预征率　%	13b							—	—						
		预征率　%	13c							—	—						

续表

项目及栏次				开具增值税专用发票		开具其他发票		未开具发票		纳税检查调整		合计			服务、不动产和无形资产扣除项目本期实际扣除金额	扣除后	
				销售额	销项（应纳）税额	销售额	销项（应纳）税额	销售额	销项（应纳）税额	销售额	销项（应纳）税额	销售额	销项（应纳）税额	价税合计		含税（免税）销售额	销项（应纳）税额
				1	2	3	4	5	6	7	8	9=1+3+5+7	10=2+4+6+8	11=9+10	12	13=11−12	14=13÷（100%+税率或征收率）×税率或征收率
二、简易计税方法计税	其中：即征即退项目	即征即退货物及加工修理修配劳务	14	—	—	—	—	—	—	—	—			—	—	—	—
		即征即退服务、不动产和无形资产	15	—	—	—	—	—	—	—	—						
三、免抵退税	货物及加工修理修配劳务		16	—	—		—		—	—	—		—	—	—	—	—
	服务、不动产和无形资产		17	—	—		—		—	—	—		—				—
四、免税	货物及加工修理修配劳务		18				—		—	—	—		—	—	—	—	—
	服务、不动产和无形资产		19	—	—		—		—	—	—		—				—

表 2-49

增值税及附加税费申报表附列资料（二）

（本期进项税额明细）

税款所属时间：　　年　月　日至　　年　月　日

纳税人名称：（公章）　　　　　　　　　　　　金额单位：元（列至角分）

项目	栏次	份数	金额	税额
一、申报抵扣的进项税额				
（一）认证相符的增值税专用发票	1=2+3			
其中：本期认证相符且本期申报抵扣	2			
前期认证相符且本期申报抵扣	3			
（二）其他扣税凭证	4=5+6+7+8a+8b			
其中：海关进口增值税专用缴款书	5			
农产品收购发票或者销售发票	6			
代扣代缴税收缴款凭证	7		—	
加计扣除农产品进项税额	8a	—	—	
其他	8b			
（三）本期用于购建不动产的扣税凭证	9			
（四）本期用于抵扣的旅客运输服务扣税凭证	10			
（五）外贸企业进项税额抵扣证明	11	—	—	
当期申报抵扣进项税额合计	12=1+4+11			
二、进项税额转出额				
本期进项税额转出额	13=14 至 23 之和			
其中：免税项目用	14			
集体福利、个人消费	15			
非正常损失	16			

续表

项目	栏次	份数	金额	税额
简易计税方法征税项目用	17			
免抵退税办法不得抵扣的进项税额	18			
纳税检查调减进项税额	19			
红字专用发票信息表注明的进项税额	20			
上期留抵税额抵减欠税	21			
上期留抵税额退税	22			
异常凭证转出进项税额	23a			
其他应作进项税额转出的情形	23b			
三、待抵扣进项税额				
（一）认证相符的增值税专用发票	24	—	—	—
期初已认证相符但未申报抵扣	25			
本期认证相符且本期未申报抵扣	26			
期末已认证相符但未申报抵扣	27			
其中：按照税法规定不允许抵扣	28			
（二）其他扣税凭证	29=30 至 33 之和			
其中：海关进口增值税专用缴款书	30			
农产品收购发票或者销售发票	31			
代扣代缴税收缴款凭证	32		—	
其他	33			
	34			
四、其他				
本期认证相符的增值税专用发票	35			
代扣代缴税额	36	—	—	

表 2–50

增值税及附加税费申报表附列资料（五）

（附加税费情况表）

税（费）款所属时间：　　年　月　日至　　年　月　日

纳税人名称:（公章）　　　　　　　　　　　　　　金额单位：元（列至角分）

税（费）种		计税（费）依据			税（费）率（%）	本期应纳税（费）额	本期减免税（费）额		试点建设培育产教融合型企业		本期已缴税（费）额	本期应补（退）税（费）额
		增值税税额	增值税免抵税额	留抵退税本期扣除额			减免性质代码	减免税（费）额	减免性质代码	本期抵免金额		
		1	2	3	4	5=（1+2–3）×4	6	7	8	9	10	11=5–7–9–10
城市维护建设税	1								—	—		
教育费附加	2											
地方教育附加	3											
合计	4	—	—	—	—		—		—			
本期是否适用试点建设培育产教融合型企业抵免政策					否	当期新增投资额				5		
						上期留抵可抵免金额				6		
						结转下期可抵免金额				7		
可用于扣除的增值税留抵退税额使用情况						当期新增可用于扣除的留抵退税额				8		
						上期结存可用于扣除的留抵退税额				9		
						结转下期可用于扣除的留抵退税额				10		

项目三

消费税计算与申报管理

学习目标

知识目标

- 了解消费税的基本原理及概念
- 掌握消费税核算范围及纳税环节
- 熟悉消费税纳税申报流程和方法

能力目标

- 能够界定消费税纳税义务人
- 能够准确计算消费税的应纳税额
- 能够在智慧税务平台进行消费税的纳税申报

素质目标

- 增强依法纳税意识和社会责任感
- 强化诚实守信、廉洁自律，提高法律责任意识
- 培养理性消费、勤俭节约的优秀品质，增强节能减排、珍惜资源的环保意识

思维导图

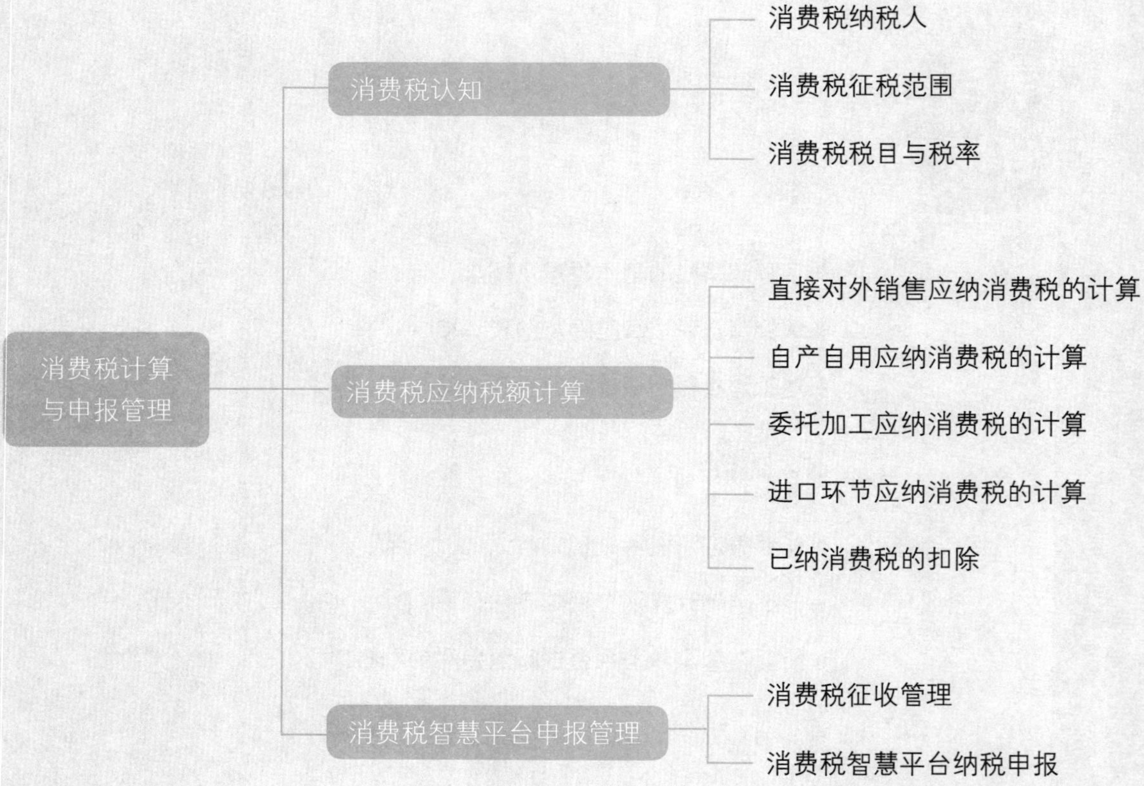

消费税计算与申报管理
消费税认知
消费税纳税人
消费税征税范围
消费税税目与税率
消费税应纳税额计算
直接对外销售应纳消费税的计算
自产自用应纳消费税的计算
委托加工应纳消费税的计算
进口环节应纳消费税的计算
已纳消费税的扣除
消费税智慧平台申报管理
消费税征收管理
消费税智慧平台纳税申报

任务1 消费税认知

知识储备

消费税是对特定的某些消费品和消费行为征收的一种流转税。我国现行消费税是1994年税制改革中新设置的一个税种。主要是为了调节产品结构，引导消费方向，保证国家财政收入。

一、消费税纳税人

在中华人民共和国境内生产、委托加工和进口《消费税暂行条例》规定的消费品的单位和个人，以及国务院确定的销售《消费税暂行条例》规定的消费品的其他单位和个人，为消费税的纳税人。在中华人民共和国境内是指生产、委托加工和进口属于应当缴纳消费税的消费品的起运地或者所在地在境内。

二、消费税征税范围

（一）生产应税消费品

生产应税消费品销售环节是消费税征收的主要环节，因消费税具有单一环节征收的特点，在生产销售环节征税以后，货物在流通环节不用再缴纳消费税。

纳税人自产自用的应税消费品，用于连续生产应税消费品的，不缴纳消费税；用于其他方面的，于移送时缴纳消费税。

（二）委托加工应税消费品

委托加工应税消费品是指委托方提供原料和主要材料，受托方只收取加工费和代垫部分辅助材料加工的应税消费品，对于受托方提供的原材料生产的应税消费品，或由受托方先将原料卖给委托方，然后再接受加工的应税消费品，以及由受托方以委托方名义购进原材料生产的应税消费品，不论纳税人在财务上是否作销售处理，都不得作为委托加工应税消费品。而应当按照销售自制应税消费品缴纳消费税。

（三）进口应税消费品

单位和个人进口应税消费品，在进口环节由海关代征消费税。

（四）零售应税消费品

经国务院批准，自1995年1月1日起，金银首饰消费税由生产销售环节征收改为零售环节征收。自2016年12月1日起，对超豪华小汽车，在生产（进口）环节按现行税率征收消费税基础上，在零售环节加征消费税。

（五）批发销售卷烟

卷烟批发环节按从价税率11%，并加征0.005元/支从量税。卷烟消费税改为在生产和批发两个环节征收后，批发企业在计算应纳税额时不得扣除已含的生产环节的消费税税款。

三、消费税税目与税率

消费税的征税对象具体划分为15个税目，分别为烟、酒、高档化妆品、贵重首饰及珠宝玉石、鞭炮、焰火、成品油、摩托车、小汽车、高尔夫球及球具、高档手表、游艇、木制一次性筷子、实木地板、电池、涂料。消费税税率采用有差别的比例税率和定额税率两种形式。消费税税目、税率见表3–1。

表3–1 消费税税目税率表

税目	税率
一、烟	
1. 卷烟 （1）甲类卷烟	56%加0.003元/支
（2）乙类卷烟	36%加0.003元/支
（3）批发环节	11%加0.005元/支
2. 雪茄烟	36%
3. 烟丝	30%

续表

税目	税率
二、酒	
1. 白酒	20% 加 0.5 元 /500 克 （或者 500 毫升）
2. 黄酒	240 元 / 吨
3. 啤酒 （1）甲类啤酒	250 元 / 吨
（2）乙类啤酒	220 元 / 吨
4. 其他酒	10%
三、高档化妆品	15%
四、贵重首饰及珠宝玉石	
1. 金银首饰、铂金首饰和钻石及钻石饰品	5%
2. 其他贵重首饰和珠宝玉石	10%
五、鞭炮、焰火	15%
六、成品油	
1. 汽油	1.52 元 / 升
2. 柴油	1.20 元 / 升
3. 石脑油	1.52 元 / 升
4. 溶剂油	1.52 元 / 升
5. 润滑油	1.52 元 / 升
6. 燃料油	1.20 元 / 升
7. 航空煤油	1.20 元 / 升
七、摩托车	
1. 气缸容量（排气量，下同）250 毫升的	3%
2. 气缸容量在 250 毫升（不含）以上的	10%
八、小汽车	
1. 乘用车 （1）气缸容量（排气量，下同）在 1.0 升（含 1.0 升）以下的	1%
（2）气缸容量在 1.0 升以上至 1.5 升（含 1.5 升）的	3%
（3）气缸容量在 1.5 升以上至 2.0 升（含 2.0 升）的	5%
（4）气缸容量在 2.0 升以上至 2.5 升（含 2.5 升）的	9%
（5）气缸容量在 2.5 升以上至 3.0 升（含 3.0 升）的	12%
（6）气缸容量在 3.0 升以上至 4.0 升（含 4.0 升）的	25%
（7）气缸容量在 4.0 升以上的	40%
2. 中轻型商用客车	5%

续表

税目	税率
3. 超豪华小汽车	10%（零售环节）
九、高尔夫球及球具	10%
十、高档手表	20%
十一、游艇	10%
十二、木制一次性筷子	5%
十三、实木地板	5%
十四、电池	4%
十五、涂料	4%

课程思政

“谈谈消费税的征税范围”—通过话题讨论，倡导绿色消费、健康生活，培养学生具有保护生态环境，建设美丽家园的理念。

消费税主要对那些危害身体健康、破坏生态环境、高能耗、不可再生、非生活必需品等消费品征收。体现出了消费税保护生态环境、节约资源、合理引导消费、间接调节收入以及对高档消费的税收调节功能。

一个合理的消费税制度，可以增强消费税对经济发展、社会消费的影响，并在一定程度上逐步实现适度消费、绿色消费的大众消费理念。也体现了习近平“绿水青山就是金山银山的生态文明思想”。

任务实践

【任务要求】根据消费税的基本认知，计算应纳消费税时，啤酒是按从量计征核算，啤酒又分为甲类啤酒和乙类啤酒，而两者的税率分别为 250 元 / 吨和 220 元 / 吨，那企业该如何归类为甲类啤酒和乙类啤酒的呢？

【分析】计算啤酒应纳消费税时，应先计算啤酒出厂价格，从而确定啤酒适用税率，每吨出厂价 3 000 元（含）的，为甲类啤酒，适用税率为 250 元 / 吨；每吨出厂价 3 000 元以下的，为乙类啤酒，适用税率为 220 元 / 吨。啤酒出厂价包括售价、包装物租金、押金和其他价外费用，但不包括增值税。娱乐业、饮食业、商业自制啤酒销售，不论啤酒售价高低，都归类为甲类啤酒，均按 250 元 / 吨征收消费税。

任务2　消费税应纳税额计算

知识储备

一、直接对外销售应纳消费税的计算

（一）从价定率应纳税额的计算

根据《消费税暂行条例》的规定，实行从价定率办法计算应纳税额的应税消费品主要有：化妆品、贵重首饰及珠宝玉石、鞭炮焰火、摩托车、小汽车、高尔夫球及球具、一次性木制筷子、实木地板，高档手表、游艇、电池、涂料等。

从价定率是以应税销售额乘以一定比例税率的计算方法，其计算公式为：

应纳税额 = 销售额 × 比例税率

税率由税法依据不同税目分别确定，可以从消费税税目税率表中查到，则应纳税额的计算关键在销售额的确定。销售额包括应向购买方收取的全部价款和价外费用，但不包括应向购买方收取的增值税额。

价外费用指价外收取的手续费、补贴、基金、集资费、返还利润、包装费、储备费、优质费、包装物租金、运输装卸费、奖励费、违约金、延期付款利息、滞纳金、赔偿金、代收款项、代垫款项及其他性质的价外收费项目。但下列款项不包括在价外费用内：承运部门的运费发票开具给购货方的，纳税人将该项发票转交给购货方的代垫运费；受托加工应征消费税的消费品所代缴的消费税及符合条件代为收取的政府性基金或者行政事业性收费。除此之外，其他价外费用，无论是不是纳税人的收入，均应并入销售额计算征税。

在确定销售额时，应注意以下几点：

1. 如果纳税人应税消费品的销售额中未扣除增值税税款，或因不得开具增税专用发票而发生价款和增值税税款合并收取的，在计算销售额时，将含税销售额换算为不含税销售额，换算公式如下：

应税消费品的销售额 = 含增值税的销售额 ÷（1+ 增值税税率或征收率）

在换算时，要根据纳税人的资格来选择适用的增值税税率或征收率。如果纳税人被认定为增值税一般纳税人，应适用 13% 的税率，如果纳税人为小规模纳税人，应适用 3% 的征收率。

2. 应税消费品连同包装物销售的，无论包装物是否单独计价，也不论在会计上如何核算，均应并入应税消费品的销售中一起征收消费税。对于出租出借的包装物，既作价随同应税消费品销售，又另外收取押金的，如果逾期未收回的包装物不再退还或已收取 1 年以上的押金，应并入应税消费品的销售额，按照应税消费品的适用税率征收消费税。

生产企业销售酒类产品而收取的包装物押金，无论押金是否返还与会计上如何核算，均需计入酒类产品销售额中，依酒类产品的适用税率征收消费税。

【技能点 3–1】城建公司向长南汽车制造厂定购自用汽车 2 辆，共支付含税货款 500 000 元、设计改装费 42 400 元。此款汽车消费税税率为 5%，增值税率为 13%，计算该汽车制造厂应缴纳的消费税。

应纳税额 =（500 000+42 400）/（1+13%）× 5% =24 000（元）

（二）从量定额应纳税额的计算

从量定额是指以应税销售量乘以单位税额计算应缴纳税款的一种方法。

实行从量定额办法计算应纳税额，其计算公式为：

应纳税额 = 销售数量 × 定额税率

对作为计税依据的销售数量有如下规定：

1. 纳税人销售应税消费品的，为应税消费品的销售数量。
2. 自产自用应税消费品的，为应税消费品移送使用的数量。
3. 委托加工应税消费品的，为纳税人收回的应税消费品数量。
4. 进口的应税消费品的，为海关核定的应税消费品进口征税的数量。

【技能点 3–2】成品炼油厂本月销售自产的汽油 20 吨，不含税售价 2 776 元 / 吨，成本 1 665 元 / 吨，汽油每吨折算为 1 388 升，消费税税率 0.2 元 / 升，计算该公司本月应缴纳的消费税。

应纳税额 =20 × 1 388 × 0.2=5 552（元）

（三）复合计征应纳税额的计算

复合计税方法是从价定率与从量定额相结合，计算应纳税额的一种方法，现行消费税的征税范围中，只有卷烟、白酒采用复合计算方法，其计算公式为：

应纳税额 = 销售额 × 比例税率 + 销售数量 × 定额税率

【技能点 3–3】湘粮酒厂本月销售粮食白酒 500 斤，每斤不含税售价 100 元，粮食白酒消费税比例税率 20%，定额税率 0.5 元 / 斤，计算该公司本月应缴纳的消费税。

应纳税额 =500 × 100 × 20%+500 × 0.5=10 250（元）

二、自产自用应纳消费税的计算

企业自产自用的应税消费品，用于连续生产应税消费品的，不纳税；凡用于其他方面的，于移送使用时，按照纳税人生产的同类消费品的销售价格计算纳税；没有同类消费品销售价格的，按照组成计税价格计算纳税。

（一）实行从价定率办法计征消费税的，其计算公式为：

组成计税价格 =（成本 + 利润）÷（1– 比例税率）

应纳税额 = 组成计税价格 × 比例税率

（二）实行复合计税办法计征消费税的，其计算公式为：

组成计税价格 =（成本 + 利润 + 自产自用数量 × 定额税率）÷（1– 比例税率）

应纳税额 = 组成计税价格 × 比例税率 + 自产自用数量 × 定额税率

上述公式中的“成本”是指应税消费品的产品生产成本。

上述公式中的“利润”是指根据应税消费品的全国平均成本利润率计算的利润，该平均成本利润率由国家税务局确定，具体标准见表 3–2 所示。

表 3–2　应税消费品平均成本利润率

货物名称	利润率	货物名称	利润率
1. 甲类卷烟	10%	6. 薯类白酒	5%
2. 乙类卷烟	5%	7. 其他酒	5%
3. 雪茄烟	5%	8. 高档化妆品	5%
4. 烟丝	5%	9. 鞭炮、焰火	5%
5. 粮食白酒	10%	10. 贵重首饰及珠宝玉石	6%

续表

货物名称	利润率	货物名称	利润率
11. 摩托车	6%	16. 实木地板	5%
12. 高尔夫球及球具	10%	17. 乘用车	8%
13. 高档手表	20%	18. 中轻型商用客车	5%
14. 游艇	10%	19. 电池	4%
15. 木制一次性筷子	5%	20. 涂料	7%

【技能点 3–4】红艳化妆品厂本月将一批自产高档化妆品用于馈赠客户，该批高档化妆品生产成本为 17 000 元，无同类高档化妆品销售价格。已知消费税税率为 15%；成本利润率为 5%。计算红艳化妆品厂当月该业务应缴纳的消费税税额。

组成计税价格 =17 000×（1+5%）÷（1–15%）=21 000（元）

应纳税额 =21 000×15%=3 150（元）

三、委托加工应纳消费税的计算

委托加工的应税消费品，按照受托方的同类消费品的销售价格计算纳税，受托方没有同类消费品销售价格的，按照组成计税价格计算纳税。

（一）实行从价定率办法计征消费税的，其计算公式为：

组成计税价格 =（材料成本 + 加工费）÷（1– 比例税率）

应纳税额 = 组成计税价格 × 比例税率

（二）实行复合计税办法计征消费税的，其计算公式为：

组成计税价格 =（材料成本 + 加工费 + 委托加工数量 × 定额税率）÷（1– 比例税率）

应纳税额 = 组成计税价格 × 比例税率 + 委托加工数量 × 定额税率

【技能点 3–5】文成化工厂向 A 厂提供原材料 710 吨，每吨原材料成本 1 042 元，委托其加工涂料 200 吨，支付加工费 300 元 / 吨（不含税），辅料成本 136 元 / 吨，化工厂按合同规定收回已完工涂料 100 吨，另 100 吨涂料尚未完工，假定 A 厂未生产销售过该种涂料，涂料消费税税率为 4%，计算文成化工厂本月应缴纳的消费税。

组成计税价格 =（710×1 042/200+300+136）×100 ÷（1–4%）=430 739.58（元）

应纳税额 =430 739.58×4%=17 229.58（元）

四、进口环节应纳消费税的计算

纳税人进口应税消费品，按照组成计税价格和规定的税率计算应纳税额。

（一）实行从价定率办法计征消费税的，其计算公式为：

组成计税价格 =（关税完税价格 + 关税）÷（1– 比例税率）

应纳税额 = 组成计税价格 × 比例税率

（二）实行复合计税办法计征消费税的，其计算公式为：

组成计税价格 =（关税完税价格 + 关税 + 进口数量 × 定额税率）÷（1– 比例税率）

应纳税额 = 组成计税价格 × 比例税率 + 进口数量 × 定额税率

【技能点 3–6】长怡进出口公司为增值税一般纳税人，本月进口白酒 2 000 吨，关税完税价格为 10 000 万元，关税税率 30%，计算该公司本月应缴纳的消费税。

应纳关税 =10 000 × 30%=3 000（万元）

组成计税价格 =（10 000+3 000+2 000 × 1 000 × 2 × 0.5 ÷ 10 000）÷（1–20%）

=16 500（万元）

应纳税额 =16 500 × 20%+2 000 × 1 000 × 2 × 0.5 ÷ 10 000=3 500（万元）

五、已纳消费税的扣除

为避免重复征税，现行消费税规定，在对用外购或委托加工收回已税消费品连续生产应税消费品计算征税时，按当期生产领用数量计算，准予扣除外购或委托加工收回的应税消费品已缴纳的消费税税额。

（一）准予扣除外购或委托加工收回的应税消费品已纳消费税的有：

1. 外购或委托加工收回的已税烟丝生产的卷烟。
2. 外购或委托加工收回的已税高档化妆品生产的高档化妆品。
3. 外购或委托加工收回的已税珠宝、玉石为原料生产的贵重首饰及珠宝、玉石。
4. 外购或委托加工收回的已税鞭炮、焰火为原料生产的鞭炮、焰火。
5. 外购或委托加工收回的已税杆头、杆身和握把为原料生产的高尔夫球杆。
6. 外购或委托加工收回已税木制一次性筷子为原料生产的木制一次性筷子。
7. 外购或委托加工收回的已税实木地板为原料生产的实木地板。

8. 外购或委托加工收回的已税石脑油、润滑油、燃料油为原料生产的成品油。

9. 外购或委托加工收回的已税汽油、柴油为原料生产的汽油、柴油。

（二）准予扣除已纳消费税的计算公式

当期准予扣除外购或委托加工收回的应税消费品已纳消费税税额，应按当期生产领用数量计算。

1. 外购应税消费品已纳税款的扣除。

当期准予扣除外购应税消费品已纳税款 = 当期准予扣除外购应税消费品买价 × 外购应税消费品适用税率

当期准予扣除外购应税消费品买价 = 期初库存外购应税消费品买价 + 当期购进的外购应税消费品买价 – 期末库存的外购应税消费品买价

2. 委托加工收回应税消费品已纳税款的扣除。

当期准予扣除的委托加工应税消费品已纳税款 = 期初库存的委托加工应税消费品已纳税款 + 当期收回的委托加工应税消费品已纳税款 – 期末库存的委托加工应税消费品已纳税款

【技能点 3–7】长兴化妆品厂本月外购已税化妆品账户反映如下（不含税），期初余额 75 万元，本期购进发生额 108 万元，月末余额 20 万元，当月该化妆品厂用自产的外购的化妆品生产成套化妆品 5 000 套，实现销售收入为 1 980 万元（不含税），消费税税率为 15%，计算该化妆品厂缴纳的消费税。

准予扣除外购化妆品买价 =75+108–20=163（万元）

准予扣除外购化妆品已纳税款 =163 × 15%=24.45（万元）

应纳税额 =1 980 × 15%–24.45=272.55（万元）

六、出口退税的计算

我国出口应税消费品退（免）政策有三种情况，即免税并退税、出口免税但不退税、出口不免税也不退税。外贸企业从生产企业购进货物直接出口或受其他外贸企业委托代理出口应税消费品免税并退税，生产企业自营出口或委托外贸企业代理出口应税消费品免税不退税，其他企业出口应税消费品不免税也不退税。

（一）出口退税率的规定

出口应税消费品应退消费税的税率或单位税额，依据《消费税暂行条例》所附的消费税税目税率表执行。当出口的货物是应税消费品时，其退还增值税要按规定的退税率计算，其退还消费税则按应税消费品适用的消费税税率计算。企业将不同税率的应税消费品出口应分开核算和申报，凡划分不清适用税率的，一律从低适用税率计算应退消费税税额。

（二）出口应税消费品退税的计算

外贸企业从生产企业购进货物直接出口或受其他外贸企业委托代理出口应税消费品的应退消费税税款，分三种情况处理：

1. 属于从价定率计征消费税的应税消费品，应依照外贸企业从工厂购进货物时征收消费税的价格计算应退消费税税款，其计算公式为：

应退消费税税款 = 出口货物的工厂销售额 × 比例税率

上述公式中“出口货物的工厂销售额”不包含增值税。对含增值税的销售额需换算为不含增值税的销售额。

2. 属于从量定额计征消费税的应税消费品，应依照货物报关出口的数量计算应退消费税款，其计算公式为：

应退消费税税款 = 出口销售数量 × 定额税率

3. 属于复合计税办法计征消费税的应税消费品，应退消费税款其计算公式为：

应退消费税税款 = 出口货物的工厂销售额 × 比例税率 + 出口销售数量 × 定额税率

【技能点 3–8】长乐外贸进出口公司是增值税一般纳税人，增值税税率为 13%，本月从南平日化厂购进一批化妆品，取得增值税专用发票上注明的价款为 1 300 000 元，直接出口离岸价为 2 000 000 元，化妆品的消费税税率为 15%，增值税的退税率为 9%，计算该公司本期应退的消费税和增值税。

应退消费税 =1 300 000 × 15%=195 000（元）

应退增值税 =1 300 000 × 9%=117 000（元）

任务实践

【资料】

1. 企业概况

（1）企业名称：星城兰波旺有限责任公司

（2）企业性质：有限责任公司（增值税一般纳税人）

（3）法定代表人：常征

（4）企业地址及电话：长沙市南湖路 168 号 0731–85321778

（5）开户银行及账号：工行南湖支行 5006937475401032117

（6）社会信用代码：430105392367576272

（7）主营产品：高档化妆品

2. 基本业务

该公司 2023 年 9 月份经济业务如下。

（1）9 月 18 日，公司向长江明达股份有限公司销售自产的 1# 成套化妆品取得不含增值税价款 300 000 元，增值税销项税额 39 000 万元，款项已收。

表 3–3

湖南增值税专用发票

全国统一发票监制章 湖南 国家税务总局监制

4300014520　　　　　　　　　　　　　　　　　　　　№ 00035641

此联不作报销、扣税凭证使用　　　　　　　　2023 年 09 月 18 日

购货单位	名　　称：长江明达股份有限公司 纳税人识别号：420224036897412567 地址、电话：湖北省武汉市汉口路 25 号 027–82136894 开户行及账号：建行汉口支行 4202240368974125678			密码区	2489—1 < 9—7—615962847—6127821 < 98 < 032/52 > 9/29533—4974/52 > 9/29 < 0111626 < 6—2024 > 82906—2 < 8—3626 < 6—47—6 < 7 > 2*—/ > * > 6032/52 > 9/1235			
货物或应税劳务名称		计量单位	数量	单价	金额	税率	税额	
1# 成套化妆品		套	300	1 000	300 000.00	13%	39 000.00	
合　计					¥300 000.00		¥39 000.00	
价税合计（大写）	人民币　叁拾叁万玖仟元整　　（小写）¥339 000.00							
销货单位	名　　称：星城兰波旺有限责任公司 纳税人识别号：430105392367576272 地址、电话：长沙市南湖路 168 号 0731–85321778 开户行及账号：工行南湖支行 5006937475401032117			备注	星城兰波旺有限责任公司 430105392367576272 发票专用章			

收款人：刘静　　　复核：　　　开票人：陈欢　　　销货单位（章）

第一联 记账联 销货方记账凭证

表 3–4　　**中国工商银行单位客户专用回单**

币种：人民币　　2023 年 09 月 18 日　　流水号：23456789096M 2P8

付款人	全称	长江明达股份有限公司	收款人	全称	星城兰波旺有限责任公司
	账号	4202240368974125678		账号	5006937475401032117
	开户行	建行汉口支行		开户行	工行南湖支行
金额		（大写）叁拾叁万玖仟元整	（小写）¥339 000.00		
凭证种类		电汇凭证	凭证号码		
结算方式		转账	用途		货款
汇款交易日期：20230918 支付清算业务类型：A100 汇款合约编号：0221534230203396481 6567 实际收款人账户：5006937475401032117 实际收款人户名：星城兰波旺有限责任公司 用户名： 汇出行行号：建行汉口支行 汇票备注：电子汇入			打印柜员：430B1616 打印机构：500774026 打印卡号：623452920440456 汇款附言：货款 长沙工商银行股份有限公司 23.09.18 业务专用章		

打印时间：2023–09–18 17：50：02　　交易柜员：Z198877　　交易机构：50078765

表 3–5　　**出　库　单**

2023 年 9 月 18 日　　单位：元

货号	产品	单位	数量	单位成本	总成本	备注
	1# 成套化妆品	套	300	600.00	180 000.00	销售
	合计		300		180 000.00	

复核：黄丽　　制单：李强

（2）9 月 20 日，公司以自产的 60 套 2# 成套化妆品作为“端午节”职工福利发放给本公司员工，同类化妆品不含税售价为 50 000 元，成本价格 30 000 元。

表 3–6　　**出　库　单**

2023 年 9 月 20 日　　单位：元

货号	产品	单位	数量	单位成本	总成本	备注
	2# 成套化妆品	套	60	500.00	30 000.00	职工福利
	合计		60		30 000.00	

复核：黄丽　　制单：李强

（3）9 月 25 日，公司将自产的 20 套 3# 成套化妆品作为礼品送给企业各客户，同类化妆品不含税售价为 40 000 元，成本价格 20 000 元。

表 3–7 出 库 单

2023 年 9 月 25 日 单位：元

货号	产品	单位	数量	单位成本	总成本	备注
	3# 成套化妆品	套	20	1 000.00	20 000.00	赠送客户
	合计		20		20 000.00	

复核：黄丽 制单：李强

【任务要求】计算星城兰波旺有限责任公司 2023 年 9 月需要交纳的消费税。

【分析】

（1）销售自产化妆品应纳税额 =300 000 × 15%=45 000（元）

（2）发给职工福利视同销售，应纳税额 =50 000 × 15%=7 500（元）

（3）赠送客户视同销售，应纳税额 =40 000 × 15%=6 000（元）

星城兰波旺有限责任公司 2023 年 9 月应纳消费税 =45 000+7 500+6 000

=58 500（元）

任务 3　消费税智慧平台申报管理

知识储备

一、消费税征收管理

（一）纳税义务发生时间

1. 纳税人销售应税消费品，按不同的销售结算方式确定，分别为：

（1）采取赊销和分期收款结算方式的，为书面合同规定的收款日期的当天，书面合同没有约定收款日期或者无书面合同的，为发出应税消费品的当天。

（2）采取预收货款结算方式的，为发出应税消费品的当天。

（3）采取托收承付和委托银行收款方式的，为发出应税消费品并办妥托收手续的当天。

（4）采取其他结算方式的，为收讫销售款或者取得索取销售款凭据的当天。

2. 纳税人自产自用的应税消费品，为移送使用的当天。

3. 纳税人委托加工应税消费品的，为纳税人提货的当天。

4. 纳税人进口的应税消费品，为报关进口的当天。

（二）纳税地点

1. 纳税人销售的应税消费品，以及自产自用的应税消费品，除国务院财政、税务主管部门另有规定的外，应当向纳税人机构所在地或居住地的主管税务机关申报纳税。

2. 委托加工的应税消费品，除受托方为个人外，由受托方向机构所在地或居住地的税务机关解缴消费税税款。受托方为个人的，由委托方向机构所在地的税务机关申报纳税。

3. 进口的应税消费品，由进口人或者其代理人向报关地海关申报纳税。

4. 纳税人到外县（市）销售或委托外县（市）代销自产应税消费品的，于应税消费品销售后，向机构所在地或居住地的税务机关申报纳税。

5. 纳税人的总机构与分支机构不在同一县（市）的，但在同一省（自治区、直辖市）范围内，经省（自治区、直辖市）财政厅（局）、税务局审批同意，可以由总机构汇总向总机构所在地的税务机关申报缴纳消费税。

6. 纳税人销售的应税消费品，如因质量等原因由购买者退回时，经机构所在地或者居住地税务机关审核批准后，可退还已缴纳的消费税税款。

7. 出口的应税消费品办理退税后，发生的退关，或者国外退货进口时予以免税的，报关出口者必须及时向其机构所在地或者居住地税务机关申报补缴已退还的消费税税款。

（三）纳税期限

消费税的纳税期限分别为 1 日、3 日、5 日、10 日、15 日、1 个月或者 1 个季度。纳税人的具体纳税期限，由税务机关根据纳税人应纳税额的大小分别核定；不能按固定期限纳税的，可以按次纳税。纳税人以 1 个月或者 1 个季度为 1 个纳税期的，自期满之日起 15 日内申报纳税；以 1 日、3 日、5 日、10 日或 15 日为 1 个纳税期的，自期满之日起 5 日内预缴税款，于次月 1 日起至 15 日内申报纳税并结清上月应纳税款。

纳税人进口应税消费品，应当自海关填发海关进口消费税专用缴纳书之日起 15 日内缴纳税款。

二、消费税智慧平台纳税申报

纳税人需要按我国《税收征收管理法》的规定，及时对消费税进行纳税申报，具体在国家税务总局电子税务平台的申报操作流程如下所述。

1. 纳税人进入国家税务局湖南电子税务局首页后，如图 3–1 所示，点击【登录】按钮。

图 3–1　国家税务总局湖南省电子税务局首页

2. 用企业纳税账号及密码登录，点击【我要办税】，如图 3–2 所示。

图 3–2 “我要办税”界面

3. 点击常用功能弹窗界面中的【在线申报】或者通过路径:【我要办税】—【税费申报及缴纳】进入申报清册界面。如图 3–3 所示。

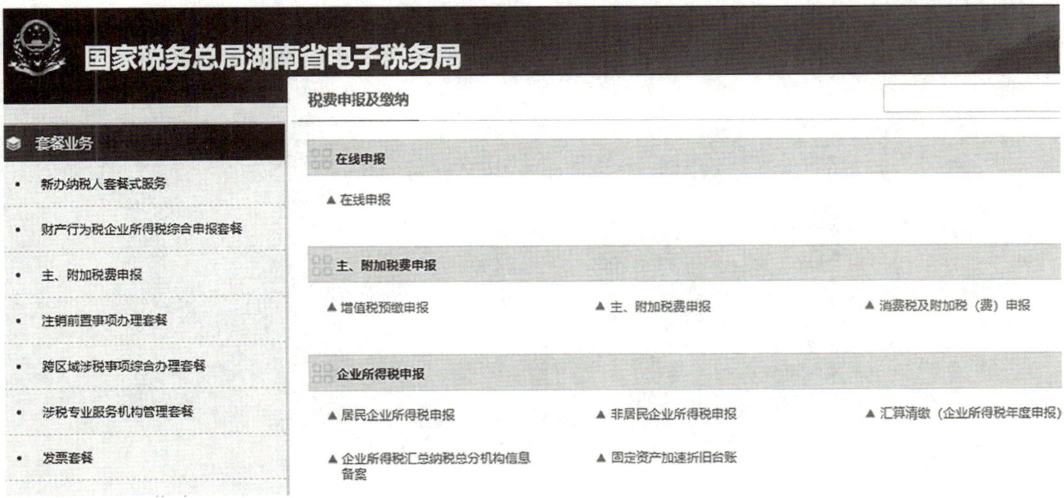

图 3–3 “申报清册界面”窗口

4. 选择“消费税及附加税费申报表”并点击右侧【填写】进入表单。注：填写该表单后，附加税费不用进入“附加税（费）申报表”单独申报。如图 3–4 所示。

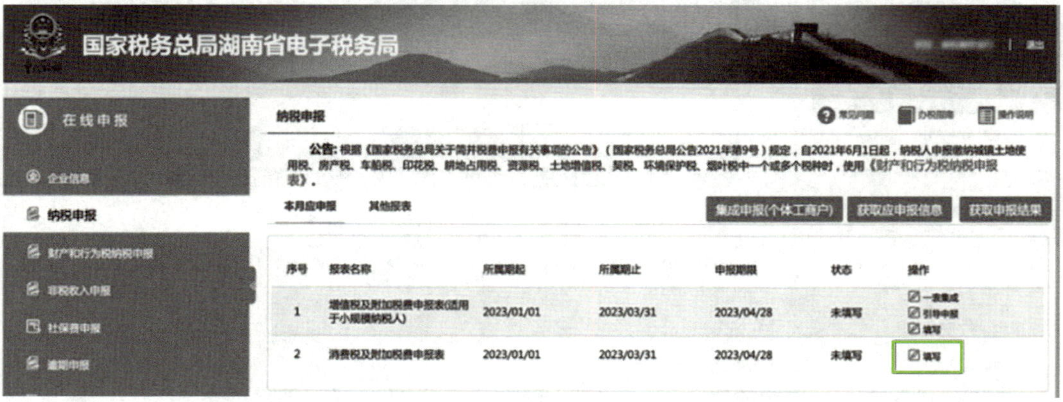

图 3–4　填写申报表界面

5. 填写消费税纳税申报表，附加税作为消费税的附表，并在主表中显示附加税的金额。确认无误后单击【校验并保存】。如图 3–5、图 3–6 所示。

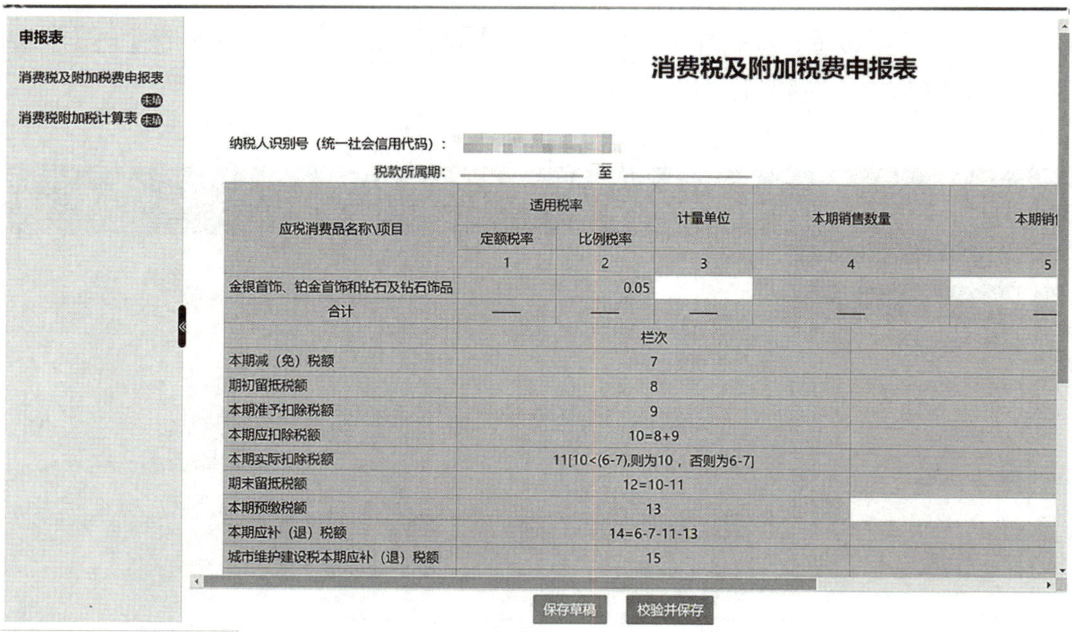

图 3–5　消费税及附加税费申报表

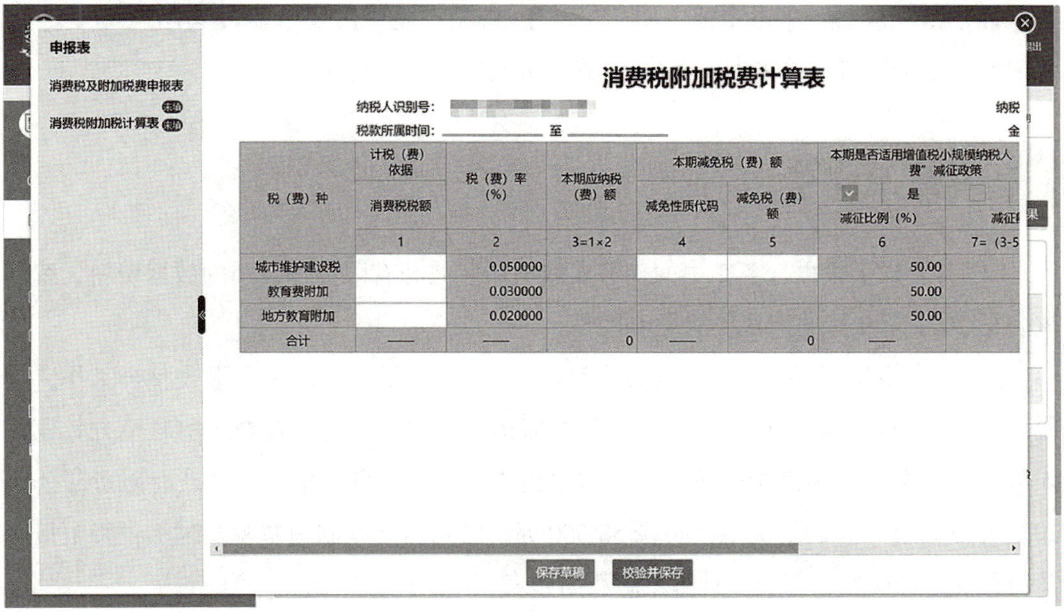

图 3-6　消费税附加税费计算表

6. 企业根据实际情况填写表单后，点击【申报】按钮进行申报，即完成消费税纳税申报。如图 3-7 所示。

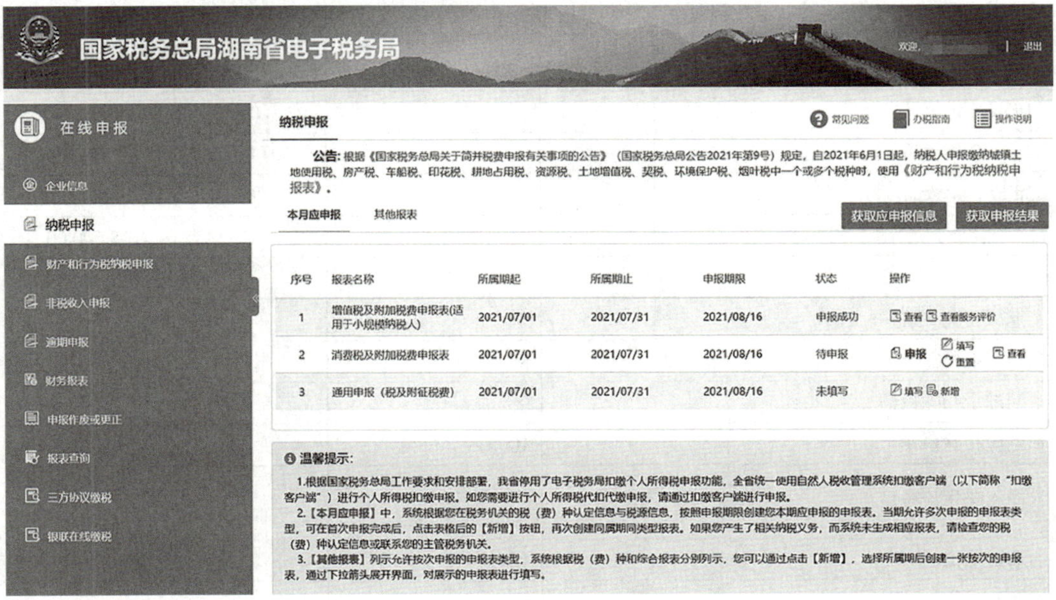

图 3-7　是否需要申报状态

7. 申报完成后，单击【三方协议缴纳】，弹出“是否需要缴款”，单击【确定】进入消费税缴纳环节，单击【下一步】，确认缴费，缴款成功。

任务实践

【任务要求】根据任务 2 中的任务实践星城兰波旺有限责任公司的数据资料，编制该公司 2023 年 9 月的消费税纳税申报表。

【分析】根据国家税务总局 2021 年 8 月推行消费税与附加税申报表整合工作，纳税人在申报消费税时，应一并申报附征的城市维护建设税、教育费附加和地方教育附加等附加税费，启用消费税及附加税费申报表。根据任务 2 星城兰波旺有限责任公司 2023 年 9 月资料，需要交纳消费税 58 500 元。公司需要编制消费税及附加税费申报表及消费税附加税费计算表，具体填制数据如表 3–8、表 3–9 所示。

表 3–8　消费税及附加税费申报表

税款所属期：自 2023 年 09 月 01 日至 2023 年 09 月 30 日

纳税人识别号（统一社会信用代码）：430105392367576272

纳税人名称：星城兰波旺有限责任公司　　　　金额单位：人民币元（列至角分）

<table>
<tr><td rowspan="3">项目
应税消费品名称</td><td colspan="2">适用税率</td><td rowspan="2">计量单位</td><td rowspan="2">本期销售数量</td><td rowspan="2">本期销售额</td><td rowspan="2">本期应纳税额</td></tr>
<tr><td>定额税率</td><td>比例税率</td></tr>
<tr><td>1</td><td>2</td><td>3</td><td>4</td><td>5</td><td>6=1×4+2×5</td></tr>
<tr><td>1# 成套化妆品</td><td></td><td>15%</td><td></td><td></td><td>300 000.00</td><td>45 000.00</td></tr>
<tr><td>2# 成套化妆品</td><td></td><td>15%</td><td></td><td></td><td>50 000.00</td><td>7 500.00</td></tr>
<tr><td>3# 成套化妆品</td><td></td><td>15%</td><td></td><td></td><td>40 000.00</td><td>6 000.00</td></tr>
<tr><td>合计</td><td>—</td><td>—</td><td>—</td><td>—</td><td>—</td><td>58 500.00</td></tr>
<tr><td colspan="4"></td><td>栏次</td><td colspan="2">本期税费额</td></tr>
<tr><td colspan="4">本期减（免）税额</td><td>7</td><td colspan="2"></td></tr>
<tr><td colspan="4">期初留抵税额</td><td>8</td><td colspan="2"></td></tr>
<tr><td colspan="4">本期准予扣除税额</td><td>9</td><td colspan="2"></td></tr>
<tr><td colspan="4">本期应扣除税额</td><td>10=8+9</td><td colspan="2"></td></tr>
<tr><td colspan="4">本期实际扣除税额</td><td>11［10<（6−7），则为 10, 否则为 6−7］</td><td colspan="2"></td></tr>
<tr><td colspan="4">期末留抵税额</td><td>12=10−11</td><td colspan="2"></td></tr>
<tr><td colspan="4">本期预缴税额</td><td>13</td><td colspan="2"></td></tr>
<tr><td colspan="4">本期应补（退）税额</td><td>14=6−7−11−13</td><td colspan="2">58 500.00</td></tr>
<tr><td colspan="4">城市维护建设税本期应补（退）税额</td><td>15</td><td colspan="2">4 095.00</td></tr>
</table>

续表

	栏次	本期税费额
教育费附加本期应补（退）费额	16	1 755.00
地方教育附加本期应补（退）费额	17	1 170.00

声明：此表是根据国家税收法律法规及相关规定填写的，本人（单位）对填报内容（及附带资料）的真实性、可靠性、完整性负责。

纳税人（签章）：　　2023 年 10 月 12 日

经办人： 经办人身份证号： 代理机构签章： 代理机构统一社会信用代码：	受理人： 受理税务机关（章）： 受理日期：　　年　月　日

注：

（1）本表“税款所属期”：指纳税人申报消费税应纳税额所属时间，应填写具体的起止年、月、日。

（2）本表“纳税人识别号（社会统一信用代码）”：填写纳税人识别号或者统一社会信用代码。

（3）本表“纳税人名称”：填写纳税人名称全称。

（4）本表“应税消费品名称”栏、第 1 栏“定额税率”、第 2 栏“比例税率”和第 3 栏“计量单位”：按照附注 1《应税消费品名称、税率和计量单位对照表》内容对应填写。

（5）本表第 4 栏“本期销售数量”：填写国家税收法律、法规及相关规定（以下简称“税法”）规定的本期应当申报缴纳消费税的应税消费品销售数量（不含出口免税销售数量）。

（6）本表第 5 栏“本期销售额”：填写税法规定的本期应当申报缴纳消费税的应税消费品销售额（不含出口免税销售额）。

（7）本表第 6 栏“本期应纳税额”：计算公式如下：

实行从价定率办法计算的应纳税额 = 销售额 × 比例税率

实行从量定额办法计算的应纳税额 = 销售数量 × 定额税率

实行复合计税办法计算的应纳税额 = 销售额 × 比例税率 + 销售数量 × 定额税率暂缓征收的应税消费品，不计算应纳税额。

（8）本表第 7 栏“本期减（免）税额”：填写本期按照税法规定减免的消费税应纳税额。

（9）本表第 8 栏“期初留抵税额”：填写上期申报表第 12 栏“期末留抵税额”数值。

（10）本表第 9 栏“本期准予扣除税额”：填写税法规定的本期外购、进口或委托加工收回应税消费品用于连续生产应税消费品准予扣除的消费税已纳税额，以及委托加工收回应税消费品以高于受托方计税价格销售的，在计税时准予扣除的消费税已纳税额。

（11）本表第 10 栏“本期应扣除税额”：填写纳税人本期应扣除的消费税税额。

（12）本表第 11 栏“本期实际扣除税额”：填写纳税人本期实际扣除的消费税税额，计算公式为：当本期应纳税额合计 − 本期减（免）税额≥本期应扣除税额时，本期实际扣除税额 = 本期应扣除税额；当本期应纳税额合计 − 本期减（免）税额。

（13）本表第 12 栏“期末留抵税额”：计算公式为：

期末留抵税额 = 本期应扣除税额 − 本期实际扣除税额

（14）本表第 13 栏“本期预缴税额”：填写纳税申报前纳税人已预先缴纳入库的本期消费税税额。

（15）本表第 14 栏“本期应补（退）税额”：填写纳税人本期应纳税额中应补缴或应退回的数额，计算公式为：本期应补（退）税额 = 本期应纳税额合计 − 本期减（免）税额 − 本期实际扣除税额 − 本期预缴税额

（16）本表第 15 栏“城市维护建设税本期应补（退）税额”：填写附表《消费税附加税费计算表》“城市维护建设税”对应的“本期应补（退）税（费）额”栏数值。

（17）本表第 16 栏“教育费附加本期应补（退）费额”：填写附表《消费税附加税费计算表》“教育费附加”对应的“本期应补（退）税（费）额”栏数值。

（18）本表第 17 栏“地方教育附加本期应补（退）费额”：填写附表《消费税附加税费计算表》“地方教育费附加”对应的“本期应补（退）税（费）额”栏数值。

表 3–9

消费税附加税费计算表

金额单位：元（列至角分）

税（费）种	计税（费）依据	税（费）率（%）	本期应纳税（费）额	本期减免税（费）额		本期是否适用增值税小规模纳税人“六税两费”减征政策		本期已缴税（费）额	本期应补（退）税（费）额
						□是 □否			
	消费税税额			减免性质代码	减免税（费）额	减征比例（%）	减征额		
	1	2	3=1×2	4	5	6	7=（3–5）×6	8	9=3–5–7–8
城市维护建设税	58 500.00	7%	4 095.00						4095.00
教育费附加	58 500.00	3%	1 755.00						1755.00
地方教育附加	58 500.00	2%	1 170.00						1170.00
合计	—	—	7 020.00	—		—			7020.00

注：

（1）本表第 1 栏“消费税税额”：填写主表“本期应补（退）税额”栏数值。

（2）本表第 2 栏“税（费）率（征收率）”：填写相应税（费）的税（费）率或征收率。

（3）本表第 3 栏“本期应纳税（费）额”：填写本期按适用的税（费）率（征收率）计算缴纳的应纳税（费）额。计算公式为：

本期应纳税（费）额 = 消费税税额 × 税（费）率（征收率）

（4）本表第 4 栏“减免性质代码”：按《减免税政策代码目录》中附加税费适用的减免性质代码填写。

（5）本表第 5 栏“减免税（费）额”：填写本期减免的税（费）额。

（6）本表“本期是否适用增值税小规模纳税人‘六税两费’减征政策”栏：本期适用增值税小规模纳税人“六税两费”减征政策的，勾选“是”；否则，勾选“否”。

（7）本表第 6 栏“减征比例（%）”：按当地省级政府根据《财政部 税务总局关于实施小微企业普惠性税收减免政策的通知》确定的减征比例填写。

（8）本表第 7 栏“减征额”：计算公式为：减征额 =（本期应纳税（费）额 – 减免税（费）额）× 减征比例

（9）本表第 8 栏“本期已缴税（费）额”：填写本期应纳税（费）额中已经缴纳的部分。

（10）本表第 9 栏“本期应补（退）税（费）额”：计算公式为：

本期应补（退）税（费）额 = 本期应纳税（费）额 – 减免税（费）额 – 减征额 – 本期已缴税（费）额。

知识巩固

项目实训

【**实训目的**】通过本项目的实训操作，能够熟练掌握消费税的应纳税额的计算、涉税账务处理、纳税申报资料填报的基本技能，为学生从事消费税办税业务奠定良好的技能基础，提升上岗操作技能。

【**实训方法**】以企业常见经济业务为基础，以仿真发票和税收票据为素材，按照《消费税暂行条例》《企业会计准则》等法规制度的规定，学生边学边做，在操作中深化学习，在学习中不断提升。

【**实训资料**】

1. 企业概况

（1）企业名称：长沙市京南明珠酒厂

（2）企业性质：国有企业（增值税一般纳税人）

（3）法定代表人：任乾

（4）企业地址及电话：湖南省长沙腾飞路 618 号 0741-50302011

（5）开户银行及账号：工商银行万达分理处 0409200401100704545

（6）社会信用代码：43060000110162503 2

2. 基本业务

长沙市京南明珠酒厂为增值税一般纳税人（增值税税率为 13%），主要外购粮食为原料生产 52 度白酒和啤酒，2023 年 9 月企业发生如下涉税经济业务。

（1）9 月 12 日销售自产瓶装白酒 500 箱（10 瓶 / 箱，1 斤 / 瓶）给长沙太平烟酒批发公司，每箱不含税批发价 1 200 元，开出了增值税专用发票，货款已收到。

表 3–10

湖南增值税专用发票

全国统一发票监制章 湖南 国家税务总局监制

4301765398　　　　No 01132876

此联不作报销、扣税凭证使用　　　　2023 年 09 月 12 日

购货单位	名　　称：长沙太平烟酒批发公司 纳税人识别号：430985420456726732 地址、电话：湖南省长沙市五一路 25 号 0731–87283549 开户行及账号：工商银行太平支行 4205562368974120954			密码区	2356—1 < 6—7—34567887—3456788 3 < 023/52 > 8/72113—134623/52 > 123 1345 < 8—2568 > 88850—323/52 > 18 —36—1 < 07 > 3 *—/ > * > 5 < 6—7	
货物或应税劳务名称	计量单位	数量	单价	金额	税率	税额
白酒	箱	500	1200	600 000.00	13%	78 000.00
合计				¥600 000.00		¥78 000.00
价税合计（大写）	人民币　陆拾柒万捌仟元整　　（小写）¥678 000.00					
销货单位	名　　称：长沙市京南明珠酒厂 纳税人识别号：430600001101625032 地址、电话：湖南省长沙腾飞路 618 号 0731–50302011 开户行及账号：工商银行万达分理处 0409200401100704545			备注	长沙市京南明珠酒厂 430600001101625032 发票专用章	

收款人：李静　　复核：　　开票人：张婷　　销货单位：（盖章）

第一联　记账联　销货方记账凭证

表 3–11

中国工商银行单位客户专用回单

交易日期：2023 年 09 月 12 日　　验证码：2023091207890656　　业务种类：网上支付

付款人账号：	4205562368974120954	收款人账号：	0409200401100704545
付款人全称：	长沙太平烟酒批发公司	收款人全称：	长沙市京南明珠酒厂
付款人开户行：	工商银行太平支行	收款人开户行：	工商银行万达分理处
金额（大写）：	人民币陆拾柒万捌仟元整	金额（小写）：	¥678 000.00
用途：	货款		长沙工商银行股份有限公司 万达分理处 业务专用章
备注：			
流水号：	990567896543378	交易机构：99050136	交易柜员：9906909

打印方式：自助打印　　打印时间：2023–09–12 17：10：10　　打印次数：第 1 次

打印柜员：1854321　　打印机构：万达分理处　　打印状态：初次打印

表 3–12

出　库　单

2023 年 9 月 12 日　　　　单位：元

货号	产品	单位	数量	单位成本	总成本	备注
	白酒	箱	500	600.00	300 000.00	销售
	合计		500		300 000.00	

复核：李阳　　制单：陈李

（2）9 月 15 日销售给长沙市友爱商场瓶装白酒 200 箱，每箱（10 瓶 / 箱，1 斤 / 瓶）不含税售价 1 180 元，货已发出，收到货款，另收包装物押金 1 130 元。

表 3–13　　湖南增值税电子普通发票

全国统一发票监制章　国家税务总局　湖南省税务局

发票代码：1439904566599
发票号码：00045869
开票日期：2023 年 09 月 15 日
机器编号：430045688666　　校验码：00666 34560 97627 49988

购货单位	名　　称：长沙市友爱商场 纳税人识别号：437652391398745010 地址、电话：湖南省长沙市八一路 267 号 0731–47123478 开户行及账号：工商银行八一支行 4089510368974121256			密码区	3294—1 < 5—7—34903138 < 001/52 > 2/93458—8763290 < 8—2376 > 54572—2— 27—6 < 7 > 3*—/ > * > 4 < 8—4218 > 86732145—1 < 6—8—438—1 < 6—3409	
货物或应税劳务名称	计量单位	数量	单价	金额	税率	税额
白酒	箱	200	1 180	236 000.00	13%	30 680.00
合计				¥236 000.00		¥30 680.00
价税合计（大写）	人民币　贰拾陆万陆仟陆佰捌拾元整（小写）¥266 680.00					
销货单位	名　　称：长沙市京南明珠酒厂 纳税人识别号：430600001101625032 地址、电话：湖南省长沙腾飞路 618 号 0731–50302011 开户行及账号：工商银行万达分理处 0409200401100704545			备注	长沙市京南明珠酒厂 430600001101625032 发票专用章	

表 3–14　　中国工商银行单位客户专用回单

交易日期：2023 年 09 月 15 日　　验证码：2023091567090688　　业务种类：网上支付

付款人账号：	4089510368974121256	收款人账号：	0409200401100704545
付款人全称：	长沙市友爱商场	收款人全称：	长沙市京南明珠酒厂
付款人开户行：	工商银行八一支行	收款人开户行：	工商银行万达分理处
金额（大写）：	人民币贰拾陆万陆仟陆佰捌拾元整	金额（小写）：	¥266 680.00
用途：	货款		长沙工商银行股份有限公司 万达分理处 业务专用章
备注：			
流水号：	990567896542266	交易机构：99050136	交易柜员：9906909

打印方式：自助打印　　打印时间：2023–09–15 16：28：21　　打印次数：第 1 次
打印柜员：1854328　　打印机构：万达分理处　　打印状态：初次打印

表 3-15

收款收据

2023 年 9 月 18 日　　　　第 020 号

今收到　长沙市友爱商场								
人民币（大写）	壹仟壹佰叁拾元整	万	千	百	十	元	角	分
			1	1	3	0	0	0
事由：交来白酒包装物押金								
交款人：	长沙市友爱商场	财务负责人：	现金收讫		收款人：	丁立		

第二联：记账联

表 3-16

出　库　单

2023 年 9 月 18 日　　　　单位：元

货号	产品	单位	数量	单位成本	总成本	备注
	白酒	箱	200	600.00	120 000.00	销售
	合计		200		120 000.00	

复核：李阳　　　　制单：陈李

（3）9 月 20 日将自产瓶装白酒 800 瓶（1 斤 / 瓶），每瓶不含税售价 120 元，成本价为 60 元，发给职工作为福利，未开具发票。

表 3-17

出　库　单

2023 年 9 月 20 日　　　　单位：元

货号	产品	单位	数量	单位成本	总成本	备注
	白酒	瓶	800	60.00	48 000.00	发送福利
	合计		800		48 000.00	

复核：李阳　　　　制单：陈李

（4）9 月 25 日销售自产啤酒 30 吨给长沙太平烟酒批发公司，每箱不含税批发价 4 000 元，货款已收到，另收包装物押金 2 000 元。

表 3–18

湖南增值税专用发票

全国统一发票监制章 湖南 国家税务总局监制

4301765396

此联不作报销、扣税凭证使用

№ 01132878

2023 年 09 月 25 日

购货单位	名　　称：长沙太平烟酒批发公司 纳税人识别号：430985420456726732 地址、电话：湖南省长沙市五一路 25 号 0731–87283549 开户行及账号：工商银行太平支行 4205562368974120954			密码区	2268—1 < 6—7—123568—1 < 0—934701 3 < 870/52 > 8/73456—1346 < 8—2568 > 23 2569 < 8—2568 > 84325—368—1 < 45325— 35—1 < 07 > 2*—/ > * > 01346 < 8238	
货物或应税劳务名称	计量单位	数量	单价	金额	税率	税额
啤酒	吨	30	4 000	120 000.00	13%	15 600.00
合计				¥120 000.00		¥15 600.00
价税合计（大写）	人民币　壹拾叁万伍仟陆佰元整			（小写）¥135 600.00		
销货单位	名　　称：长沙市京南明珠酒厂 纳税人识别号：430600001101625032 地址、电话：湖南省长沙腾飞路 618 号 0731–50302011 开户行及账号：工商银行万达分理处 0409200401100704545			备注	长沙市京南明珠酒厂 430600001101625032 发票专用章	

第一联 记账联 销货方记账凭证

收款人：李静　　复核：　　开票人：张婷　　销货单位：（盖章）

表 3–19

中国工商银行单位客户专用回单

交易日期：2023 年 09 月 25 日　　验证码：2023092567090999　　业务种类：网上支付

付款人账号：	4205562368974120954	收款人账号：	0409200401100704545
付款人全称：	长沙太平烟酒批发公司	收款人全称：	长沙市京南明珠酒厂
付款人开户行：	工商银行太平支行	收款人开户行：	工商银行万达分理处
金额：（大写）：	人民币壹拾叁万伍仟陆佰元整	金额（小写）：	¥135 600.00
用途：	货款		长沙工商银行股份有限公司 万达分理处 业务专用章
备注：			
流水号：	990567896556688	交易机构：99050136	交易柜员：9906909

打印方式：自助打印　　打印时间：2023–09–25 18：25：28　　打印次数：第 1 次

打印柜员：1854888　　打印机构：万达分理处　　打印状态：初次打印

表 3–20

收款收据

2023 年 9 月 25 日　　第 025 号

今收到　长沙太平烟酒批发公司									
人民币（大写）	贰仟元整	万	千	百	十	元	角	分	
			2	0	0	0	0	0	
事由：交来啤酒包装物押金									
交款人：	长沙太平烟酒批发公司	财务负责人：	成		收款人：	丁立			

现金收讫

第二联：记账联

表 3–21　　　　　　　　　　　　　**出　库　单**

2023 年 9 月 25 日　　　　　　　　　　单位：元

货号	产品	单位	数量	单位成本	总成本	备注
	啤酒	吨	30	3 000.00	90 000.00	销售
	合计		30		90 000.00	

复核：李阳　　　　　　制单：陈李

（5）9 月 30 日以自产瓶装白酒 150 箱（10 瓶 / 箱，1 斤 / 瓶）抵偿湘南水香农场所购稻谷货款 203 400 元，该类白酒平均不含税售价为 1 200 元 / 箱，最高售价为 1 300 元 / 箱。

表 3–22　　　　　　　　　　　　**湖南增值税专用发票**

全国统一发票监制章　湖南　国家税务总局监制

4301765397　　　　　　　　　　　　　　　　No 01132879

此联不作报销、扣税凭证使用　　　　　　　　2023 年 09 月 30 日

购货单位	名称：湘南水香农场 纳税人识别号：433489020329076145 地址、电话：湖南省湘阴水香东路 25 号 0730–80253689 开户行及账号：工商银行湘阴水香支行 8790562312454123485	密码区	2221—1 < 6—7—156248221—1 < 234890 3 < 257/52 > 8/71431—13468—2890 > 8542 2569 < 8—2890 > 84325—3—1 < 07 > 256— 32—1 < 07 > 12*—/ > * > 352 > 8/7560

货物或应税劳务名称	计量单位	数量	单价	金额	税率	税额
白酒	箱	150	1 200	180 000.00	13%	23 400.00
合计				¥180 000.00		¥23 400.00

价税合计（大写）	人民币　贰拾万叁仟肆佰元整　　（小写）¥203 400.00

销货单位	名称：长沙市京南明珠酒厂 纳税人识别号：430600001101625032 地址、电话：湖南省长沙腾飞路 618 号 0731–50302011 开户行及账号：工商银行万达分理处 0409200401100704545	备注	长沙市京南明珠酒厂 430600001101625032 发票专用章

收款人：李静　　　　复核：　　　　开票人：张婷　　　　销货单位：（盖章）

第一联　记账联　销货方记账凭证

表 3–23

出　库　单

2023 年 9 月 30 日　　　　单位：元

货号	产品	单位	数量	单位成本	总成本	备注
	白酒	箱	150	600.00	90 000.00	抵偿债务
	合计		150		90 000.00	

复核：李阳　　　　制单：陈李

【实训要求】

1. 计算长沙市京南明珠酒厂 9 月应纳消费税税额。
2. 填制消费税及附加税费申报表并在智慧税务平台申报处理。

表 3–24

消费税及附加税费申报表

税款所属期：自　　年　月　日至　　年　月　日

纳税人识别号（统一社会信用代码）：□□□□□□□□□□□□□□□□□□□□

纳税人名称：　　　　金额单位：人民币元（列至角分）

项目 / 应税消费品名称	适用税率		计量单位	本期销售数量	本期销售额	本期应纳税额
	定额税率	比例税率				
	1	2	3	4	5	6=1×4+2×5
1# 成套化妆品						
2# 成套化妆品						
3# 成套化妆品						
合计	—	—	—	—	—	

	栏次	本期税费额
本期减（免）税额	7	
期初留抵税额	8	
本期准予扣除税额	9	
本期应扣除税额	10=8+9	
本期实际扣除税额	11［10<（6–7），则为 10，否则为 6–7］	
期末留抵税额	12=10–11	
本期预缴税额	13	
本期应补（退）税额	14=6–7–11–13	
城市维护建设税本期应补（退）税额	15	

续表

	栏次	本期税费额
教育费附加本期应补（退）费额	16	
地方教育附加本期应补（退）费额	17	

声明：此表是根据国家税收法律法规及相关规定填写的，本人（单位）对填报内容（及附带资料）的真实性、可靠性、完整性负责。

纳税人（签章）：　　　年　　月　　日

经办人： 经办人身份证号： 代理机构签章： 代理机构统一社会信用代码：	受理人： 受理税务机关（章）： 受理日期：　　　年　　月　　日

表 3-25　　　　消费税附加税费计算表

金额单位：元（列至角分）

<table>
<tr><td rowspan="4">税（费）种</td><td>计税（费）依据</td><td rowspan="3">税（费）率（%）</td><td rowspan="3">本期应纳税（费）额</td><td colspan="2">本期减免税（费）额</td><td colspan="2">本期是否适用增值税小规模纳税人“六税两费”减征政策</td><td rowspan="3">本期已缴税（费）额</td><td rowspan="3">本期应补（退）税（费）额</td></tr>
<tr><td rowspan="2">消费税税额</td><td rowspan="2">减免性质代码</td><td rowspan="2">减免税（费）额</td><td colspan="2">□是 □否</td></tr>
<tr><td>减征比例（%）</td><td>减征额</td></tr>
<tr><td>1</td><td>2</td><td>3=1×2</td><td>4</td><td>5</td><td>6</td><td>7=（3-5）×6</td><td>8</td><td>9=3-5-7-8</td></tr>
<tr><td>城市维护建设税</td><td></td><td></td><td></td><td></td><td></td><td></td><td></td><td></td><td></td></tr>
<tr><td>教育费附加</td><td></td><td></td><td></td><td></td><td></td><td></td><td></td><td></td><td></td></tr>
<tr><td>地方教育附加</td><td></td><td></td><td></td><td></td><td></td><td></td><td></td><td></td><td></td></tr>
<tr><td>合计</td><td>—</td><td>—</td><td></td><td>—</td><td></td><td>—</td><td></td><td></td><td></td></tr>
</table>

项目四

企业所得税计算与申报管理

学习目标

知识目标

- 了解企业所得税的基本原理及概念
- 掌握相关纳税调整的处理方法，并进行准确计算
- 熟悉企业所得税纳税申报流程和方法

能力目标

- 能够判断居民企业和非居民企业
- 能够准确计算企业所得税应纳税额
- 能够在智慧税务平台进行企业所得税的纳税申报

素质目标

- 增强依法纳税意识和社会责任感
- 强化诚实守信、廉洁自律，提高法律责任意识
- 理解国家在农业、创新、环境保护、小微企业等方面给予税收优惠，增强节能减排、创新创业意识

思维导图

- 企业所得税计算与申报管理
  - 企业所得税认知
    - 企业所得税纳税人
    - 所得来源地的确定
    - 企业所得税税率
  - 企业所得税应纳税额的计算
    - 应纳税所得额的计算
    - 资产的税务处理
    - 企业所得税税收优惠
    - 企业所得税应纳税额的计算
  - 企业所得税智慧平台申报管理
    - 企业所得税征收管理
    - 企业所得税纳税申报表
    - 企业所得税智慧平台纳税申报

任务 1　企业所得税认知

知识储备

企业所得税是对企业和其他取得收入的组织生产经营所得和其他所得征收的一种所得税。以量能负担为征税原则，所得多的多征税、所得少的少征税、无所得的则不征税。是我国的第二大税种，在组织财政收入、促进经济发展、实施宏观调控等方面具有重要作用。

一、企业所得税纳税人

在中华人民共和国境内的企业和其他取得收入的组织（以下统称“企业”），包括各类企业、事业单位、社会团体、民办非企业单位和从事经营活动的其他组织等，都属于企业所得税的纳税人。个人独资企业、合伙企业、个体工商户，不属于企业所得税纳税人，不缴纳企业所得税。

我国采用“登记注册地标准”和“实际管理机构标准”相结合原则，把企业分为居民企业和非居民企业，分别确定其不同的纳税义务。

（一）居民企业

居民企业，是指依法在中国境内成立，或者依照外国（地区）法律成立但实际管理机构在中国境内的企业。

居民企业承担无限纳税义务，应就来源于中国境内、境外的全部所得纳税。

（二）非居民企业

非居民企业，是指依照外国（地区）法律成立且实际管理机构不在中国境内，但在中国境内设立机构、场所的，或在中国境内未设立机构、场所，但有来源于中国境内所得的企业。

非居民企业承担有限纳税义务，一般只就来源于中国境内的所得纳税。

二、所得来源地的确定

非居民企业需要区分所得是来源于境内，还是来源于境外，这涉及中国的税务机关是否有征税权的问题，因此，所得来源地的确定原则就显得很重要。

1. 销售货物所得，按照交易活动发生地确定。

2. 提供劳务所得，按照劳务发生地确定。

3. 转让财产所得：

（1）不动产转让所得按照不动产所在地确定。

（2）动产转让所得按照转让动产的企业或者机构、场所所在地确定。

（3）权益性投资资产转让所得按照被投资企业所在地确定。

4. 股息、红利等权益性投资所得，按照分配所得的企业所在地确定。

5. 利息所得、租金所得、特许权使用费所得，按照负担、支付所得的企业或者机构、场所所在地确定，或者按照负担、支付所得的个人的住所地确定。

6. 其他所得，由国务院财政、税务主管部门确定。

三、企业所得税税率

企业所得税实行比例税率。

（一）法定税率

1. 居民企业。

适用税率 25%。

2. 非居民企业。

（1）在中国境内设立机构、场所且取得的所得与其所设机构、场所有实际联系的非居民企业，应当就其来源于中国境内、境外的所得缴纳企业所得税，适用税率 25%。

（2）在中国境内未设立机构、场所的非居民企业，取得的来源于境内的所得，应当就其来源于中国境内所得缴纳企业所得税，适用税率为 20%。

（3）在中国境内虽设立机构、场所的非居民企业，取得的与境内所设机构、场所没有实际联系的来源于境内的所得，应当就其来源于中国境内所得缴纳企业所得税，适用税率为 20%。

（二）优惠税率

1. 国家重点扶持的高新技术企业、经认定的技术先进型服务企业（服务贸易类）、西部地区从事符合规定产业项目的企业，减按 15% 税率。

2. 符合条件的小型微利企业，减按 20% 的税率。

自 2023 年 1 月 1 日至 2024 年 12 月 31 日，小型微利企业年应纳税所得额不超过 100 万元，减按 25% 计入应纳税所得额；超过 100 万元但不超过 300 万元的部分，减按 25% 计入应纳税所得额，按 20% 的税率缴纳企业所得税。

小型微利企业是指从事国家非限制和禁止行业，且同时符合年度应纳税所得额不超过 300 万元、从业人数不超过 300 人、资产总额不超过 5 000 万元等三个条件的企业。

任务实践

【任务要求】假设城庆公司为小型微利企业，2023 年应纳税所得额 2 600 000 元。计算该公司 2023 年应交所得税。

【分析】小型微利企业城庆公司年应纳税所得额不超过 100 万元，减按 25% 计入应纳税所得额，超过 100 万元但不超过 300 万元的部分，减按 25% 计入应纳税所得额，均按 20% 的税率缴纳企业所得税。

应纳税额 =［1 000 000 × 25%+（2 600 000−1 000 000）× 25%］× 20%=130 000（元）

任务 2　企业所得税应纳税额的计算

知识储备

一、应纳税所得额的计算

企业所得税的计税依据是应纳税所得额，即指企业每一纳税年度的收入总额，减除不征税收入、免税收入、各项扣除以及弥补以前年度亏损后的余额。

直接计算法：应纳税所得额 = 收入总额 − 不征税收入 − 免税收入 − 各项扣除金额 − 允许弥补的以前年度亏损

企业应纳税所得额的计算，除税收法规另有规定外，以权责发生制为原则，属于当期的收入和费用，不论款项是否收付，均作为当期的收入和费用；不属于当期的收入和费用，即使款项已经在当期收付，均不作为当期的收入和费用。

间接计算法：应纳税所得额 = 利润总额 + 纳税调整增加额 − 纳税调整减少额

《企业所得税年度纳税申报表（A 类）》的填报思路，是按照“间接计算法”进行设计，即在利润总额计算的基础上，进行纳税调整。

（一）收入总额

企业以货币形式和非货币形式从各种来源取得的收入，为收入总额。包括：销售货物收入，提供劳务收入，转让财产收入，股息、红利等权益性投资收益，利息收入，租金收入，特许权使用费收入，接受捐赠收入，其他收入。企业销售收入的确认，必须遵循权责发生制原则和实质重于形式的原则。收入确认时间根据收入类型不同而有所差异，具体见表 4-1。

表 4–1　企业所得税收入确认时间

<table>
<tr><th colspan="3">收入类别</th><th>确认时间</th></tr>
<tr><td rowspan="7">销售货物</td><td colspan="2">采用托收承付方式</td><td>办妥托收手续时</td></tr>
<tr><td colspan="2">采用预收款方式</td><td>发出商品时</td></tr>
<tr><td rowspan="2">需要安装和检验</td><td>一般</td><td>购买方接受商品以及安装和检验完毕时</td></tr>
<tr><td>安装程序简单</td><td>发出商品时</td></tr>
<tr><td colspan="2">采用支付手续费方式委托代销</td><td>收到代销清单时</td></tr>
<tr><td colspan="2">采用分期收款方式</td><td>合同约定的收款日期</td></tr>
<tr><td colspan="2">采取产品分成方式</td><td>分得产品的日期</td></tr>
<tr><td colspan="3">提供劳务</td><td>在各个纳税期末（采用完工百分比法）</td></tr>
<tr><td colspan="3">股息、红利等权益性投资</td><td>被投资方作出利润分配决定日期</td></tr>
<tr><td colspan="3">利息、租金、特许权使用费</td><td>合同约定的债务人应付利息、承租人应付租金或特许权使用人应付特许权使用费的日期</td></tr>
<tr><td colspan="3">接受捐赠</td><td>实际收到捐赠资产的日期</td></tr>
</table>

（二）不征税收入

企业应根据不征税的税收规定，判断收到的财政资金是否作为不征税收入，如果符合不征税收入，填写《A105000 纳税调整项目明细表》第 8 行与第 9 行，将其从收入总额中调减，见表 4–2 所示。还需填报《A105040 专项用途财政性资金纳税调整明细表》中的相关栏次。

1. 财政拨款。

各级人民政府对纳入预算管理的事业单位、社会团体等组织拨付的财政资金。

2. 依法收取并纳入财政管理的行政事业性收费、政府性基金。

对企业依法收取并上缴财政的政府性基金和行政事业性收费，准予作为不征税收入，于上缴财政的当年在计算应纳税所得额时从收入总额中减除；未上缴财政的部分，不得从收入总额中减除。

3. 国务院规定的其他不征税收入。

县级以上人民政府将国有资产无偿划入企业，凡指定专门用途并按规定进行管理的，企业可作为不征税收入。不征税收入用于支出形成的成本费用不得扣除；用于研发，形成的研发支出不得加计扣除。

表 4-2　　A105000　纳税调整项目明细表

行次	项目	账载金额	税收金额	调增金额	调减金额
		1	2	3	4
1	一、收入类调整项目（2+3+…8+10+11）	*	*		
	……				
8	（七）不征税收入	*	*		
9	其中：专项用途财政性资金（填写 A105040）	*	*		
	……				

（三）免税收入

企业免税收入属于税收优惠，免税收入填报《A107010 免税、减计收入及加计扣除优惠明细表》第 1 行至第 16 行，见表 4-3 所示。

1. 国债利息收入，指企业购买国务院财政部门发行的国家公债所取得的利息收入。但国债转让收益（损失）依法缴纳企业所得税。

2. 符合条件的居民企业之间的股息、红利等权益性投资收益。

3. 在中国境内设立机构、场所的非居民企业从居民企业取得与该机构、场所有实际联系的股息、红利等权益性投资收益。

持有居民企业上市公司股票获得的股息、红利满 12 个月享受免税待遇，否则征税；持有非上市公司股权，不受 12 个月的限制。

4. 符合条件的非营利组织的收入。

5. 对企业取得的 2012 年及以后年度发行的地方政府债券利息收入，免征企业所得税。

表 4-3　　A107010　免税、减计收入及加计扣除优惠明细表

行次	项目	金额
1	一、免税收入（2+3+6+7+…+16）	
2	（一）国债利息收入免征企业所得税	
3	（二）符合条件的居民企业之间的股息、红利等权益性投资收益免征企业所得税（填写 A107011）	
4	其中：内地居民企业通过沪港通投资且连续持有 H 股满 12 个月取得的股息红利所得免征企业所得税（填写 A107011）	
5	内地居民企业通过深港通投资且连续持有 H 股满 12 个月取得的股息红利所得免征企业所得税（填写 A107011）	

续表

行次	项目	金额
6	（三）符合条件的非营利组织的收入免征企业所得税	
7	（四）符合条件的非营利组织（科技企业孵化器）的收入免征企业所得税	
8	（五）符合条件的非营利组织（国家大学科技园）的收入免征企业所得税	
9	（六）中国清洁发展机制基金取得的收入免征企业所得税	
10	（七）投资者从证券投资基金分配中取得的收入免征企业所得税	
11	（八）取得的地方政府债券利息收入免征企业所得税	
12	（九）中国保险保障基金有限责任公司取得的保险保障基金等收入免征企业所得税	
13	（十）中央电视台的广告费和有线电视费收入免征企业所得税	
14	（十一）中国奥委会取得北京冬奥组委支付的收入免征企业所得税	
15	（十二）中国残奥委会取得北京冬奥组委分期支付的收入免征企业所得税	
16	（十三）其他	

（四）税前扣除项目

企业实际发生的与取得收入有关的、合理的支出，准予在计算应纳税所得额时扣除，包括成本、费用、税金、损失和其他支出。

1. 成本，是指企业销售商品、提供劳务、转让固定资产、无形资产的成本。

2. 费用，是指企业在生产经营活动中发生的销售费用、管理费用、财务费用。

3. 税金，是指企业发生的除企业所得税和允许抵扣的增值税以外的各项税金及其附加。

4. 损失，是指企业在生产经营活动中发生的固定资产和存货的盘亏、毁损、报废损失，转让财产损失，坏账损失，自然灾害等不可抗力因素造成的损失及其他损失。

5. 其他支出。

（五）扣除标准

企业会计处理与税法规定不一致时，须填报《A105000 纳税调整项目明细表》及相关附表，计算纳税调增、调减金额。

1. 工资、薪金支出。

企业发生的合理的工资、薪金支出，准予据实扣除。企业按照股东大会、董事会、薪酬委员会或相关管理机构制定的工资薪金制度规定实际发放给员工的工资薪金，在纳税年度已经计提，在汇算清缴前发放，准予扣除。

2. 职工福利费、职工工会经费和职工教育经费。

（1）企业发生的职工福利费支出，不超过工资、薪金总额 14% 的部分，准予扣除。

（2）企业拨缴的职工工会经费支出，不超过工资、薪金总额 2% 的部分，准予扣除。应取得工会组织收据或税务机关代收收据。

（3）企业发生的职工教育经费不超过工资、薪金总额 8% 的部分，准予扣除；超过部分，准予在以后纳税年度结转扣除。

【技能点 4–1】2023 年城建公司“应付职工薪酬”账户各明细：支付给职工的工资 3 000 000 元；发生职工福利费 500 000 元；发生职工教育经费 100 000 元；拨缴工会经费 40 000 元已取得相关工会拨缴款收据。计算职工福利费、职工工会经费和职工教育经费企业所得税税前允许扣除金额及纳税调整金额。

职工福利费、职工工会经费和职工教育经费纳税调整见表 4–4 所示。

表 4–4　　职工福利费、职工工会经费和职工教育经费纳税调整计算表

	扣除限额	实际发生	税法允许扣除	纳税调整
工资总额	发生、合理	3 000 000	3 000 000	无须调整
职工福利费	3 000 000 × 14%=420 000	500 000	420 000	调增 80 000 元
职工教育经费	3 000 000 × 8%=240 000	100 000	100 000	无须调整
工会经费	3 000 000 × 2%=60 000	40 000（已取收据）	40 000	无须调整

3. 企业为职工缴纳的保险费。

（1）基本社会保险。企业依照国务院有关主管部门或省级人民政府规定的范围和标准为职工缴纳的基本养老保险、基本医疗保险、失业保险、工伤保险等基本社会保险费和住房公积金，准予扣除。

（2）补充保险。企业根据国家有关政策规定，为在本企业任职或者受雇的全体员工支付的补充养老保险、补充医疗保险，分别在不超过职工工资总额 5% 标准内的部分准予扣除；超过的部分，不予扣除。

（3）商业保险。依规定为特殊工种职工支付的人身安全保险费、雇主责任险、公众责任险和国务院财税主管部门规定可扣除的其他商业保险费外，企业为投资者或职工支付的商业保险费，不得扣除。

4. 借款费用。

企业在生产经营活动中发生的下列利息支出，准予扣除。

（1）据实扣除。非金融企业向金融企业借款的利息支出、金融企业的各项存款利息支出和同业拆借利息支出、企业经批准发行债券的利息支出。

（2）限额扣除。非金融企业向非金融企业借款的利息支出，不超过金融企业同期同类贷款利率计算的数额的部分可以据实扣除。

（3）资本的利息不能在税前扣除。凡企业投资者在规定期限内未缴足其应缴资本额的，该企业对外借款所发生的利息，相当于投资者实缴资本额与在规定期限内应缴资本额的差额应计付的利息，其不属于企业合理的支出，应由企业投资者负担，不得在计算企业应纳税所得额时扣除。

每一计算期不得扣除的借款利息 = 该期间借款利息额 × 该期间未缴足注册资本额 ÷ 该期间借款额

（4）企业向个人借款利息支出。企业向除股东或其他与企业有关联关系的自然人以外的内部职工或其他人员借款的利息支出，其借款情况同时符合以下条件的，其利息支出准予扣除。

①企业与个人之间的借贷是真实、合法、有效的。

②签订了借款合同。

③利息支出不超过按照金融企业同期同类贷款利率计算的数额。

④取得合法凭证。

5. 汇兑损失。

企业在货币交易中，以及纳税年度终了将人民币以外的货币性资产、负债按照期末即期人民币汇率中间价折算为人民币时产生的汇兑损失，除已经计入资产成本以及与向所有者进行利润分配相关的部分外，准予扣除。

6. 业务招待费。

（1）企业发生的与生产经营活动有关的业务招待费，按照发生额的 60% 与当年销售（营业）收入的 5‰中较小的一方扣除。销售收入包括主营业务收入、其他业务收入及视同销售收入，但不包括营业外收入。

（2）企业在筹建期间，发生的与筹办活动有关的业务招待费支出，可按实际发生额的 60% 计入企业筹办费，并按有关规定在税前扣除。

（3）对从事股权投资业务的企业（包括集团公司总部、创业投资企业等），其从被投资企业所分配的股息、红利以及股权转让收入，可以按规定的比例计算业务招待费扣除限额。

【技能点 4-2】城建公司 2023 年的销售收入为 30 000 000 元，实际支出的业务招待费为 300 000 元，计算应纳税所得额时允许扣除的业务招待费。

业务招待费发生额的 60%=300 000 × 60%=180 000（元）

税前扣除限额 =30 000 000 × 5‰ =150 000（元）

税前可扣除金额 =MIN（180 000,150 000）=150 000（元）

纳税调增金额 =300 000-150 000=150 000（元）

7. 广告费和业务宣传费。

（1）一般企业不超过当年销售（营业）收入 15% 的部分，准予扣除；超过部分，准予在以后纳税年度结转扣除。

（2）化妆品制造或销售、医药制造和饮料制造（不含酒类制造），不超过当年销售（营业）收入 30% 的部分，准予扣除；超过部分，准予在以后纳税年度结转扣除。

（3）烟草企业的烟草广告费和业务宣传费支出，一律不得在税前扣除。

【技能点 4-3】城铁公司（机械设备制造企业）2023 年实现销售收入 30 000 000 元，发生符合条件的广告费和业务宣传费支出 3 500 000 元，上年度未在税前扣除完的符合条件的广告费和业务宣传费支出 600 000 元。计算该公司 2023 年应纳税所得额时允许扣除的广告费和业务宣传费支出。

该公司 2023 年广告费和业务宣传支出扣除限额 =30 000 000 × 15%=4 500 000（元）

本年度待扣除费用 = 3 500 000 + 600 000 =4 100 000（元）

因待扣除费用 4 100 000 元小于税法扣除限额 4 500 000 元，则 2023 年度允许扣除广告费和业务宣传费支出 4 100 000 元。

8. 公益性捐赠。

公益性捐赠，是指企业通过公益性社会团体或者县级以上人民政府及其部门，用于《中华人民共和国公益事业捐赠法》规定的公益事业的捐赠。不符合规定的捐赠支出不能在税前扣除，即企业向受赠人的直接捐赠不能在税前扣除。

（1）限额扣除。企业当年发生以及以前年度结转的公益性捐赠支出，不超过年度利润总额 12% 的部分，准予扣除；超标准的公益性捐赠，准予以后 3 年内结转扣除；企业在对公益性捐赠支出计算扣除时，应先扣除以前年度结转的捐赠支出，再扣除当年发生的捐赠支出。

（2）据实扣除。企业通过公益性社会团体或者县级以上人民政府及其部门，用于目标脱贫地区的扶贫捐赠支出，准予在计算企业所得税应纳税所得额时据实扣除。在政策执行期限内，目标脱贫地区实现脱贫的，可继续适用上述政策。

企业将自产货物用于捐赠，应分解为按公允价值视同销售和捐赠两项业务进行所得税处理。

【技能点 4–4】城建公司 2023 年会计利润 1 000 000 元，“营业外支出－捐赠支出”200 000 元，其中 100 000 元系通过公益性社会团体向红十字事业的捐赠；50 000 元系通过民政部门捐赠给“减灾委员会”；50 000 元系直接向某贫困小学发生的捐赠。计算应纳税所得额时允许扣除的捐赠支出。

①对直接捐赠给贫困学校的 50 000 元属于直接向受赠人的捐赠，不允许扣除，全额调增应纳税所得额。

②通过公益性社会团体向红十字事业的捐赠 100 000 元、通过民政部门向“减灾委员会”捐赠的 50 000 元属于公益性捐赠，在利润总额 12% 以内可以在税前扣除，即公益性捐赠扣除限额为 1 000 000 × 12%=120 000 元，公益性捐赠超标 30 000 元可以在以后 3 年内结转扣除，纳税调增 30 000 元。

③应纳税所得额时允许扣除的捐赠支出 120 000 元，纳税调增为 80 000 元。

9. 佣金和手续费。

（1）扣除限额。企业发生与生产经营有关的手续费及佣金支出，不超过以下规定计算限额以内的部分，准予扣除。

①保险企业：自 2019 年 1 月 1 日起，不超过当年全部保费收入扣除退保金等后余额的 18%（含本数）的部分；超过部分，允许结转以后年度扣除。

②其他企业：按与具有合法经营资格中介服务机构或个人（不含交易双方及其雇员、代理人和代表人等）所签订服务协议或合同确认的收入金额的 5% 计算限额；超过部分，不得扣除。

（2）支付方式。企业应与具有合法经营资格的中介服务企业或个人签订代办协议或合同，并按规定支付手续费及佣金。

①向具有合法经营资格中介服务机构支付手续费及佣金时，必须转账支付；

②向个人支付手续费及佣金时，可以以现金方式，但须有合法的凭证。

10. 租赁费。

企业根据生产经营活动的需要租入固定资产支付的租赁费，按照以下方法扣除。

（1）经营租赁：租赁费支出按照租赁期限均匀扣除。

（2）融资租赁：按照规定构成融资租入固定资产价值的部分应当提取折旧费用分期扣除。

11. 劳动保护费。

劳动保护费是指工作需要为雇员配备或提供工作服、手套、安全保护用品、防暑降温用品等所发生的支出。企业发生的合理的劳动保护支出，准予扣除。

12. 有关资产的费用。

（1）企业转让各类固定资产发生的费用，允许扣除。

（2）企业按规定计算的固定资产折旧费、无形资产和递延资产的摊销费，准予扣除。

13. 员工服饰支出。

企业根据其工作性质和特点，由企业统一制作并要求员工工作时统一着装所发生的工作服饰费用，可以作为企业合理的支出给予税前扣除。

14. 专项资金。

企业依照法律、行政法规有关规定提取的用于环境保护、生态恢复等方面的专项资金，准予扣除；上述专项资金提取后改变用途的，不得扣除。

15. 总机构分摊的费用。

非居民企业在中国境内设立的机构、场所，就其中国境外总机构发生的与该机构、场所生产经营有关的费用，能够提供总机构出具的费用汇集范围、定额、分配依据和方法等证明文件，并合理分摊的，准予扣除。

16. 企业纳入管理费用的党组织工作经费，实际支出不超过职工年度工资薪金总额1% 的部分，可以据实扣除。

17. 其他项目。

依照有关法律、行政法规和国家有关税法规定准予扣除的其他项目。如会员费、合理的会议费、差旅费、违约金、诉讼费用等。

（六）不得扣除项目

1. 向投资者支付的股息、红利等权益性投资收益款项。
2. 企业所得税税款。
3. 税收滞纳金。
4. 罚金、罚款和被没收财物的损失。
5. 超标的捐赠支出。
6. 赞助支出，具体指与生产经营活动无关的各种非广告性质支出。
7. 未经核定的准备金支出。

（1）除金融、保险、证券、中小企业信用担保外，其他企业的准备金支出不得在税前扣除，包括坏账准备金。

（2）坏账损失实际发生准予扣除。

8. 企业之间支付的管理费、企业内营业机构之间支付的租金和特许权使用费，以及非银行企业内营业机构之间支付的利息，不得扣除。

9. 与取得收入无关的其他支出。

【技能点 4–5】城建公司 2023 年发生营业外支出 150 000 元（经审核属环保部门处以罚款 70 000 元；因未采取火灾防范措施，消防部门处罚款 50 000 元；因产品质量原因，经协商支付购货方赔款 30 000 元）。计算所得税前扣除金额。

①该企业被环保部门所处罚款 70 000 元，消防部门所处罚款 50 000 元，均属于行政性罚款，不得在税前扣除，应当调增应纳税所得额 120 000 元。

②产品违约金支出 30 000 元，可以在税前扣除，无须纳税调整。

③所得税前扣除金额则为 30 000 元。

（七）亏损弥补

企业弥补以前年度的亏损填报《A106000 企业所得税弥补亏损明细表》。

1. 企业某一纳税年度发生的亏损可以用下一年度的所得弥补，下一年度的所得不足以弥补的，可以逐年延续弥补，但最长不得超过 5 年。

2. 当年具备高新技术企业或科技型中小企业资格的企业，其具备资格年度之前 5 个年度发生的尚未弥补完的亏损，准予结转以后年度弥补，最长结转年限由 5 年延长至 10 年。

二、资产的税务处理

企业固定资产、无形资产、长期待摊费用等资产是以历史成本为计税基础，涉及企业所得税相关附表数据是填列在《A105080 资产折旧、摊销及纳税调整明细表》。

（一）固定资产

1. 不得计提折旧扣除的固定资产。

（1）房屋、建筑物以外未投入使用的固定资产。

（2）以经营租赁方式租入的固定资产。

（3）以融资租赁方式租出的固定资产。

（4）已足额提取折旧仍继续使用的固定资产。

（5）与经营活动无关的固定资产。

（6）单独估价作为固定资产入账的土地。

（7）其他不得计算折旧扣除的固定资产。

2. 固定资产折旧的计提方法。

固定资产按照直线法计提的折旧，准予扣除。企业应当根据固定资产的性质和使用情况，合理确定固定资产的预计净残值。固定资产的预计净残值一经确定，不得变更。

3. 固定资产税法最低折旧年限，见表 4–5。

表 4–5　固定资产税法最低折旧年限

资产类别	最短折旧年限
房屋、建筑物	20 年
飞机、火车、轮船、机器、机械和其他生产设备	10 年
与生产经营活动有关的器具、工具、家具等	5 年
飞机、火车、轮船以外的运输工具	4 年
电子设备	3 年

4. 加速折旧的规定。

（1）一般性加速折旧。由于技术进步，产品更新换代较快的固定资产；常年处于强震动、高腐蚀状态的固定资产可以采取缩短折旧年限或加速折旧的方法，如表 4–6 所示。

表 4–6　加速折旧方法

缩短折旧年限	最低折旧年限不得低于规定折旧年限的 60%
加速折旧方法	双倍余额递减法或年数总和法

（2）税收优惠。企业在 2018 年 1 月 1 日至 2023 年 12 月 31 日期间新购进的设备、器具，单位价值不超过 500 万元的，允许一次性计入当期成本费用在计算应纳税所得额时扣除，不再分年度计算折旧；单位价值超过 500 万元的，生物药品制造业，专用设备制造业，铁路、船舶、航空航天和其他运输设备制造业，计算机、通信和其他电子设备制造业，仪器仪表制造业，信息传输、软件和信息技术服务业等 6 个行业的企

业，可缩短折旧年限或采取加速折旧的方法。设备、器具是指除房屋、建筑物以外的固定资产。

（3）对所有行业企业持有的单位价值不超过5 000元的固定资产，允许一次性计入当期成本费用在计算应纳税所得额时扣除，不再分年度计算折旧。

（二）无形资产

1. 不得摊销的无形资产。

（1）自行开发的支出已在计算应纳税所得额时扣除的无形资产。

（2）自创商誉。

（3）与经营活动无关的无形资产。

（4）其他不得计算摊销费用扣除的无形资产。

2. 摊销方法和年限。

（1）无形资产按照直线法计算的摊销费用，准予扣除。

（2）当月增加的无形资产，当月开始摊销；当月减少的无形资产，当月不再摊销。

（3）无形资产的摊销年限不得少于10年；作为投资或者受让的无形资产，在有关法律或协议、合同中规定使用年限的，可依其规定使用年限分期计算摊销。

（4）外购商誉的支出，在企业整体转让或清算时，准予扣除。

（三）长期待摊费用

企业发生的下列支出作为长期待摊费用，按照规定摊销的，准予扣除。

1. 已足额提取折旧的固定资产的改建支出，按照固定资产预计尚可使用年限分期摊销。

2. 租入固定资产的改建支出，按照合同约定的剩余租赁期限分期摊销。

3. 固定资产的大修理支出，按照固定资产尚可使用年限分期摊销。

4. 其他应当作为长期待摊费用的支出，自支出发生月份的“次月”起，分期摊销，摊销年限不得低于3年。

三、企业所得税税收优惠

企业所得税税收优惠分别填报《A107010免税、减计收入及加计扣除优惠明细表》《A107020所得减免优惠明细表》《A107030抵扣应纳税所得额明细表》《A107040减免所得税优惠明细表》《A107050税额抵免优惠明细表》。不同类型税收优惠，区分纳税申报表的填报。

（一）加计扣除优惠

1. 研究开发费用加计扣除。

（1）2018 年 1 月 1 日至 2023 年 12 月 31 日期间，除制造业、科技型中小企业以外的会计核算健全、实行查账征收并能够准确归集研发费用的居民企业开展研发活动实际发生的研究开发费，未形成无形资产计入当期损益的，在按照规定据实扣除的基础上，按照研究开发费用的 75% 加计扣除；形成无形资产的，按照无形资产成本的 175% 摊销。

下列行业不适用于税前加计扣除政策：烟草制造业、住宿和餐饮业、批发和零售业、房地产业、租赁和商务服务业、娱乐业、财政部和国家税务总局规定的其他行业。

（2）自 2021 年 1 月 1 日起，制造业企业开展研发活动中实际发生的研发费用，未形成无形资产计入当期损益的，在按规定据实扣除的基础上，再按照实际发生额的 100% 在税前加计扣除；形成无形资产的，按照无形资产成本的 200% 在税前摊销。

制造业企业，是指以制造业业务为主营业务，享受优惠当年主营业务收入占收入总额的比例达到 50% 以上的企业。

（3）自 2022 年 1 月 1 日起，科技型中小企业开展研发活动中实际发生的研发费用，未形成无形资产计入当期损益的，在按规定据实扣除的基础上，再按照实际发生额的 100% 在税前加计扣除；形成无形资产的，按照无形资产成本的 200% 在税前摊销。

2. 特定人员工资加计扣除。

企业安置残疾人员的，在按照支付给残疾职工工资据实扣除的基础上，按照支付给残疾职工工资的 100% 加计扣除。

【技能点 4-6】城建公司（制造业）2023 年发生研发支出 7 000 000 元，其中计入管理费用中研发支出 2 000 000 元，形成无形资产研发支出 5 000 000 元，2023 年此项无形资产计提 250 000 元摊销。2023 年支付残疾人员工资 300 000 元，计算该公司研发支出、残疾人员工资加计扣除的金额。

①研发支出加计扣除金额 =2 000 000 × 100%+250 000 × 100%=2 250 000（元）

②残疾人员工资加计扣除金额 =300 000 × 100%=300 000（元）

③ 2023 年加计扣除金额 =2 250 000+300 000=2 550 000（元）

两项纳税调减 2 550 000 元。

（二）免征、减征企业所得税

免征、减征企业所得税的优惠，填报《A107020 所得减免优惠明细表》。

1. 从事农、林、牧、渔业项目的所得，免征企业所得税；从事花卉、茶以及其他饮料作物和香料作物的种植，海水养殖、内陆养殖减半征收企业所得税。

2. 从事国家重点扶持的公共基础设施项目的投资经营所得。

国家重点扶持的公共基础设施项目是指《公共基础设施项目企业所得税优惠目录》规定的港口码头、机场、铁路、公路、城市公共交通、电力、水利等项目。

（1）自项目取得第一笔生产经营收入所属纳税年度起，三免三减半（前三年免税，后三年减半征收）。

（2）企业承包经营、承包建设和内部自建自用以上项目，不得享受企业所得税优惠。

3. 从事符合条件的环境保护、节能节水项目的所得。

符合条件的环境保护、节能节水项目，包括公共污水处理、公共垃圾处理、沼气综合开发利用、节能减排技术改造、海水淡化等。自项目取得第一笔生产经营收入所属纳税年度起，三免三减半。

4. 符合条件的技术转让所得。

一个纳税年度内，居民企业转让技术所有权所得不超过 5 000 000 元的部分，免征企业所得税；超过 5 000 000 元的部分，减半征收企业所得税。

技术转让所得 = 技术转让收入 – 技术转让成本 – 相关税费

【技能点 4–7】城品公司是一家生产软件的非上市公司，系增值税一般纳税人。2023 年 10 月，将一项自行开发的专利技术所有权转让给蓝天公司，转让合同经省级科技部门认定登记并享受免征增值税优惠政策。该项技术转让取得收入 800 000 元，成本 200 000 元、相关费用 20 000 元。分析上述业务对应纳税所得额的影响。

技术转让所得 =800 000–200 000–20 000=580 000（元）

技术转让所得小于 5 000 000 元，免征企业所得税，纳税调减 580 000 元。

（三）不同类型企业税收优惠

1. 小型微利企业优惠。

自 2023 年 1 月 1 日至 2024 年 12 月 31 日，小型微利企业年应纳税所得额不超过 100 万元，减按 25% 计入应纳税所得额；超过 100 万元但不超过 300 万元的部分，减按 25% 计入应纳税所得额，按 20% 的税率缴纳企业所得税。

（1）小型微利企业的认定。小型微利企业是指从事国家非限制和禁止行业，且同时符合年度应纳税所得额不超过 300 万元、从业人数不超过 300 人、资产总额不超过 5 000 万元等三个条件的企业。

①从业人数，包括与企业建立劳动关系的职工人数和企业接受的劳务派遣用工人数。

②从业人数和资产总额指标，应按企业全年的季度平均值确定。具体计算公式如下：

季度平均值 =（季初值 + 季末值）÷ 2

全年季度平均值 = 全年各季度平均值之和 ÷ 4

年度中间开业或者终止经营活动的，以其实际经营期作为一个纳税年度确定上述相关指标。

（2）具体规定。

①小型微利企业按查账征收方式或核定征收方式缴纳企业所得税的，均可享受上述优惠政策。

②小型微利企业所得税统一实行按季度预缴。

③小型微利企业在预缴和汇算清缴企业所得税时，通过填写纳税申报表相关内容，即可享受小型微利企业所得税减免政策。

2. 国家需要重点扶持的高新技术企业、经技术先进型服务企业（服务贸易类）、西部地区从事符合规定产业项目的企业减按 15% 的所得税税率征收企业所得税。

企业享受减免所得税优惠填报《A107040 减免所得税优惠明细表》及其附表，见表 4–7 所示。

表 4–7　A107040　减免所得税优惠明细表

行次	项目	金额
1	一、符合条件的小型微利企业减免企业所得税	
2	二、国家需要重点扶持的高新技术企业减按 15% 的税率征收企业所得税（填写 A107041）	
	……	
13	十三、符合条件的软件企业减免企业所得税（填写 A107042）	
	……	

（四）创投企业优惠

创业投资企业从事国家需要重点扶持和鼓励的创业投资，可以按投资额的一定比例抵扣应纳税所得额。创业投资企业享受税收优惠，填报《A107030 抵扣应纳税所得额明细表》。

1. 创业投资企业采取股权投资方式投资于未上市的中小高新技术企业 2 年以上的，可以按照其投资额的 70% 在股权持有满 2 年的当年抵扣该创业投资企业的应纳税所得额；当年不足抵扣的，可以在以后纳税年度结转抵扣。

2. 公司制创业投资企业采取股权投资方式直接投资于种子期、初创期科技型企业满 2 年的，可以按照投资额的 70% 在股权持有满 2 年的当年抵扣该公司制创业投资企业的应纳税所得额；当年不足抵扣的，可以在以后纳税年度结转抵扣。

（五）减计收入优惠

企业综合利用资源，生产国家非限制和禁止并符合国家和行业相关标准的产品取得的收入，减按 90% 计入收入总额。企业享受此项税收优惠须填报《A107010 免税、减计收入及加计扣除优惠明细表》。

（六）税额抵免优惠

企业购置并实际使用《优惠目录》规定的环境保护、节能节水、安全生产等专用设备的，该专用设备的投资额的 10% 可以从企业当年的应纳税额中抵免；当年不足抵免的，可以在以后 5 个纳税年度结转抵免。企业享受此项优惠须填报《A107050 税额抵免优惠明细表》。

课程思政

“谈谈企业所得税税收优惠”—通过话题讨论，引导学生深入理解企业所得税在农业、创新、环境保护、小微企业等方面优惠政策，鼓励学生创新创业，服务社会。

近几年研发费用加计扣除比例不断提高。2021 年 3 月 24 日国务院总理李克强主持召开国务院常务会议，部署 2021 年 1 月 1 日起提高制造业企业研发费用加计扣除比例，由 75% 提高至 100%；2022 年初，将科技型中小企业研发费用加计扣除比例提高至 100%。之后根据形势发展变化，又进一步对高新技术企业在 2022 年第四季度购置设备的支出，允许当年一次性税前全额扣除并100%加计扣除；在2022年第四季度，对现行按75%比例税前加计扣除研发费用的行业，统一提高扣除比例到100%；对企业出资科研机构等基础研究支出，允许税前全额扣除并加计扣除。税惠再加码给企业带来“真金白银”，2022年华为研发支出1 409亿元，按照加计扣除优惠，华为2022年少缴企业所得税1 409×25%=352.25（亿元）。

国家通过优化调整企业所得税制度，充分发挥税收逆周期调节作用，助企业增信心、添活力，激发了企业创新能力，助力中国制造迈向中国创造。

四、企业所得税应纳税额的计算

应纳税额 = 应纳税所得额 × 适用税率 – 减免税额 – 抵免税额

其中的减免税额和抵免税额，是指依照《企业所得税法》和国务院的税收优惠规定减征、免征和抵免的应纳税额。

（一）企业取得境外所得计税时的抵免

1. 抵免期限。

企业取得的下列所得已在境外缴纳的所得税税额，可以从其当期应纳税额中抵免，抵免限额为该项所得依我国企业所得税法计算的应纳税额；超过抵免限额的部分，可以在以后5个纳税年度内，用每年抵免限额抵免当年应抵税额后的余额进行抵补：

（1）居民企业来源于中国境外的应税所得；

（2）非居民企业在中国境内设立机构、场所，取得发生在中国境外但与该机构、场所有实际联系的应税所得。

2. 抵免方法。

企业可以选择按国（地区）别分别计算，或者不按国（地区）别汇总计算其来源于境外的应纳税所得额，并按照税法规定的税率，分别计算其可抵免境外所得税税额和抵免限额。上述方式一经选择，5年内不得改变。

【技能点4–8】城建公司2023年度境内应纳税所得额为10 000 000元，适用25%的企业所得税税率。该公司分别在A国和B国设有分支机构，在A国分支机构的应纳税所得额为1 000 000元，A国的企业所得税税率为20%；在B国分支机构的应纳税所得额为800 000元，B国的企业所得税税率为30%。请分别按照国别分别计算、不按国别汇总计算城建公司2023年应交的企业所得税。

①如果该公司选择按国别分别计算，见表4–8所示。

表 4-8　　国别分别计算分析

国别	抵免限额	境外已纳税款	处理
A 国	1 000 000 × 25%=250 000（元）	1 000 000 × 20%=200 000（元）	补税 50 000 元
B 国	800 000 × 25%=200 000（元）	800 000 × 30%=240 000（元）	结转以后 5 个纳税年度抵补 40 000 元

综上述分析，城建公司当年在我国境内应纳税额 =10 000 000 × 25%+50 000

=2 550 000（元）

②如果该公司选择不按国别汇总计算，见表 4-9 所示。

表 4-9　　国别汇总计算分析

<table>
<tr><th>国别</th><th>抵免限额</th><th>境外已纳税款</th><th>处理</th></tr>
<tr><td>A 国</td><td rowspan="2">1 800 000 × 25%=450 000（元）</td><td>1 000 000 × 20%=200 000（元）</td><td rowspan="2">补税 10 000 元</td></tr>
<tr><td>B 国</td><td>800 000 × 30%=240 000（元）</td></tr>
</table>

综上述分析，城建公司当年在我国境内应纳税额 =10 000 000 × 25%+10 000

=2 510 000（元）

（二）源泉扣缴

1. 适用情形。

（1）非居民企业在中国境内未设立机构、场所，但有来源于中国境内的所得。

（2）非居民企业在中国境内设有机构、场所，但取得的来源于中国境内的所得与该境内机构、场所没有实际联系。

2. 应纳税所得额。

（1）股息、红利等权益性投资收益和利息、租金、特许权使用费所得，以收入全额为应纳税所得额。

（2）转让财产所得，以收入全额减除财产净值后的余额为应纳税所得额。

（3）其他所得，参照前两项规定的方法计算应纳税所得额。

3. 应纳税额。

应纳税额 = 应纳税所得额 × 实际征收率（10%）

任务实践

【资料】

1. 企业概况

（1）企业名称：星城兰波旺有限责任公司

（2）企业性质：有限责任公司（增值税一般纳税人）

（3）法定代表人：常征

（4）企业地址及电话：长沙市南湖路 168 号 0731-85321778

（5）开户银行及账号：工行南湖支行 5006937475401032117

（6）社会信用代码：430105392367576272

（7）资产总额：6 300 万元

（8）从业人数：35 人

（9）企业所得税税率：25%

（10）股东信息

表 4-10

股东名称	社会信用代码	投资金额（万元）	投资比例
长江明达股份有限公司	420224036897412567	700	70%
长沙市友爱商场	437652391398745010	300	30%

2. 基本业务

星城兰波旺有限责任公司（制造类）为增值税一般纳税人，2023 年度取得销售收入 60 000 000 元，销售成本为 32 000 000 元，会计利润为 8 520 000 元，该公司在 2023 年度已预交企业所得税 1 500 000 元。2023 年，星城兰波旺有限责任公司其他部分相关涉税资料如下。

表 4-11　　利润表

编制单位：星城兰波旺有限责任公司　　2023 年　　单位：元（列至角分）

项目	序号	2023 年
一、营业收入	1	60 000 000.00
减：营业成本	2	32 000 000.00
税金及附加	3	2 100 000.00

续表

项目	序号	2023 年
销售费用	4	8 780 000.00
管理费用	5	6 200 000.00
研究费用	6	—
财务费用	7	2 400 000.00
其中：利息收入	8	—
利息支出	9	2 100 000.00
加：资产处置收益	10	—
公允价值变动收益	11	—
投资收益	12	—
其他收益	13	—
二、营业利润	14	8 520 000.00
加：营业外收入	15	—
减：营业外支出	16	—
三、利润总额	17	8 520 000.00

表 4-12　　销售费用

项目	金额	备注
工资	1 500 000.00	
福利费、工会经费、教育经费	277 500.00	
基本保险支出	525 000.00	
广告支出	2 300 000.00	
业务宣传费	700 000.00	
折旧	530 000.00	
办公费	95 000.00	
运输邮寄费	1 500 000.00	
仓储费	480 000.00	
租赁费	872 500.00	
小计	8 780 000.00	

表 4–13 管理费用

项目	金额	备注
工资	800 000.00	
福利费、工会经费、教育经费	148 000.00	
基本保险支出	280 000.00	
折旧	1 205 000.00	
水电费	370 000.00	
办公费	390 000.00	
业务招待费	300 000.00	
差旅费	450 000.00	
咨询审计费	200 000.00	
租赁费	1 227 000.00	
保险费	410 000.00	
董事会费	120 000.00	
维修费	300 000.00	
小计	6 200 000.00	

表 4–14 财务费用

项目	金额	备注
手续费	300 000.00	
利息支出	2 100 000.00	支付给与其有业务往来的客户全年借款利息 210 万元，年利率为 7%，金融机构同期同类贷款利率为 5%
小计	2 400 000.00	

2023 年，公司持有的固定资产如下，资产按企业会计准则进行核算，采用年限平均法计提折旧，净残值率为 5%。会计计提折旧与税法一致。

表 4–15

项目	原值	折旧年限	折旧	累计折旧
房屋建筑物	23 450 000.00	20	1 113 900.00	3 341 600.00
机器设备	15 000 000.00	10	1 425 000.00	4 275 000.00
电子设备	650 000.00	3	205 800.00	617 500.00
小计	39 100 000.00		2 744 700.00	8 234 100.00

表 4–16　　人工费用

项目	金额	备注
工资	4 000 000.00	
福利费	620 000.00	
拨交工会经费	80 000.00	取得工会经费专用收据
职工教育经费	150 000.00	
基本社会保险支出	740 000.00	
小计	5 590 000.00	

【任务要求】计算星城兰波旺有限责任公司 2023 年度应交企业所得税。

【分析】

（1）各项具体业务的分析（单位：元）

表 4–17

业务	扣除限额	实际发生	税法允许扣除	纳税调整
业务招待费支出	限额条件 1=300 000 × 60%=180 000 限额条件 2=60 000 000 × 5‰ =300 000 税前准予扣除 180 000	300 000	180 000	调增 120 000 元
广告费和业务宣传费支出	限额 =60 000 000 × 15%=9 000 000	3 000 000	3 000 000	无需调整
利息支出	限额 =2 100 000 ÷ 7% × 5%=1 500 000	2 100 000	1 500 000	调增 600 000 元
职工福利费支出	限额 =4 000 000 × 14%=560 000	620 000	560 000	调增 60 000 元
工会经费	限额 =4 000 000 × 2%=80 000	80 000	80 000	无需调整
职工教育经费	限额 =4 000 000 × 8%=320 000	150 000	150 000	无需调整

（2）应纳税所得额 =8 520 000（会计利润）+120 000（业务招待费调增额）+600 000（利息支出调增额）+60 000（职工福利费调增额）=9 300 000（元）

（3）2023 年度企业所得税应纳税额 9 300 000 × 25%=2 325 000（元）

（4）应补交企业所得税 =2 325 000–1 500 000=825 000（元）

任务 3　企业所得税智慧平台申报管理

知识储备

一、企业所得税征收管理

（一）纳税地点

1. 居民企业。

除另有规定外，居民企业以企业登记注册地为纳税地点；但登记注册地在境外的，以实际管理机构所在地为纳税地点。

居民企业在中国境内设立不具有法人资格的营业机构的，应当汇总计算并缴纳企业所得税。

2. 非居民企业。

非居民企业在中国境内设立机构、场所的，以机构、场所所在地为纳税地点。非居民企业在中国境内设立两个或者两个以上机构、场所的，符合国务院税务主管部门规定条件的可以选择由其主要机构、场所汇总缴纳企业所得税。

在中国境内未设立机构、场所的，或者虽设立机构、场所但取得的所得与其所设机构、场所没有实际联系的非居民企业，以扣缴义务人所在地为纳税地点。

（二）纳税期限

1. 企业所得税按纳税年度计算，纳税年度自公历 1 月 1 日起至 12 月 31 日止。

企业在一个纳税年度中间开业，或者终止经营活动，使该纳税年度的实际经营期间不足 12 个月的，应当以其实际经营期为 1 个纳税年度。企业依法清算时，以清算期间作为 1 个纳税年度。

2. 企业所得税分月或者分季度预缴，具体由税务机关核定。企业应当自月份或者季度终了之日起 15 日内，向税务机关报送预缴企业所得税纳税申报表，预缴税款。

3. 企业在年度终了之日起 5 个月内，应向税务机关报送年度企业所得税纳税申报表，并汇算清缴；企业自实际经营终了之日起 60 日内，向税务机关办理当期企业所得税汇算清缴。

（三）纳税申报

企业在纳税年度内无论盈利或者亏损，都应当依照规定期限，向税务机关报送预缴企业所得税纳税申报表、年度企业所得税纳税申报表、财务会计报告和税务机关规定应当报送的其他有关资料。

按月或按季预缴的企业所得税企业，应当自月份或者季度终了之日起 15 日内，向税务机关报送预缴企业所得税纳税申报表，预缴税款。

企业在报送企业所得税纳税申报表时，应当按照规定附送财务会计报告和其他有关资料。

企业应当在办理注销登记前，就其清算所得向税务机关申报并依法缴纳企业所得税。

企业分月或者分季预缴企业所得税时，应当按照月度或者季度的实际利润额预缴；按照月度或者季度的实际利润额预缴有困难的，可以按照上一纳税年度应纳税所得额的月度或者季度平均额预缴，或者按照经税务机关认可的其他方法预缴。预缴方法一经确定，该纳税年度内不得随意变更。

企业所得税以人民币计算。所得以人民币以外的货币计算的，应当折合成人民币计算并缴纳税款。

企业所得以人民币以外的货币计算的，预缴企业所得税时，应当按照月度或者季度最后 1 日的人民币汇率中间价，折合成人民币计算应纳税所得额。

年度终了汇算清缴时，对已经按照月度或者季度预缴税款的，不再重新折合计算，只就该纳税年度内未缴纳企业所得税的部分，按照纳税年度最后一日的人民币汇率中间价，折合成人民币计算应纳税所得额。

二、企业所得税纳税申报表

（一）编号规则

企业所得税纳税申报表实行统一编号原则，表单编号由字母和数字共同组成，共 7 位。其中，首位为字母，后 6 位为数字。

第 1 位为字母，表示申报表类型，其中，A 代表查账征收方式；B 代表核定征收方式。

第 2 位为数字，表示一级表。其中 0 代表基础信息表，1 代表年度纳税申报表，2 代表季度纳税申报表。

第 3、4 位为数字，表示二级表，按照 01，02，03，……的顺序排列。

第 5、6、7 位为数字，表示三级表，按照 010，011，012，……的顺序排列。

（二）年度纳税申报表

1. 申报表架构。

（1）从填报内容看，全套申报表由反映纳税人整体情况（2 张）以及反映会计核算（6 张）、纳税调整（13 张）、弥补亏损（1 张）、税收优惠（9 张）、境外税收（4 张）、汇总纳税（2 张）等明细情况的“1+6”表单体系组成。

（2）从表单结构看，全套申报表分为基础信息表（1 张）、主表（1 张）、一级明细表（6 张）、二级明细表（25 张）和三级明细表（4 张），表单数据逐级汇总，环环相扣。

（3）从使用频率看，绝大部分纳税人实际填报表单的数量在 8 张 ~10 张左右。企业基础信息表、中华人民共和国企业所得税年度纳税申报表（A 类）、一般企业收入明细表、一般企业成本支出明细表、期间费用明细表、纳税调整项目明细表、职工薪酬支出及纳税调整明细表、减免所得税优惠明细表等为常用表单。除此之外，纳税人应当根据行业类型、业务发生情况正确选择适合本企业的表单。具体情况见图 4-1 及表单目录。

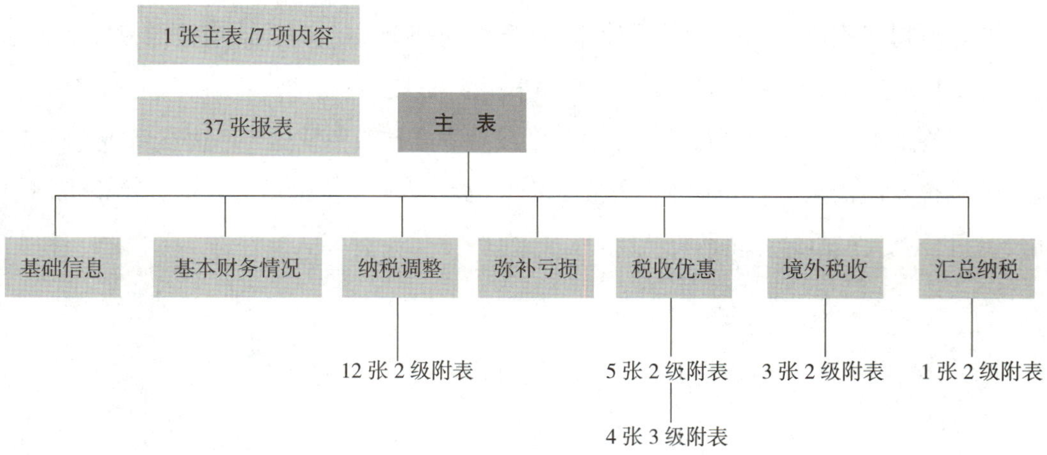

图 4-1 申报表架构图

2. 表单目录。

（1）综合性、整体性表单，见表 4–18。

表 4–18

表单编号	表单名称
A000000	企业所得税年度纳税申报基础信息表
A100000	中华人民共和国企业所得税年度纳税申报表（A 类）

（2）基本财务表单，见表 4–19。

表 4–19

表单编号	表单名称
A101010	一般企业收入明细表
A101020	金融企业收入明细表
A102010	一般企业成本支出明细表
A102020	金融企业支出明细表
A103000	事业单位、民间非营利组织收入、支出明细表
A104000	期间费用明细表

（3）纳税调整情况表单，见表 4–20。

表 4–20

表单编号	表单名称
A105000	纳税调整项目明细表
A105010	视同销售和房地产开发企业特定业务纳税调整明细表
A105020	未按权责发生制确认收入纳税调整明细表
A105030	投资收益纳税调整明细表
A105040	专项用途财政性资金纳税调整明细表
A105050	职工薪酬支出及纳税调整明细表
A105060	广告费和业务宣传费等跨年度纳税调整明细表
A105070	捐赠支出及纳税调整明细表
A105080	资产折旧、摊销及纳税调整明细表
A105090	资产损失税前扣除及纳税调整明细表
A105100	企业重组及递延纳税事项纳税调整明细表
A105110	政策性搬迁纳税调整明细表
A105120	特殊行业准备金及纳税调整明细表

（4）弥补亏损情况表单，见表 4–21。

表 4–21

表单编号	表单名称
A106000	企业所得税弥补亏损明细表

（5）税收优惠情况表单，见表 4–22。

表 4–22

表单编号	表单名称
A107010	免税、减计收入及加计扣除优惠明细表
A107011	符合条件的居民企业之间的股息、红利等权益性投资收益优惠明细表
A107012	研发费用加计扣除优惠明细表
A107020	所得减免优惠明细表
A107030	抵扣应纳税所得额明细表
A107040	减免所得税优惠明细表
A107041	高新技术企业优惠情况及明细表
A107042	软件、集成电路企业优惠情况及明细表
A107050	税额抵免优惠明细表

（6）境外税收情况表单，见表 4–23。

表 4–23

表单编号	表单名称
A108000	境外所得税收抵免明细表
A108010	境外所得纳税调整后所得明细表
A108020	境外分支机构弥补亏损明细表
A108030	跨年度结转抵免境外所得税明细表

（7）汇总纳税情况表单，见表 4–24。

表 4–24

表单编号	表单名称
A109000	跨地区经营汇总纳税企业年度分摊企业所得税明细表
A109010	企业所得税汇总纳税分支机构所得税分配表

备注：申报表的封面和企业所得税年度纳税申报表填报表单不属于申报表的正式表单，属于辅助性表单。因此，未对其进行编号。

基于稳定性和可拓展性考虑，纳税申报表采取多层级的表单汇总方式，原则上仅需填报最下一级表单，上一级表单即可实现自动汇总。申报表在设计时覆盖企业所得税管理各类事项。纳税人无需填报全部 37 张表单，仅当发生相关业务时，才须填报对应表单。

3. 必须报送的申报表。

（1）实行查账征收的纳税人，年度企业所得税汇算清缴必须报送的申报表有两张：企业基础信息表（A000000）和 A100000 中华人民共和国企业所得税年度纳税申报表（A 类）；

（2）凡具有高新技术企业资格的纳税人，即使在亏损年度不享受税收优惠，也必须填报高新技术企业优惠情况及明细表（A107041）。

（三）季度预缴申报表

按月或按季预缴的企业所得税企业，应当自月份或者季度终了之日起 15 日内，向税务机关报送 A2000000 月（季）度预缴纳税申报表。

三、企业所得税智慧平台纳税申报

纳税人需要按我国《税收征收管理暂行条例》的规定，及时对企业所得税进行纳税申报，具体在国家税务总局电子税务平台的申报操作流程如下所述。

（一）季度预缴企业所得税申报

1. 登录国家税务总局湖南省电子税务局平台，选择【我要办税】，如图 4–2 所示。

图 4-2 国家税务总局湖南省电子税务局首页

2. 登录后，进入【居民企业所得税申报】模块，点击操作列的【填写】，进入报表填写界面，如图 4-3 所示。

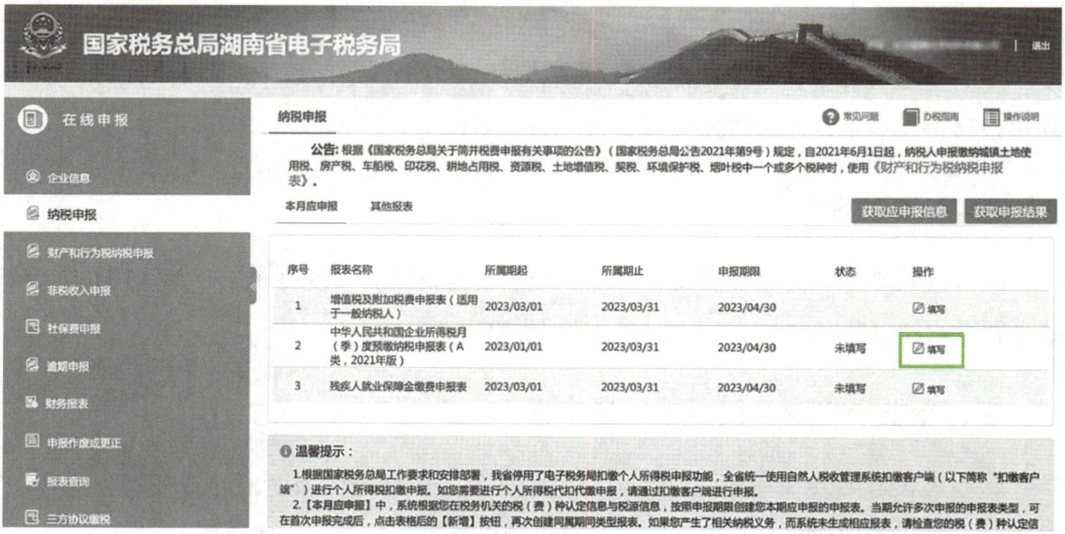

图 4-3 “预缴纳税申报”窗口

3. 先填写“从业人数”“资产总额”等基本信息，再根据实际情况填写“营业收入”“营业成本”等，系统会自动计算出预缴税款，确认无误后，点击【校验并保存】、【确认】，如图 4-4 所示。

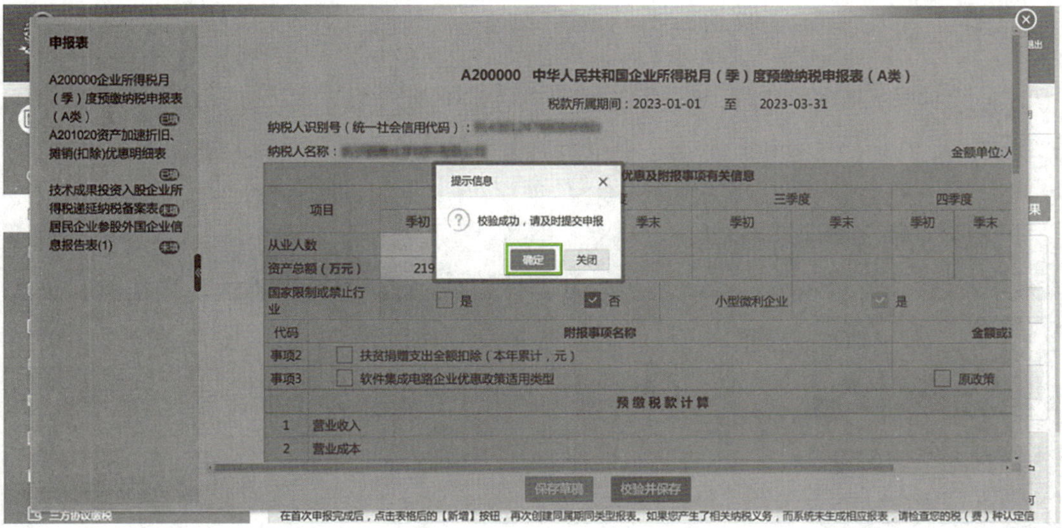

图 4-4　企业所得税纳税申报表

4. 返回主界面后，一定要点击【申报】，待状态更新为“申报成功”时，才完成申报流程，如图 4-5 所示。

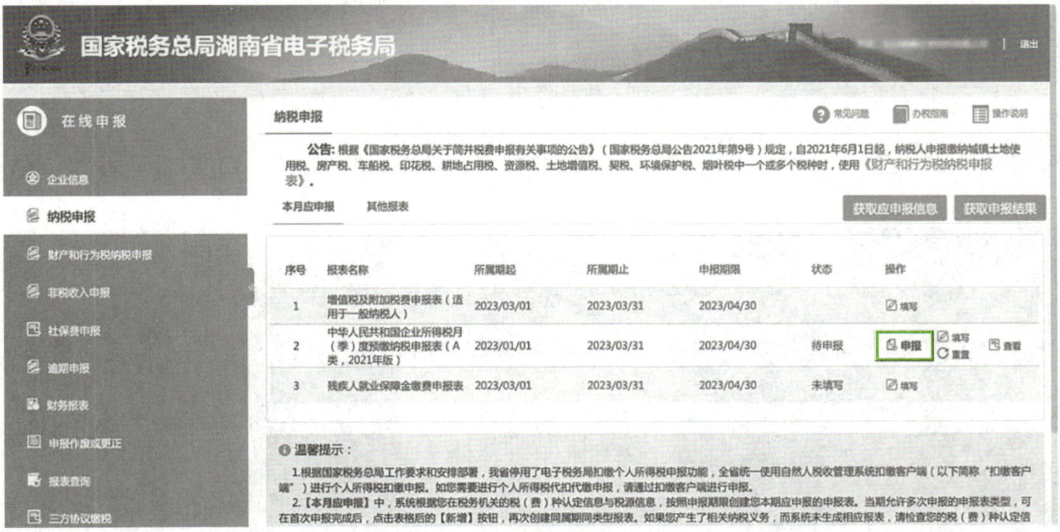

图 4-5　“企业所得税确认”窗口

5. 申报完成后，单击【三方协议缴纳】，弹出“是否需要缴款”，单击【确定】进入企业所得税缴纳环节，单击【下一步】，确认缴费，缴款成功。

（二）年度汇算清缴企业所得税申报

1. 登录电子税务局后，通过【汇算清缴（企业所得税年报）】，点击左侧导航栏的【纳税申报】，按照【基础信息】、【填报表单】、【填写】的顺序填报，如图 4–6 所示。

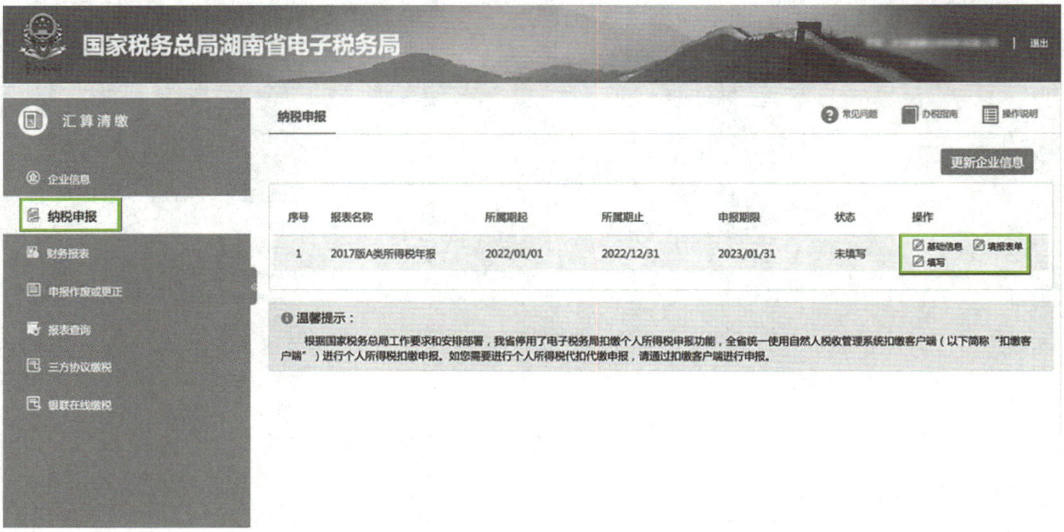

图 4–6 “年度汇算清缴纳税申报”窗口

2. 点击【基础信息】进入基础信息采集界面，按企业要求如实填写相关信息后【保存】，如图 4–7 所示。

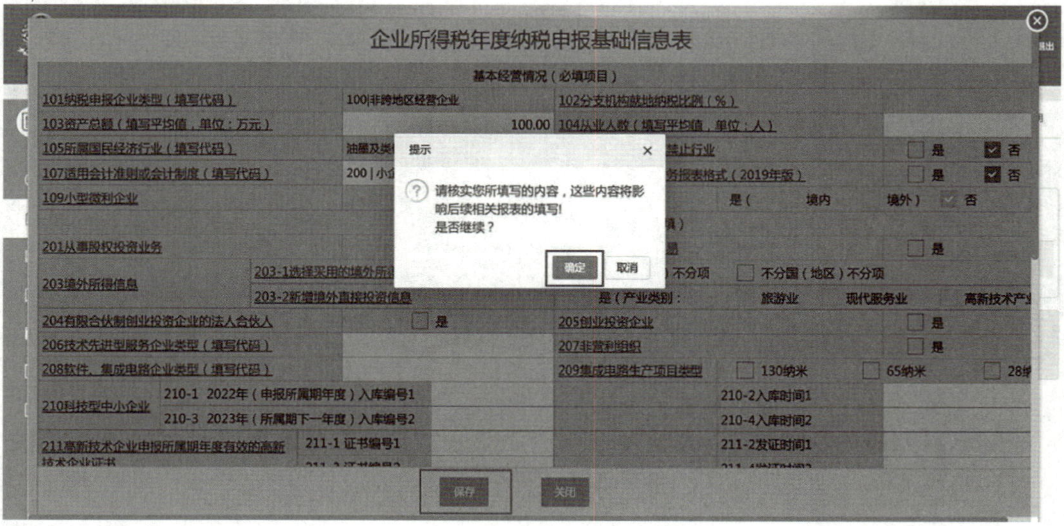

图 4–7 “基础信息填报”窗口

3. 点击【填报表单】进入表单选择界面，黄色为必填表，其他表根据实际情况自行选择，如图 4–8 所示。

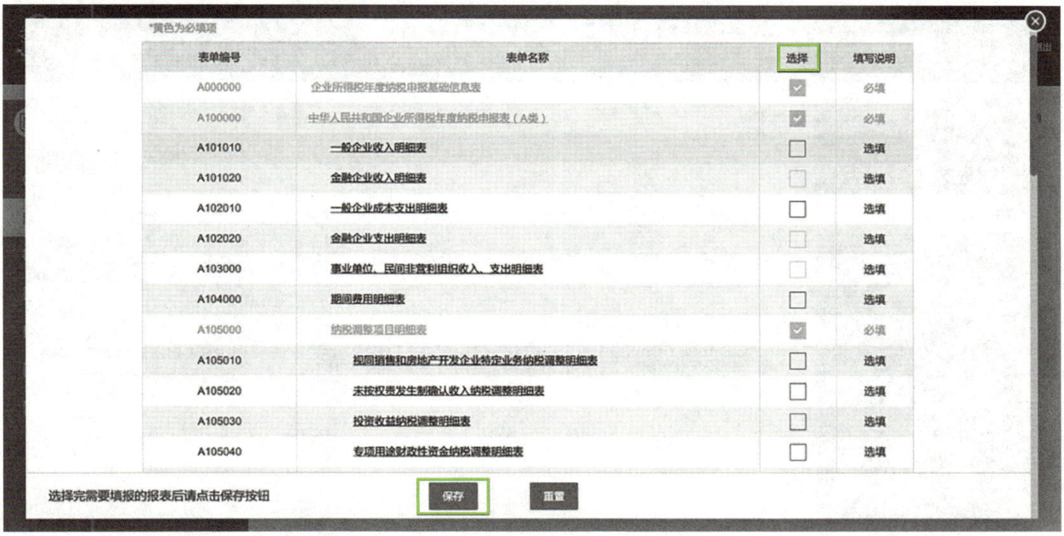

图 4–8　“填报表单选择”窗口

4. 基础信息和表单选择保存后，点击【填写】，进入申报表填写界面，在申报表填写完毕后，点击【校验并保存】，如图 4–9 所示。

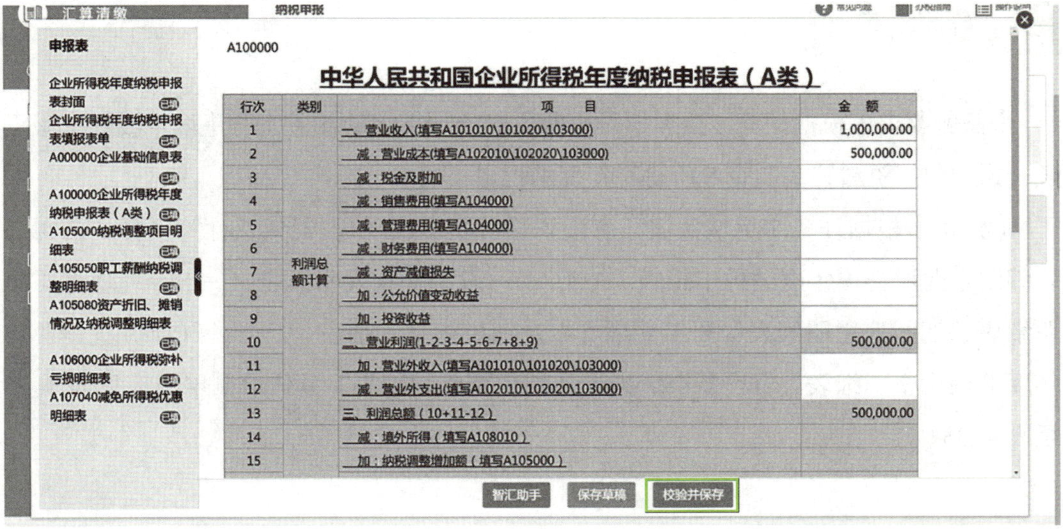

图 4–9　“纳税申报表填写”窗口

5. 在申报前，可以点击【风险扫描】，根据风险提示信息，自愿进行修改；确认申报数据无误后，点击【申报】，如图 4–10 所示，完成年度企业所得税的申报。

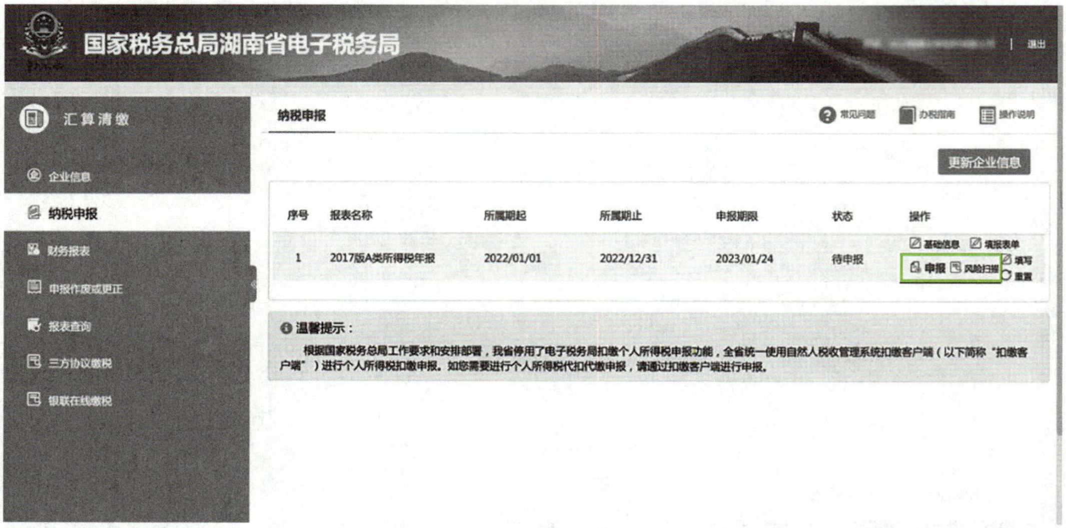

图 4–10 "企业所得税申报确认"窗口

6. 申报完成后，单击【三方协议缴纳】，弹出"是否需要缴款"，单击【确定】进入企业所得税缴纳环节，单击【下一步】，确认缴费，缴款成功。

任务实践

【任务要求】根据任务 2 企业所得税费税额的计算中的任务实践星城兰波旺有限责任公司的数据资料，编制企业所得税年度纳税申报表。

【分析】根据任务 2 星城兰波旺有限责任公司 2023 年度资料及计算税额，公司需要编制企业所得税年度纳税申报表（A 类）、一般企业收入明细表、一般企业成本支出明细表、期间费用明细表、职工薪酬支出及纳税调整明细表、广告费和业务宣传费跨年度纳税调整明细表、资产折旧、摊销及纳税调整明细表。具体填制申报表见表 4–25 至表 4–35。

表 4–25　　中华人民共和国企业所得税年度纳税申报表

税款所属期间：2023 年 1 月 1 日 至 2023 年 12 月 31 日

纳税人统一社会信用代码（纳税人识别号）：430105392367576272

纳税人名称：星城兰波旺有限责任公司

金额单位：人民币元（列至角分）2 325 000.00

谨声明：此纳税申报表是根据《中华人民共和国企业所得税法》《中华人民共和国企业所得税法实施条例》以及有关税收政策和国家统一会计制度的规定填报的，是真实的、可靠的、完整的。

法定代表人（签章）：常征　　　　2024 年 4 月 8 日

纳税人公章： 会计主管： 填表日期：2024 年 4 月 8 日	代理申报中介机构公章： 经办人： 经办人执业证件号码： 代理申报日期：　年　月　日	主管税务机关受理专用章： 受理人： 受理日期：　年　月　日

国家税务总局监制

表 4-26　企业所得税年度纳税申报表填报表单

表单编号	表单名称	选择填报情况	
		填 报	不填报
A000000	企业基础信息表	√	×
A100000	中华人民共和国企业所得税年度纳税申报表（A 类）	√	×
A101010	一般企业收入明细表	☑	□
A101020	金融企业收入明细表	□	□
A102010	一般企业成本支出明细表	☑	□
A102020	金融企业支出明细表	□	□
A103000	事业单位、民间非营利组织收入、支出明细表	□	□
A104000	期间费用明细表	☑	□
A105000	纳税调整项目明细表	☑	□
A105010	视同销售和房地产开发企业特定业务纳税调整明细表	□	□
A105020	未按权责发生制确认收入纳税调整明细表	□	□
A105030	投资收益纳税调整明细表	□	□
A105040	专项用途财政性资金纳税调整明细表	□	□
A105050	职工薪酬支出及纳税调整明细表	☑	□
A105060	广告费和业务宣传费跨年度纳税调整明细表	☑	□
A105070	捐赠支出及纳税调整明细表	□	□
A105080	资产折旧、摊销及纳税调整明细表	☑	□
A105090	资产损失税前扣除及纳税调整明细表	□	□
A105100	企业重组及递延纳税事项纳税调整明细表	□	□
A105110	政策性搬迁纳税调整明细表	□	□
A105120	特殊行业准备金及纳税调整明细表	□	□
A106000	企业所得税弥补亏损明细表	□	□
A107010	免税、减计收入及加计扣除优惠明细表	□	□
A107011	符合条件的居民企业之间的股息、红利等权益性投资收益优惠明细表	□	□
A107012	研发费用加计扣除优惠明细表	□	□
A107020	所得减免优惠明细表	□	□
A107030	抵扣应纳税所得额明细表	□	□
A107040	减免所得税优惠明细表	□	□
A107041	高新技术企业优惠情况及明细表	□	□
A107042	软件、集成电路企业优惠情况及明细表	□	□
A107050	税额抵免优惠明细表	□	□
A108000	境外所得税收抵免明细表	□	□
A108010	境外所得纳税调整后所得明细表	□	□
A108020	境外分支机构弥补亏损明细表	□	□
A108030	跨年度结转抵免境外所得税明细表	□	□
A109000	跨地区经营汇总纳税企业年度分摊企业所得税明细表	□	□
A109010	企业所得税汇总纳税分支机构所得税分配表	□	□

说明：企业应当根据实际情况选择需要填报的表单。

表 4-27　　A000000　企业所得税年度纳税申报基础信息表

基本经营情况（必填项目）			
101 纳税申报企业类型（填写代码）	100	102 分支机构就地纳税比例（%）	
103 资产总额（填写平均值，单位：万元）	6 300	104 从业人数（填写平均值，单位：人）	35
105 所属国民经济行业（填写代码）		106 从事国家限制或禁止行业	□是 ☑否
107 适用会计准则或会计制度（填写代码）	110	108 采用一般企业财务报表格式（2019 年版）	☑是 □否
109 小型微利企业	□是 ☑否	110 上市公司	是（□境内□境外）☑否
有关涉税事项情况（存在或者发生下列事项时必填）			
201 从事股权投资业务	□是	202 存在境外关联交易	□是
203 境外所得信息：203-1 选择采用的境外所得抵免方式		□分国（地区）不分项 □不分国（地区）不分项	
203 境外所得信息：203-2 海南自由贸易港新增境外直接投资信息		□是（产业类别：□旅游业□现代服务业□高新技术产业）	
204 有限合伙制创业投资企业的法人合伙人	□是	205 创业投资企业	□是
206 技术先进型服务企业类型（填写代码）		207 非营利组织	□是
208 软件、集成电路企业类型（填写代码）		209 集成电路生产项目类型	□ 130 纳米 □ 65 纳米 □ 28 纳米
210 科技型中小企业：210-1 年（申报所属期年度）入库编号 1		210-2 入库时间 1	
210 科技型中小企业：210-3__ 年（所属期下一年度）入库编号 2		210-4 入库时间 2	
211 高新技术企业申报所属期年度有效的高新技术企业证书：211-1 证书编号 1		211-2 发证时间 1	
211 高新技术企业申报所属期年度有效的高新技术企业证书：211-3 证书编号 2		211-4 发证时间 2	
212 重组事项税务处理方式	□一般性□特殊性	213 重组交易类型（填写代码）	
214 重组当事方类型（填写代码）		215 政策性搬迁开始时间	年　月
216 发生政策性搬迁且停止生产经营无所得年度	□是	217 政策性搬迁损失分期扣除年度	□是
218 发生非货币性资产对外投资递延纳税事项	□是	219 非货币性资产对外投资转让所得递延纳税年度	□是

续表

有关涉税事项情况（存在或者发生下列事项时必填）					
220 发生技术成果投资入股递延纳税事项		□是	221 技术成果投资入股递延纳税年度		□是
222 发生资产（股权）划转特殊性税务处理事项		□是	223 债务重组所得递延纳税年度		□是
主要股东及分红情况（必填项目）					
股东名称	证件种类	证件号码	投资比例（%）	当年（决议日）分配的股息、红利等权益性投资收益金额	国籍（注册地址）
长江明达股份有限公司	营业执照	420224036897412567	70%		湖南省长沙市
长沙市友爱商场	营业执照	437652391398745010	30%		湖南省长沙市
其余股东合计	—	—			—

注：

（1）本表 101 纳税申报企业类型现在只需填写跨地区经营企业类型代码即可。

（2）如果在 101 纳税申报企业众勾选了分支机构，就必须填写 102 分支机构就地纳税比例。

（3）103 资产总额和 104 从业人数都需进行填写。

纳税人填报资产总额的全年季度平均值，单位为万元，保留小数点后 2 位。具体计算公式如下：季度平均值 =（季初值 + 季末值）÷2；全年季度平均值 = 全年各季度平均值之和 ÷4；请注意此填报的单位为“万元”，如果填写错误，将直接影响小型微利企业优惠政策的享受。

（4）105 所属国民经济行业（填写代码）

电子税务局系统直接从纳税人税务登记信息中的行业信息获取信息，并进行自动填报，如果系统带出的行业与企业实际经营行业不符，请先进行变更税务登记，调整行业信息。

（5）106 从事国家限制或禁止行业

此项目的填写与税收优惠直接关联，如果纳税人属于限制或禁止类行业，则不能享受企业所得税优惠，具体是否属于限制或禁止行业请参考《产业结构调整指导目录》中的限制和禁止目录内容。

（6）107 适用会计准则或会计制度填写代码的形式。

（7）108 采用一般企业财务报表格式默认勾选是或否，如果纳税人 2019 年度已经使用以上财务报表格式，且该项选择“是”，则纳税人在填写 A100000《中华人民共和国企业所得税年度纳税申报表（A 类）时，第 10 行“营业利润”将不执行该行的计算规则，由纳税人自行计算并填写“营业利润”。

（8）109 小型微利企业

小型微利企业如果正确填写了资产总额、行业、从事国家限制或禁止行业、应纳税所得额信息后，系统将自动判断纳税人是否属于小型微利企业。

表 4-28　　　A100000　中华人民共和国企业所得税年度纳税申报表（A 类）

行次	类别	项目	金额
1	利润总额计算	一、营业收入（填写 A101010\101020\103000）	60 000 000.00
2		减：营业成本（填写 A102010\102020\103000）	32 000 000.00
3		减：税金及附加	2 100 000.00
4		减：销售费用（填写 A104000）	8 780 000.00
5		减：管理费用（填写 A104000）	6 200 000.00
6		减：财务费用（填写 A104000）	2 400 000.00
7		减：资产减值损失	
8		加：公允价值变动收益	
9		加：投资收益	
10		二、营业利润（1-2-3-4-5-6-7+8+9）	8 520 000.00
11		加：营业外收入（填写 A101010\101020\103000）	
12		减：营业外支出（填写 A102010\102020\103000）	
13		三、利润总额（10+11-12）	8 520 000.00
14	应纳税所得额计算	减：境外所得（填写 A108010）	
15		加：纳税调整增加额（填写 A105000）	780 000.00
16		减：纳税调整减少额（填写 A105000）	
17		减：免税、减计收入及加计扣除（填写 A107010）	
18		加：境外应税所得抵减境内亏损（填写 A108000）	
19		四、纳税调整后所得（13-14+15-16-17+18）	9 300 000.00
20		减：所得减免（填写 A107020）	
21		减：弥补以前年度亏损（填写 A106000）	
22		减：抵扣应纳税所得额（填写 A107030）	
23		五、应纳税所得额（19-20-21-22）	
24	应纳税额计算	税率（25%）	25%
25		六、应纳所得税额（23 × 24）	2 325 000.00
26		减：减免所得税额（填写 A107040）	
27		减：抵免所得税额（填写 A107050）	
28		七、应纳税额（25-26-27）	2 325 000.00
29		加：境外所得应纳所得税额（填写 A108000）	
30		减：境外所得抵免所得税额（填写 A108000）	

续表

行次	类别	项目	金额
31	应纳税额计算	八、实际应纳所得税额（28+29–30）	2 325 000.00
32		减：本年累计实际已缴纳的所得税额	1 500 000.00
33		九、本年应补（退）所得税额（31–32）	825 000.00
34		其中：总机构分摊本年应补（退）所得税额（填写 A109000）	
35		财政集中分配本年应补（退）所得税额（填写 A109000）	
36		总机构主体生产经营部门分摊本年应补（退）所得税额（填写 A109000）	

注：本表必填，为企业所得税年度纳税申报表的主表。

在企业会计利润总额的基础上，加减纳税调整等金额后计算出“纳税调整后所得”。该表包括利润总额计算、应纳税所得额计算、应纳税额计算三个部分。“利润总额计算”中的项目，按照国家统一会计制度规定计算填报。“应纳税所得额计算”和“应纳税额计算”中的项目，除根据主表逻辑关系计算以外，通过附表相应栏次填报。

第 1–13 行参照国家统一会计制度规定填写。本部分未设“研发费用”“其他收益”“资产处置收益”等项目，对于已执行《财政部关于修订印发 2018 年度一般企业财务报表格式的通知》（财会〔2018〕15 号）的纳税人，在《利润表》中归集的“研发费用”通过《期间费用明细表》（A104000）第 19 行“十九、研究费用”的管理费用相应列次填报；在《利润表》中归集的“其他收益”“资产处置收益”“信用减值损失”“净敞口套期收益”项目则无需填报，同时第 10 行“二、营业利润”不执行“第 10 行 = 第 1–2–3–4–5–6–7+8+9 行”的表内关系，按照《利润表》“营业利润”项目直接填报。

表 4–29　　A101010　一般企业收入明细表

行次	项目	金额
1	一、营业收入（2+9）	60 000 000.00
2	（一）主营业务收入（3+5+6+7+8）	60 000 000.00
3	1. 销售商品收入	60 000 000.00
4	其中：非货币性资产交换收入	
5	2. 提供劳务收入	
6	3. 建造合同收入	
7	4. 让渡资产使用权收入	
8	5. 其他	
9	（二）其他业务收入（10+12+13+14+15）	
10	1. 销售材料收入	
11	其中：非货币性资产交换收入	
12	2. 出租固定资产收入	
13	3. 出租无形资产收入	
14	4. 出租包装物和商品收入	
15	5. 其他	

续表

行次	项目	金额
16	二、营业外收入（17+18+19+20+21+22+23+24+25+26）	
17	（一）非流动资产处置利得	
18	（二）非货币性资产交换利得	
19	（三）债务重组利得	
20	（四）政府补助利得	
21	（五）盘盈利得	
22	（六）捐赠利得	
23	（七）罚没利得	
24	（八）确实无法偿付的应付款项	
25	（九）汇兑收益	
26	（十）其他	

注：本表适用于除金融企业、事业单位和民间非营利组织外的纳税人填报，反映一般企业按照国家统一会计制度规定取得收入情况。

表 4–30　　A102010　一般企业成本支出明细表

行次	项目	金额
1	一、营业成本（2+9）	32 000 000.00
2	（一）主营业务成本（3+5+6+7+8）	32 000 000.00
3	1. 销售商品成本	32 000 000.00
4	其中：非货币性资产交换成本	
5	2. 提供劳务成本	
6	3. 建造合同成本	
7	4. 让渡资产使用权成本	
8	5. 其他	
9	（二）其他业务成本（10+12+13+14+15）	
10	1. 销售材料成本	
11	其中：非货币性资产交换成本	
12	2. 出租固定资产成本	
13	3. 出租无形资产成本	
14	4. 包装物出租成本	
15	5. 其他	
16	二、营业外支出（17+18+19+20+21+22+23+24+25+26）	
17	（一）非流动资产处置损失	
18	（二）非货币性资产交换损失	

续表

行次	项目	金额
19	（三）债务重组损失	
20	（四）非常损失	
21	（五）捐赠支出	
22	（六）赞助支出	
23	（七）罚没支出	
24	（八）坏账损失	
25	（九）无法收回的债券股权投资损失	
26	（十）其他	

注：本表适用于除金融企业、事业单位和民间非营利组织外的纳税人填报，反映一般企业按照国家统一会计制度规定发生成本支出情况。

表 4-31　　A104000　期间费用明细表

行次	项目	销售费用	其中：境外支付	管理费用	其中：境外支付	财务费用	其中：境外支付
		1	2	3	4	5	6
1	一、职工薪酬	2 302 500.00	*	1 228 000.00	*	*	*
2	二、劳务费					*	*
3	三、咨询顾问费			200 000.00		*	*
4	四、业务招待费		*	300 000.00	*	*	*
5	五、广告费和业务宣传费	3 000 000.00	*		*	*	*
6	六、佣金和手续费					300 000.00	
7	七、资产折旧摊销费	530 000.00	*	1 205 000.00	*	*	*
8	八、财产损耗、盘亏及毁损损失		*		*	*	*
9	九、办公费	95 000.00	*	390 000.00	*	*	*
10	十、董事会费		*	120 000.00	*	*	*
11	十一、租赁费	872 500.00		1 227 000.00		*	*
12	十二、诉讼费		*		*	*	*
13	十三、差旅费		*	450 000.00	*	*	*
14	十四、保险费		*	410 000.00	*	*	*
15	十五、运输、仓储费	1 980 000.00				*	*
16	十六、修理费			300 000.00		*	*
17	十七、包装费		*		*	*	*
18	十八、技术转让费					*	*
19	十九、研究费用					*	*
20	二十、各项税费		*		*	*	*

续表

行次	项目	销售费用	其中：境外支付	管理费用	其中：境外支付	财务费用	其中：境外支付
		1	2	3	4	5	6
21	二十一、利息收支	*	*	*	*	2 100 000.00	
22	二十二、汇兑差额	*	*	*	*		
23	二十三、现金折扣	*	*	*	*		*
24	二十四、党组织工作经费	*	*		*	*	*
25	二十五、其他			370 000.00			
26	合计（1+2+3+…25）	8 780 000.00		6 200 000.00		2 400 000.00	

表 4–32　　A105000　纳税调整项目明细表

行次	项目	账载金额	税收金额	调增金额	调减金额
		1	2	3	4
1	一、收入类调整项目（2+3+…8+10+11）	*	*		
2	（一）视同销售收入（填写 A105010）	*			*
3	（二）未按权责发生制原则确认的收入（填写 A105020）				
4	（三）投资收益（填写 A105030）				
5	（四）按权益法核算长期股权投资对初始投资成本调整确认收益	*	*	*	
6	（五）交易性金融资产初始投资调整	*	*		*
7	（六）公允价值变动净损益		*		
8	（七）不征税收入	*	*		
9	其中：专项用途财政性资金（填写 A105040）	*	*		
10	（八）销售折扣、折让和退回				
11	（九）其他				
12	二、扣除类调整项目（13+14+…24+26+27+28+29+30）	*	*	780 000.00	
13	（一）视同销售成本（填写 A105010）	*		*	
14	（二）职工薪酬（填写 A105050）	5 590 000.00	5 530 000.00	60 000.00	
15	（三）业务招待费支出	300 000.00	180 000.00	120 000.00	*
16	（四）广告费和业务宣传费支出（填写 A105060）	*	*		
17	（五）捐赠支出（填写 A105070）				
18	（六）利息支出	2 100 000.00	1 500 000.00	600 000.00	
19	（七）罚金、罚款和被没收财物的损失		*		*
20	（八）税收滞纳金、加收利息		*		*
21	（九）赞助支出		*		*
22	（十）与未实现融资收益相关在当期确认的财务费用				

续表

行次	项目	账载金额	税收金额	调增金额	调减金额
		1	2	3	4
23	（十一）佣金和手续费支出（保险企业填写 A105060）				
24	（十二）不征税收入用于支出所形成的费用	*	*		*
25	其中：专项用途财政性资金用于支出所形成的费用（填写 A105040）	*	*		*
26	（十三）跨期扣除项目				
27	（十四）与取得收入无关的支出		*		*
28	（十五）境外所得分摊的共同支出	*	*		*
29	（十六）党组织工作经费				
30	（十七）其他				
31	三、资产类调整项目（32+33+34+35）	*	*		
32	（一）资产折旧、摊销（填写 A105080）	2 744 700.00	2 744 700.00		
33	（二）资产减值准备金		*		
34	（三）资产损失（填写 A105090）				
35	（四）其他				
36	四、特殊事项调整项目（37+38+…+43）	*	*		
37	（一）企业重组及递延纳税事项（填写 A105100）				
38	（二）政策性搬迁（填写 A105110）	*	*		
39	（三）特殊行业准备金（填写 A105120）				
40	（四）房地产开发企业特定业务计算的纳税调整额(填写 A105010)	*			
41	（五）合伙企业法人合伙人应分得的应纳税所得额				
42	（六）发行永续债利息支出				
43	（七）其他	*	*		
44	五、特别纳税调整应税所得	*	*		
45	六、其他	*	*		
46	合计（1+12+31+36+44+45）	*	*	780 000.00	

注：本表反映纳税人财务、会计处理办法（以下简称“会计处理”）与税收法律、行政法规的规定（以下简称“税收规定”）不一致，需要进行纳税调整的项目和金额情况。其调增金额、调减金额，转入主表的 15、16 行进行应纳税所得额的计算。

本表梳理税会差异，覆盖全面、重点突出，列举“收入类调整项目”“扣除类调整项目”“资产类调整项目”“特殊事项调整项目”“特别纳税调整应税所得”“其他”六类 37 小类调整事项，汇总计算出纳税“调增金额”和“调减金额”的合计金额。

数据栏分别设置“账载金额”“税收金额”“调增金额”“调减金额”四个栏次。“账载金额”是指纳税人按照国家统一会计制度规定核算的项目金额。“税收金额”是指纳税人按照税收规定计算的项目金额。

对需填报下级明细表的纳税调整项目，其“账载金额”“税收金额”“调增金额”“调减金额”根据相应附表进行计算填报。

表 4-33　　A105050　职工薪酬支出及纳税调整明细表

行次	项目	账载金额	实际发生额	税收规定扣除率	以前年度累计结转扣除额	税收金额	纳税调整金额	累计结转以后年度扣除额
		1	2	3	4	5	6（1-5）	7（1+4-5）
1	一、工资薪金支出	4 000 000.00	4 000 000.00	*	*	4 000 000.00		*
2	其中：股权激励			*	*			*
3	二、职工福利费支出	620 000.00	620 000.00	14%	*	560 000.00	60 000.00	*
4	三、职工教育经费支出	150 000.00	150 000.00	*		150 000.00		
5	其中：按税收规定比例扣除的职工教育经费	150 000.00	150 000.00	8%		150 000.00		
6	按税收规定全额扣除的职工培训费用				*			*
7	四、工会经费支出	80 000.00	80 000.00	2%	*	80 000.00		*
8	五、各类基本社会保障性缴款	740 000.00	740 000.00	*	*	740 000.00		*
9	六、住房公积金			*	*			*
10	七、补充养老保险				*			*
11	八、补充医疗保险				*			*
12	九、其他			*	*			*
13	合计（1+3+4+7+8+9+10+11+12）	5 590 000.00	5 590 000.00	*		5 530 000.00	60 000.00	

注：第 1 列“账载金额”填报纳税人会计核算计入成本费用的金额，第 5 列“税收金额”填报按照税法规定允许税前扣除的金额；第 13 行第 1、5 列金额转入 A105000《纳税调整项目明细表》第 14 行第 1、2 列，第 6 列，若≥ 0，填入表 A105000 第 14 行第 3 列，若 <0，将其绝对值填入表 A105000 第 14 行第 4 列。

表 4-34　　A105060　广告费和业务宣传费等跨年度纳税调整明细表

行次	项目	广告费和业务宣传费	保险企业手续费及佣金支出
		1	2
1	一、本年支出	3 000 000.00	
2	减：不允许扣除的支出		
3	二、本年符合条件的支出（1–2）	3 000 000.00	
4	三、本年计算扣除限额的基数	60 000 000.00	
5	乘：税收规定扣除率	15%	
6	四、本企业计算的扣除限额（4×5）	9 000 000.00	
7	五、本年结转以后年度扣除额 （3＞6，本行 =3–6；3≤6，本行 =0）	0	
8	加：以前年度累计结转扣除额		
9	减：本年扣除的以前年度结转额 ［3＞6，本行 =0；3≤6，本行 =8 与（6–3）孰小值］		
10	六、按照分摊协议归集至其他关联方的金额（10≤3 与 6 孰小值）		*
11	按照分摊协议从其他关联方归集至本企业的金额		*
12	七、本年支出纳税调整金额 （3＞6，本行 =2+3–6+10–11；3≤6，本行 =2+10–11–9）	0	
13	八、累计结转以后年度扣除额（7+8–9）	0	

注：

（1）第 4 行“三、本年计算扣除限额的基数”：填报按照税收规定计算扣除限额的基数。“广告费和业务宣传费”列次填写计算扣除限额的当年销售（营业）收入。“保险企业手续费及佣金支出”列次填报当年保险企业全部保费收入扣除退保金等后余额。

（2）第 7 行“五、本年结转以后年度扣除额”：若第 3 行＞第 6 行，填报第 3–6 行的余额；若第 3 行≤第 6 行，填报 0。

（3）第 8 行“加：以前年度累计结转扣除额”：填报以前年度允许税前扣除但超过扣除限额未扣除、结转扣除的支出金额。

（4）第 9 行“减：本年扣除的以前年度结转额”：若第 3 行＞第 6 行，填 0；若第 3 行≤第 6 行，填报第 6–3 行与第 8 行的孰小值。

（5）若第 12 行≥0，将第 12 行金额填入 A105000《纳税调整项目明细表》第 16 行第 3 列；若第 12 行 <0，将第 12 行的绝对值填入表 A105000 第 16 行第 3 列。

表 4-35 A105080 资产折旧、摊销及纳税调整明细表

行次	项目		账载金额			税收金额					纳税调整金额
			资产原值	本年折旧、摊销额	累计折旧、摊销额	资产计税基础	税收折旧、摊销额	享受加速折旧政策的资产按税收一般规定计算的折旧、摊销额	加速折旧、摊销统计额	累计折旧、摊销额	
			1	2	3	4	5	6	7（5-6）	8	9（2-5）
1	一、固定资产（2+3+4+5+6+7）		39 100 000.00	2 744 700.00	8 234 100.00	39 100 000.00	2 744 700.00			8 234 100.00	0
2	所有固定资产	（一）房屋、建筑物	23 450 000.00	1 113 900.00	3 341 600.00	23 450 000.00	1 113 900.00	*	*	3 341 600.00	
3		（二）飞机、火车、轮船、机器、机械和其他生产设备	15 000 000.00	1 425 000.00	4 275 000.00	15 000 000.00	1 425 000.00	*	*	4 275 000.00	
4		（三）与生产经营活动有关的器具、工具、家具等						*	*		
5		（四）飞机、火车、轮船以外的运输工具						*	*		
6		（五）电子设备	650 000.00	205 800.00	617 500.00	650 000.00	205 800.00	*	*	617 500.00	
7		（六）其他						*	*		
8	其中：享受固定资产加速折旧及一次性扣除政策的资产加速折旧	（一）重要行业固定资产加速折旧（不含一次性扣除）									*
9		（二）其他行业研发设备加速折旧									*
10		（三）特定地区企业固定资产加速折旧（10.1+10.2）									*
10.1		1. 海南自由贸易港企业固定资产加速折旧									*

续表

行次	项目			账载金额			税收金额					纳税调整金额
				资产原值	本年折旧、摊销额	累计折旧、摊销额	资产计税基础	税收折旧、摊销额	享受加速折旧政策的资产按税收一般规定计算的折旧、摊销额	加速折旧、摊销统计额	累计折旧、摊销额	
				1	2	3	4	5	6	7（5–6）	8	9（2–5）
10.2	旧额大于一般折旧额的部分	2. 横琴粤澳深度合作区企业固定资产加速折旧										*
11		（四）500 万元以下设备器具一次性扣除（11.1+11.2）										*
11.1		1. 高新技术企业 2022 年第四季度（10 月 –12 月）购置单价 500 万元以下设备器具一次性扣除										*
11.2		2. 购置单价 500 万元以下设备器具一次性扣除（不包含高新技术企业 2022 年第四季度购置）										*
12		（五）500 万元以上设备器具一次性扣除（12.1+12.2+12.3+12.4）										*
12.1		中小微企业购置单价 500 万元以上设备器具	1. 最低折旧年限为 3 年的设备器具一次性扣除									*
12.2			2. 最低折旧年限为 4、5 年的设备器具 50% 部分一次性扣除									*
12.3			3. 最低折旧年限为 10 年的设备器具 50% 部分一次性扣除									*

续表

行次	项目		账载金额			税收金额					纳税调整金额
			资产原值	本年折旧、摊销额	累计折旧、摊销额	资产计税基础	税收折旧、摊销额	享受加速折旧政策的资产按税收一般规定计算的折旧、摊销额	加速折旧、摊销统计额	累计折旧、摊销额	
			1	2	3	4	5	6	7（5–6）	8	9（2–5）
12.4	旧额大于一般折旧额的部分	4. 高新技术企业 2022 年第四季度（10 月 –12 月）购置单价 500 万元以上设备器具一次性扣除									*
13		（六）特定地区企业固定资产一次性扣除（13.1+13.2）									*
13.1		1. 海南自由贸易港企业固定资产一次性扣除									*
13.2		2. 横琴粤澳深度合作区企业固定资产一次性扣除									*
14		（七）技术进步、更新换代固定资产加速折旧									*
15		（八）常年强震动、高腐蚀固定资产加速折旧									*
16		（九）外购软件加速折旧									*
17		（十）集成电路企业生产设备加速折旧									*
18	二、生产性生物资产（19+20）							*	*		
19	（一）林木类							*	*		
20	（二）畜类							*	*		
21	三、无形资产（22+23+24+25+26+27+28+29）							*	*		

续表

行次	项目		账载金额			税收金额					纳税调整金额
			资产原值	本年折旧、摊销额	累计折旧、摊销额	资产计税基础	税收折旧、摊销额	享受加速折旧政策的资产按税收一般规定计算的折旧、摊销额	加速折旧、摊销统计额	累计折旧、摊销额	
			1	2	3	4	5	6	7（5-6）	8	9（2-5）
22	所有无形资产	（一）专利权						*	*		
23		（二）商标权						*	*		
24		（三）著作权						*	*		
25		（四）土地使用权						*	*		
26		（五）非专利技术						*	*		
27		（六）特许权使用费						*	*		
28		（七）软件						*	*		
29		（八）其他						*	*		
30	其中：享受无形资产加速摊销及一次性摊销政策的资产加速摊销额大于一般摊销额的部分	（一）企业外购软件加速摊销									*
31		（二）特定地区企业无形资产加速摊销（31.1+31.2）									*
31.1		1. 海南自由贸易港企业无形资产加速摊销									*
31.2		2. 横琴粤澳深度合作区企业无形资产加速摊销									*
32		（三）特定地区企业无形资产一次性摊销（32.1+32.2）									*
32.1		1. 海南自由贸易港企业无形资产一次性摊销									*
32.2		2. 横琴粤澳深度合作区企业无形资产一次性摊销									*

续表

行次	项目	账载金额			税收金额					纳税调整金额
		资产原值	本年折旧、摊销额	累计折旧、摊销额	资产计税基础	税收折旧、摊销额	享受加速折旧政策的资产按税收一般规定计算的折旧、摊销额	加速折旧、摊销统计额	累计折旧、摊销额	
		1	2	3	4	5	6	7（5–6）	8	9（2–5）
33	四、长期待摊费用（34+35+36+37+38）						*	*		
34	（一）已足额提取折旧的固定资产的改建支出						*	*		
35	（二）租入固定资产的改建支出						*	*		
36	（三）固定资产的大修理支出						*	*		
37	（四）开办费						*	*		
38	（五）其他						*	*		
39	五、油气勘探投资						*	*		
40	六、油气开发投资						*	*		
41	合计（1+18+21+33+39+40）	39 100 000.00	2 744 700.00	8 234 100.00	39 100 000.00	2 744 700.00			8 234 100.00	
附列资料	全民所有制企业公司制改制资产评估增值政策资产						*	*		

注：

1. 第 5 列“税收折旧、摊销额”：填报纳税人按照税收规定计算的允许税前扣除的本年资产折旧、摊销额。

第 8 行至第 17 行、第 30 行至第 32 行第 5 列“税收折旧、摊销额”：填报享受相关加速折旧、摊销优惠政策的资产，采取税收加速折旧、摊销或一次性扣除方式计算的税收折旧额合计金额、摊销额合计金额。本列仅填报“税收折旧、摊销额”大于“享受加速折旧政策的资产按税收一般规定计算的折旧、摊销额”月份的金额合计。如，享受加速折旧、摊销优惠政策的资产，发生本年度某些月份其“税收折旧、摊销额”大于“享受加速折旧政策的资产按税收一般规定计算的折旧、摊销额”，其余月份其“税收折旧、摊销额”小于“享受加速折旧政策的资产按税收一般规定计算的折旧、摊销额”的情形，仅填报“税收折旧、摊销额”大于“享受加速折旧政策的资产按税收一般规定计算的折旧、摊销额”月份的税收折旧额合计金额、摊销额合计金额。

2. 第 6 列“享受加速折旧政策的资产按税收一般规定计算的折旧、摊销额”：仅适用于第 8 行至第 17 行、第 30 行至第 32 行，填报纳税人享受加速折旧、摊销优惠政策的资产，按照税收一般规定计算的折旧额合计金额、摊销额合计金额。按照税收一般规定计算的折旧、摊销额，是指该资产在不享受加速折旧、摊销优惠政策情况下，按照税收规定的最低折旧年限以直线法计算的折旧额、摊销额。本列仅填报“税收折旧、摊销额”大于“享受加速折旧政策的资产按税收一般规定计算的折旧、摊销额”月份的按税收一般规定计算的折旧额合计金额、摊销额合计金额。

知识巩固

项目实训

一、小型微利企业所得税纳税业务实训

【实训目的】通过本项目的实训操作，能够熟练掌握小型微利企业应纳税额的计算、涉税账务处理、纳税申报资料填报的基本技能，为学生从事企业所得税办税业务奠定良好的技能基础，提升上岗操作技能。

【实训方法】以企业常见经济业务为基础，按照《企业所得税法》《企业所得税法实施条例》《企业会计准则》等法规制度的规定，学生边学边做，在操作中深化学习，在学习中不断提升。

【实训资料】

1. 企业概况

（1）企业名称：宏伟服装有限公司（工业企业）

（2）企业性质：有限责任公司

（3）社会信用代码：130105678988012568

2. 基本业务

2023 年 1—3 月份该企业销售产品收入为 1 000 000 元，成本、费用共计 700 000 元。该企业 2023 年年初从业人数为 15 人，2023 年 3 月末从业人数为 17 人。2022 年应纳税所得额为 1 200 000 元，2023 年年初资产总额为 18 000 000 元，2023 年 3 月 31 日资产总额为 19 000 000 元。

【实训要求】

（1）计算该企业一季度应预缴企业所得税。

（2）填制第一季度预缴所得税纳税申报表并在智慧税务平台申报处理。

表 4-36 A200000 中华人民共和国企业所得税月（季）度预缴纳税申报表（A 类）

<table>
<tr><td colspan="10">优惠及附报事项有关信息</td></tr>
<tr><td rowspan="2">项目</td><td colspan="2">一季度</td><td colspan="2">二季度</td><td colspan="2">三季度</td><td colspan="2">四季度</td><td rowspan="2">季度平均值</td></tr>
<tr><td>季初</td><td>季末</td><td>季初</td><td>季末</td><td>季初</td><td>季末</td><td>季初</td><td>季末</td></tr>
<tr><td>从业人数</td><td></td><td></td><td></td><td></td><td></td><td></td><td></td><td></td><td></td></tr>
<tr><td>资产总额 (万元)</td><td></td><td></td><td></td><td></td><td></td><td></td><td></td><td></td><td></td></tr>
<tr><td>国家限制或禁止行业</td><td colspan="4">□是 □否</td><td colspan="3">小型微利企业</td><td colspan="2">□是 □否</td></tr>
<tr><td></td><td colspan="8">附报事项名称</td><td>金额或选项</td></tr>
<tr><td>事项 1</td><td colspan="8"></td><td></td></tr>
<tr><td>事项 2</td><td colspan="8"></td><td></td></tr>
<tr><td></td><td colspan="8">预缴税款计算</td><td>本年累计</td></tr>
<tr><td>1</td><td colspan="8">营业收入</td><td></td></tr>
<tr><td>2</td><td colspan="8">营业成本</td><td></td></tr>
<tr><td>3</td><td colspan="8">利润总额</td><td></td></tr>
<tr><td>4</td><td colspan="8">加：特定业务计算的应纳税所得额</td><td></td></tr>
<tr><td>5</td><td colspan="8">减：不征税收入</td><td></td></tr>
<tr><td>6</td><td colspan="8">减：资产加速折旧、摊销（扣除）调减额（填写 A201020）</td><td></td></tr>
<tr><td>7</td><td colspan="8">减：免税收入、减计收入、加计扣除（7.1+7.2+……）</td><td></td></tr>
<tr><td>8</td><td colspan="8">减：所得减免（8.1+8.2+……）</td><td></td></tr>
<tr><td>9</td><td colspan="8">减：弥补以前年度亏损</td><td></td></tr>
<tr><td>10</td><td colspan="8">实际利润额（3+4−5−6−7−8−9）\ 按照上一纳税年度应纳税所得额平均额确定的应纳税所得额</td><td></td></tr>
<tr><td>11</td><td colspan="8">税率 (25%)</td><td></td></tr>
<tr><td>12</td><td colspan="8">应纳所得税额（10 × 11）</td><td></td></tr>
<tr><td>13</td><td colspan="8">减：减免所得税额（13.1+13.2+……）</td><td></td></tr>
<tr><td>14</td><td colspan="8">减：本年实际已缴纳所得税额</td><td></td></tr>
<tr><td>15</td><td colspan="8">减：特定业务预缴（征）所得税额</td><td></td></tr>
<tr><td>16</td><td colspan="8">本期应补（退）所得税额（12−13−14−15）\ 税务机关确定的本期应纳所得税额</td><td></td></tr>
<tr><td colspan="10">汇总纳税企业总分机构税款计算</td></tr>
<tr><td>17</td><td rowspan="4">总机构</td><td colspan="7">总机构本期分摊应补（退）所得税额（18+19+20）</td><td></td></tr>
<tr><td>18</td><td colspan="7">其中：总机构分摊应补（退）所得税额（16 × 总机构分摊比例 0%）</td><td></td></tr>
<tr><td>19</td><td colspan="7">财政集中分配应补（退）所得税额（16 × 财政集中分配比例 0%）</td><td></td></tr>
<tr><td>20</td><td colspan="7">总机构具有主体生产经营职能的部门分摊所得税额（16 × 全部分支机构分摊比例 0% × 总机构具有主体生产经营职能部门分摊比例 0%）</td><td></td></tr>
<tr><td>21</td><td rowspan="2">分支机构</td><td colspan="7">分支机构本期分摊比例</td><td></td></tr>
<tr><td>22</td><td colspan="7">分支机构本期分摊应补（退）所得税额</td><td></td></tr>
</table>

续表

实际缴纳企业所得税计算						
23	减：民族自治地区企业所得税地方分享部分：	□免征	□减征	减征幅度：	本年累计应减免金额[（12-13-15）×减征幅度]	
24	实际应补（退）所得税额					

谨声明：本纳税申报表是根据国家税收法律法规及相关规定填报的，是真实的、可靠的、完整的。

纳税人（签章）：　　　年　月　日

经办人： 经办人身份证号： 代理机构签章： 代理机构统一社会信用代码：	受理人： 受理税务机关（章）： 受理日期：　　年　月　日

二、企业所得税纳税业务实训

【实训目的】通过本项目的实训操作，能够熟练掌握企业所得税应纳税额的计算、涉税账务处理、纳税申报资料填报的基本技能，为学生从事企业所得税办税业务奠定良好的技能基础，提升上岗操作技能。

【实训方法】以企业常见经济业务为基础，按照《企业所得税法》《企业所得税法实施条例》《企业会计准则》等法规制度的规定，边学边做，在操作中深化学习，在学习中不断提升。

【实训资料】

1. 企业概况

（1）企业名称：长城制药公司（制造业）

（2）企业性质：国有企业

（3）注册资本：5 000 万元

（4）社会信用代码：130105678989788956

（5）从业人员：45 人

（6）总资产：6 570 万元

2. 业务资料

长城制药公司 2023 年实现税前利润 4 880 000.00 元，预缴企业所得税 120 000.00 元，企业所得税税率 25%，2023 年，长城制药公司其他涉税资料如下。

表 4–37　　利　润　表

编制单位：长城制药公司　　2023 年　　单位：元（列至角分）

项目	序号	2023 年
一、营业收入	1	64 470 000.00
减：营业成本	2	50 500 000.00
税金及附加	3	170 000.00
销售费用	4	3 000 000.00
管理费用	5	5 000 000.00
研究费用	6	—
财务费用	7	1 280 000.00
其中：利息收入	8	—
利息支出	9	1 020 000.00
加：资产处置收益	10	—
公允价值变动收益	11	400 000.00
投资收益	12	—
其他收益	13	—
二、营业利润	14	4 920 000.00
加：营业外收入	15	530 000.00
减：营业外支出	16	570 000.00
三、利润总额	17	4 880 000.00

表 4–38　　营业收入明细表

项目	金额	备注
销售产品收入	62 470 000.00	
销售原材料收入	2 000 000.00	
小计	64 470 000.00	

表 4–39　　营业成本明细表

项目	金额	备注
销售产品成本	50 000 000.00	
销售原材料成本	500 000.00	
小计	50 500 000.00	

表 4–40 销售费用

项目	金额	备注
工资	500 000.00	
福利费、工会经费、教育经费	90 000.00	
基本保险支出	75 000.00	
广告支出	2 000 000.00	
折旧	105 000.00	
办公费	27 000.00	
运输邮寄费	153 000.00	
仓储费	50 000.00	
小计	3 000 000.00	

表 4–41 管理费用

项目	金额	备注
工资	1 200 000.00	
福利费、工会经费、教育经费	216 000.00	
基本保险支出	203 000.00	
折旧、摊销	200 000.00	
水电费	230 000.00	
办公费	180 000.00	
业务招待费	300 000.00	
差旅费	170 000.00	
咨询审计费	100 000.00	
租赁费	300 000.00	
保险费	200 000.00	
董事会费	120 000.00	
维修费	300 000.00	
其他	1 281 000.00	
小计	5 000 000.00	

表 4–42 财务费用

项目	金额	备注
手续费	260 000.00	
利息支出	1 020 000.00	
小计	1 280 000.00	

表 4–43　　公允价值变动损益

项目	金额	备注
交易性金融资产	400 000.00	2023 年 5 月 10 日，以 6 000 000.00 元购入乙公司股票 200 万股作为交易性金融资产，2023 年 12 月 31 日，该股票每股市价为 3.20 元

表 4–44　　营业外收入

项目	金额	备注
接受捐赠	500 000.00	
罚款收益	30 000.00	
小计	530 000.00	

表 4–45　　营业外支出

项目	金额	备注
对外捐赠	550 000.00	直接向灾区受灾单位捐赠 50 000.00 元，通过公益性组织向云南地震灾区捐赠 500 000.00 元
行政罚款	20 000.00	
小计	570 000.00	

2023 年，公司持有的固定资产如下，资产按企业会计准则进行核算，采用年限平均法计提折旧，净残值率为 5%。

表 4–46

项目	原值	会计折旧年限	本年折旧	会计累计折旧	税法折旧年限	税法折旧	税法累计折旧
房屋建筑物	6 315 800.00	20	300 000.00	1 050 000.00	20	300 000.00	1 050 000.00
机器设备	1 052 600.00	5	200 000.00	700 000.00	10	100 000.00	350 000.00
电子设备	315 800.00	3	100 000.00	250 000.00	3	100 000.00	250 000.00
小计	7 684 200.00		600 000.00	2 000 000.00		500 000.00	1 650 000.00

表 4–47　　人工费用

项目	金额	备注
工资	3 000 000.00	其中：残疾人职工工资 300 000.00 元
福利费	500 000.00	
拨交工会经费	60 000.00	
职工教育经费	100 000.00	
基本社会保险支出	810 000.00	
小计	4 470 000.00	

表 4–48　　近 5 年盈利及亏损情况

项目	金额	备注
2018	–3 180 000.00	
2019	1 560 000.00	
2020	1 780 000.00	
2021	1 900 000.00	
2022	–180 000.00	

【实训要求】

（1）计算该企业 2023 年应纳企业所得税。

（2）填制所得税年度纳税申报表及附表有关内容并在智慧税务平台申报处理。

表 4–49　　中华人民共和国企业所得税年度纳税申报表

税款所属期间：　　年　月　日至　　年　月　日

纳税人统一社会信用代码（纳税人识别号）：□□□□□□□□□□□□□□□□□□□□

纳税人名称：

金额单位：人民币元（列至角分）

谨声明：此纳税申报表是根据《中华人民共和国企业所得税法》《中华人民共和国企业所得税法实施条例》以及有关税收政策和国家统一会计制度的规定填报的，是真实的、可靠的、完整的。

法定代表人（签章）：　　　　年　月　日

纳税人公章： 会计主管： 填表日期：　年　月　日	代理申报中介机构公章： 经办人： 经办人执业证件号码： 代理申报日期：　年　月　日	主管税务机关受理专用章： 受理人： 受理日期：　年　月　日

国家税务总局监制

表 4-50　企业所得税年度纳税申报表填报表单

表单编号	表单名称	选择填报情况	
		填报	不填报
A000000	企业基础信息表	√	×
A100000	中华人民共和国企业所得税年度纳税申报表（A 类）	√	×
A101010	一般企业收入明细表	□	□
A101020	金融企业收入明细表	□	□
A102010	一般企业成本支出明细表	□	□
A102020	金融企业支出明细表	□	□
A103000	事业单位、民间非营利组织收入、支出明细表	□	□
A104000	期间费用明细表	□	□
A105000	纳税调整项目明细表	□	□
A105010	视同销售和房地产开发企业特定业务纳税调整明细表	□	□
A105020	未按权责发生制确认收入纳税调整明细表	□	□
A105030	投资收益纳税调整明细表	□	□
A105040	专项用途财政性资金纳税调整明细表	□	□
A105050	职工薪酬支出及纳税调整明细表	□	□
A105060	广告费和业务宣传费跨年度纳税调整明细表	□	□
A105070	捐赠支出及纳税调整明细表	□	□
A105080	资产折旧、摊销及纳税调整明细表	□	□
A105090	资产损失税前扣除及纳税调整明细表	□	□
A105100	企业重组及递延纳税事项纳税调整明细表	□	□
A105110	政策性搬迁纳税调整明细表	□	□
A105120	特殊行业准备金及纳税调整明细表	□	□
A106000	企业所得税弥补亏损明细表	□	□
A107010	免税、减计收入及加计扣除优惠明细表	□	□
A107011	符合条件的居民企业之间的股息、红利等权益性投资收益优惠明细表	□	□
A107012	研发费用加计扣除优惠明细表	□	□
A107020	所得减免优惠明细表	□	□
A107030	抵扣应纳税所得额明细表	□	□
A107040	减免所得税优惠明细表	□	□
A107041	高新技术企业优惠情况及明细表	□	□
A107042	软件、集成电路企业优惠情况及明细表	□	□
A107050	税额抵免优惠明细表	□	□
A108000	境外所得税收抵免明细表	□	□
A108010	境外所得纳税调整后所得明细表	□	□
A108020	境外分支机构弥补亏损明细表	□	□
A108030	跨年度结转抵免境外所得税明细表	□	□
A109000	跨地区经营汇总纳税企业年度分摊企业所得税明细表	□	□
A109010	企业所得税汇总纳税分支机构所得税分配表	□	□

说明：企业应当根据实际情况选择需要填报的表单。

表 4-51 A000000 企业所得税年度纳税申报基础信息表

基本经营情况（必填项目）			
101 纳税申报企业类型（填写代码）		102 分支机构就地纳税比例（%）	
103 资产总额（填写平均值，单位：万元）		104 从业人数（填写平均值，单位：人）	
105 所属国民经济行业（填写代码）		106 从事国家限制或禁止行业	□是 □否
107 适用会计准则或会计制度（填写代码）		108 采用一般企业财务报表格式（2019 年版）	□是 □否
109 小型微利企业	□是 □否	110 上市公司	是（□境内 □境外）□否
有关涉税事项情况（存在或者发生下列事项时必填）			
201 从事股权投资业务	□是	202 存在境外关联交易	□是
203 境外所得信息：203-1 选择采用的境外所得抵免方式		□分国（地区）不分项 □不分国（地区）不分项	
203 境外所得信息：203-2 海南自由贸易港新增境外直接投资信息		□是（产业类别：□旅游业□现代服务业□高新技术产业）	
204 有限合伙制创业投资企业的法人合伙人	□是	205 创业投资企业	□是
206 技术先进型服务企业类型（填写代码）		207 非营利组织	□是
208 软件 、集成电路企业类型（填写代码）		209 集成电路生产项目类型	□ 130 纳米 □ 65 纳米 □ 28 纳米
210 科技型中小企业：210-1 年（申报所属期年度）入库编号 1		210-2 入库时间 1	
210 科技型中小企业：210-3__ 年（所属期下一年度）入库编号 2		210-4 入库时间 2	
211 高新技术企业申报所属期年度有效的高新技术企业证书：211-1 证书编号 1		211-2 发证时间 1	
211 高新技术企业申报所属期年度有效的高新技术企业证书：211-3 证书编号 2		211-4 发证时间 2	
212 重组事项税务处理方式	□一般性 □特殊性	213 重组交易类型（填写代码）	
214 重组当事方类型（填写代码）		215 政策性搬迁开始时间	年 月
216 发生政策性搬迁且停止生产经营无所得年度	□是	217 政策性搬迁损失分期扣除年度	□是
218 发生非货币性资产对外投资递延纳税事项	□是	219 非货币性资产对外投资转让所得递延纳税年度	□是

续表

有关涉税事项情况（存在或者发生下列事项时必填）					
220 发生技术成果投资入股递延纳税事项		□是	221 技术成果投资入股递延纳税年度		□是
222 发生资产（股权）划转特殊性税务处理事项		□是	223 债务重组所得递延纳税年度		□是
主要股东及分红情况（必填项目）					
股东名称	证件种类	证件号码	投资比例（%）	当年（决议日）分配的股息、红利等权益性投资收益金额	国籍（注册地址）
其余股东合计	——	——			——

表 4-52　　A100000　中华人民共和国企业所得税年度纳税申报表（A 类）

行次	类别	项目	金额
1	利润总额计算	一、营业收入（填写 A101010\101020\103000）	
2		减：营业成本（填写 A102010\102020\103000）	
3		减：税金及附加	
4		减：销售费用（填写 A104000）	
5		减：管理费用（填写 A104000）	
6		减：财务费用（填写 A104000）	
7		减：资产减值损失	
8		加：公允价值变动收益	
9		加：投资收益	
10		二、营业利润（1-2-3-4-5-6-7+8+9）	
11		加：营业外收入（填写 A101010\101020\103000）	
12		减：营业外支出（填写 A102010\102020\103000）	
13		三、利润总额（10+11-12）	
14	应纳税所得额计算	减：境外所得（填写 A108010）	
15		加：纳税调整增加额（填写 A105000）	
16		减：纳税调整减少额（填写 A105000）	
17		减：免税、减计收入及加计扣除（填写 A107010）	
18		加：境外应税所得抵减境内亏损（填写 A108000）	
19		四、纳税调整后所得（13-14+15-16-17+18）	
20		减：所得减免（填写 A107020）	
21		减：弥补以前年度亏损（填写 A106000）	
22		减：抵扣应纳税所得额（填写 A107030）	
23		五、应纳税所得额（19-20-21-22）	
24	应纳税额计算	税率（25%）	
25		六、应纳所得税额（23 × 24）	
26		减：减免所得税额（填写 A107040）	
27		减：抵免所得税额（填写 A107050）	
28		七、应纳税额（25-26-27）	
29		加：境外所得应纳所得税额（填写 A108000）	
30		减：境外所得抵免所得税额（填写 A108000）	
31		八、实际应纳所得税额（28+29-30）	
32		减：本年累计实际已缴纳的所得税额	
33		九、本年应补（退）所得税额（31-32）	
34		其中：总机构分摊本年应补（退）所得税额（填写 A109000）	
35		财政集中分配本年应补（退）所得税额（填写 A109000）	
36		总机构主体生产经营部门分摊本年应补（退）所得税额（填写 A109000）	

表 4–53　　A101010　一般企业收入明细表

行次	项目	金额
1	一、营业收入（2+9）	
2	（一）主营业务收入（3+5+6+7+8）	
3	1. 销售商品收入	
4	其中：非货币性资产交换收入	
5	2. 提供劳务收入	
6	3. 建造合同收入	
7	4. 让渡资产使用权收入	
8	5. 其他	
9	（二）其他业务收入（10+12+13+14+15）	
10	1. 销售材料收入	
11	其中：非货币性资产交换收入	
12	2. 出租固定资产收入	
13	3. 出租无形资产收入	
14	4. 出租包装物和商品收入	
15	5. 其他	
16	二、营业外收入（17+18+19+20+21+22+23+24+25+26）	
17	（一）非流动资产处置利得	
18	（二）非货币性资产交换利得	
19	（三）债务重组利得	
20	（四）政府补助利得	
21	（五）盘盈利得	
22	（六）捐赠利得	
23	（七）罚没利得	
24	（八）确实无法偿付的应付款项	
25	（九）汇兑收益	
26	（十）其他	

表 4-54　　　　A102010　一般企业成本支出明细表

行次	项目	金额
1	一、营业成本（2+9）	
2	（一）主营业务成本（3+5+6+7+8）	
3	1. 销售商品成本	
4	其中：非货币性资产交换成本	
5	2. 提供劳务成本	
6	3. 建造合同成本	
7	4. 让渡资产使用权成本	
8	5. 其他	
9	（二）其他业务成本（10+12+13+14+15）	
10	1. 销售材料成本	
11	其中：非货币性资产交换成本	
12	2. 出租固定资产成本	
13	3. 出租无形资产成本	
14	4. 包装物出租成本	
15	5. 其他	
16	二、营业外支出（17+18+19+20+21+22+23+24+25+26）	
17	（一）非流动资产处置损失	
18	（二）非货币性资产交换损失	
19	（三）债务重组损失	
20	（四）非常损失	
21	（五）捐赠支出	
22	（六）赞助支出	
23	（七）罚没支出	
24	（八）坏账损失	
25	（九）无法收回的债券股权投资损失	
26	（十）其他	

表 4–55　　　　A104000　期间费用明细表

行次	项目	销售费用	其中：境外支付	管理费用	其中：境外支付	财务费用	其中：境外支付
		1	2	3	4	5	6
1	一、职工薪酬		*		*	*	*
2	二、劳务费					*	*
3	三、咨询顾问费					*	*
4	四、业务招待费		*		*	*	*
5	五、广告费和业务宣传费		*		*	*	*
6	六、佣金和手续费						
7	七、资产折旧摊销费		*		*	*	*
8	八、财产损耗、盘亏及毁损损失		*		*	*	*
9	九、办公费		*		*	*	*
10	十、董事会费		*		*	*	*
11	十一、租赁费					*	*
12	十二、诉讼费		*		*	*	*
13	十三、差旅费		*		*	*	*
14	十四、保险费		*		*	*	*
15	十五、运输、仓储费					*	*
16	十六、修理费					*	*
17	十七、包装费		*		*	*	*
18	十八、技术转让费					*	*
19	十九、研究费用					*	*
20	二十、各项税费		*		*	*	*
21	二十一、利息收支	*	*	*	*		
22	二十二、汇兑差额	*	*	*	*		
23	二十三、现金折扣	*	*	*	*		*
24	二十四、党组织工作经费	*	*		*	*	*
25	二十五、其他						
26	合计（1+2+3+…25）						

表 4–56　　　　A105000　纳税调整项目明细表

行次	项目	账载金额	税收金额	调增金额	调减金额
		1	2	3	4
1	一、收入类调整项目（2+3+…8+10+11）	*	*		
2	（一）视同销售收入（填写 A105010）	*			*
3	（二）未按权责发生制原则确认的收入（填写 A105020）				
4	（三）投资收益（填写 A105030）				
5	（四）按权益法核算长期股权投资对初始投资成本调整确认收益	*	*	*	
6	（五）交易性金融资产初始投资调整	*	*		*
7	（六）公允价值变动净损益		*		
8	（七）不征税收入	*	*		
9	其中：专项用途财政性资金（填写 A105040）	*	*		
10	（八）销售折扣、折让和退回				
11	（九）其他				
12	二、扣除类调整项目（13+14+…24+26+27+28+29+30）	*	*		
13	（一）视同销售成本（填写 A105010）	*		*	
14	（二）职工薪酬（填写 A105050）				
15	（三）业务招待费支出				*
16	（四）广告费和业务宣传费支出（填写 A105060）	*	*		
17	（五）捐赠支出（填写 A105070）				
18	（六）利息支出				
19	（七）罚金、罚款和被没收财物的损失		*		*
20	（八）税收滞纳金、加收利息		*		*
21	（九）赞助支出		*		*
22	（十）与未实现融资收益相关在当期确认的财务费用				
23	（十一）佣金和手续费支出（保险企业填写 A105060）				
24	（十二）不征税收入用于支出所形成的费用	*	*		*
25	其中：专项用途财政性资金用于支出所形成的费用（填写 A105040）	*	*		*
26	（十三）跨期扣除项目				
27	（十四）与取得收入无关的支出		*		*
28	（十五）境外所得分摊的共同支出	*	*		*
29	（十六）党组织工作经费				
30	（十七）其他				

续表

行次	项目	账载金额	税收金额	调增金额	调减金额
		1	2	3	4
31	三、资产类调整项目（32+33+34+35）	*	*		
32	（一）资产折旧、摊销（填写 A105080）				
33	（二）资产减值准备金		*		
34	（三）资产损失（填写 A105090）				
35	（四）其他				
36	四、特殊事项调整项目（37+38+…+43）	*	*		
37	（一）企业重组及递延纳税事项（填写 A105100）				
38	（二）政策性搬迁（填写 A105110）	*	*		
39	（三）特殊行业准备金（填写 A105120）				
40	（四）房地产开发企业特定业务计算的纳税调整额（填写 A105010）	*			
41	（五）合伙企业法人合伙人应分得的应纳税所得额				
42	（六）发行永续债利息支出				
43	（七）其他	*	*		
44	五、特别纳税调整应税所得	*	*		
45	六、其他	*	*		
46	合计（1+12+31+36+44+45）	*	*		

表 4–57　　A105050　职工薪酬支出及纳税调整明细表

行次	项目	账载金额	实际发生额	税收规定扣除率	以前年度累计结转扣除额	税收金额	纳税调整金额	累计结转以后年度扣除额
		1	2	3	4	5	6(1–5)	7(1+4–5)
1	一、工资薪金支出			*	*			*
2	其中：股权激励			*	*			*
3	二、职工福利费支出				*			*
4	三、职工教育经费支出			*				
5	其中：按税收规定比例扣除的职工教育经费							
6	按税收规定全额扣除的职工培训费用				*			*
7	四、工会经费支出				*			*
8	五、各类基本社会保障性缴款			*	*			*
9	六、住房公积金			*	*			*

续表

行次	项目	账载金额	实际发生额	税收规定扣除率	以前年度累计结转扣除额	税收金额	纳税调整金额	累计结转以后年度扣除额
		1	2	3	4	5	6(1–5)	7(1+4–5)
10	七、补充养老保险				*			*
11	八、补充医疗保险				*			*
12	九、其他			*	*			*
13	合计(1+3+4+7+8+9+10+11+12)			*				

表 4–58　　A105060　广告费和业务宣传费等跨年度纳税调整明细表

行次	项目	广告费和业务宣传费	保险企业手续费及佣金支出
		1	2
1	一、本年支出		
2	减：不允许扣除的支出		
3	二、本年符合条件的支出(1–2)		
4	三、本年计算扣除限额的基数		
5	乘：税收规定扣除率		
6	四、本企业计算的扣除限额(4×5)		
7	五、本年结转以后年度扣除额(3＞6，本行=3–6；3≤6，本行=0)		
8	加：以前年度累计结转扣除额		
9	减：本年扣除的以前年度结转额 [3＞6，本行=0；3≤6，本行=8与(6–3)孰小值]		
10	六、按照分摊协议归集至其他关联方的金额(10≤3与6孰小值)		*
11	按照分摊协议从其他关联方归集至本企业的金额		*
12	七、本年支出纳税调整金额 (3＞6，本行=2+3–6+10–11；3≤6，本行=2+10–11–9)		
13	八、累计结转以后年度扣除额(7+8–9)		

表 4-59　　A105070　捐赠支出及纳税调整明细表

行次	项目	账载金额	以前年度结转可扣除的捐赠额	按税收规定计算的扣除限额	税收金额	纳税调增金额	纳税调减金额	可结转以后年度扣除的捐赠额
		1	2	3	4	5	6	7
1	一、非公益性捐赠		*	*	*		*	*
2	二、全额扣除的公益性捐赠		*	*		*	*	*
3	其中：扶贫捐赠		*	*		*	*	*
4	三、限额扣除的公益性捐赠 (5+6+7+8)							
5	前三年度（　　年）	*		*	*	*		*
6	前二年度（　　年）	*		*	*	*		
7	前一年度（　　年）	*		*	*	*		
8	本　年（　　年）		*				*	
9	合计（1+2+4）							
附列资料	2015 年度至本年发生的公益性扶贫捐赠合计金额		*	*		*	*	*

表 4-60　　A105080　资产折旧、摊销及纳税调整明细表

行次	项目		账载金额			税收金额					纳税调整金额
			资产原值	本年折旧、摊销额	累计折旧、摊销额	资产计税基础	税收折旧、摊销额	享受加速折旧政策的资产按税收一般规定计算的折旧、摊销额	加速折旧、摊销统计额	累计折旧、摊销额	
			1	2	3	4	5	6	7=5-6	8	9（2-5）
1	一、固定资产（2+3+4+5+6+7）							*	*		
2	所有固定资产	（一）房屋、建筑物						*	*		
3		（二）飞机、火车、轮船、机器、机械和其他生产设备						*	*		
4		（三）与生产经营活动有关的器具、工具、家具等						*	*		
5		（四）飞机、火车、轮船以外的运输工具						*	*		
6		（五）电子设备						*	*		
7		（六）其他						*	*		
8	其中：享受固定资产加速折旧及一次性扣除政策的资产加速折旧额大于一般折旧额的部分	（一）重要行业固定资产加速折旧（不含一次性扣除）									*
9		（二）其他行业研发设备加速折旧									*
10		（三）固定资产一次性扣除									*
11		（四）技术进步、更新换代固定资产									*
12		（五）常年强震动、高腐蚀固定资产									*
13		（六）外购软件折旧									*
14		（七）集成电路企业生产设备									*
15	二、生产性生物资产（16+17）							*	*		
16	（一）林木类							*	*		
17	（二）畜类							*	*		

续表

行次	项目	账载金额			税收金额					纳税调整金额
		资产原值	本年折旧、摊销额	累计折旧、摊销额	资产计税基础	税收折旧、摊销额	享受加速折旧政策的资产按税收一般规定计算的折旧、摊销额	加速折旧、摊销统计额	累计折旧、摊销额	
		1	2	3	4	5	6	7=5-6	8	9（2-5）
18	三、无形资产（19+20+21+22+23+24+25+27）						*	*		
19	（一）专利权						*	*		
20	（二）商标权						*	*		
21	（三）著作权						*	*		
22	（四）土地使用权						*	*		
23	（五）非专利技术						*	*		
24	（六）特许权使用费						*	*		
25	（七）软件						*	*		
26	其中：享受企业外购软件加速摊销政策									*
27	（八）其他						*	*		
28	四、长期待摊费用（29+30+31+32+33）						*	*		
29	（一）已足额提取折旧的固定资产的改建支出						*	*		
30	（二）租入固定资产的改建支出						*	*		
31	（三）固定资产的大修理支出						*	*		
32	（四）开办费						*	*		
33	（五）其他						*	*		
34	五、油气勘探投资						*	*		
35	六、油气开发投资						*	*		
36	合计（1+15+18+28+34+35）									
附列资料	全民所有制企业公司制改制资产评估增值政策资产						*	*		

表 4-61　　A106000　企业所得税弥补亏损明细表

行次	项目	年度	当年境内所得额	分立转出的亏损额	合并、分立转入的亏损额			弥补亏损企业类型	当年亏损额	当年待弥补的亏损额	用本年度所得额弥补的以前年度亏损额		当年可结转以后年度弥补的亏损额
					可弥补年限 5 年	可弥补年限 8 年	可弥补年限 10 年				使用境内所得弥补	使用境外所得弥补	
		1	2	3	4	5	6	7	8	9	10	11	12
1	前十年度												
2	前九年度												
3	前八年度												
4	前七年度												
5	前六年度												
6	前五年度												
7	前四年度												
8	前三年度												
9	前二年度												
10	前一年度												
11	本年度												
12	可结转以后年度弥补的亏损额合计												

表 4-62　　A107010　免税、减计收入及加计扣除优惠明细表

行次	项目	金额
1	一、免税收入（2+3+6+7+…+16）	
2	（一）国债利息收入免征企业所得税	
3	（二）符合条件的居民企业之间的股息、红利等权益性投资收益免征企业所得税（填写 A107011）	
4	其中：内地居民企业通过沪港通投资且连续持有 H 股满 12 个月取得的股息红利所得免征企业所得税（填写 A107011）	
5	内地居民企业通过深港通投资且连续持有 H 股满 12 个月取得的股息红利所得免征企业所得税（填写 A107011）	
6	（三）符合条件的非营利组织的收入免征企业所得税	
7	（四）符合条件的非营利组织（科技企业孵化器）的收入免征企业所得税	
8	（五）符合条件的非营利组织（国家大学科技园）的收入免征企业所得税	
9	（六）中国清洁发展机制基金取得的收入免征企业所得税	
10	（七）投资者从证券投资基金分配中取得的收入免征企业所得税	
11	（八）取得的地方政府债券利息收入免征企业所得税	
12	（九）中国保险保障基金有限责任公司取得的保险保障基金等收入免征企业所得税	
13	（十）中央电视台的广告费和有线电视费收入免征企业所得税	
14	（十一）中国奥委会取得北京冬奥组委支付的收入免征企业所得税	
15	（十二）中国残奥委会取得北京冬奥组委分期支付的收入免征企业所得税	
16	（十三）其他	
17	二、减计收入（18+19+23+24）	
18	（一）综合利用资源生产产品取得的收入在计算应纳税所得额时减计收入	
19	（二）金融、保险等机构取得的涉农利息、保费减计收入（20+21+22）	
20	1. 金融机构取得的涉农贷款利息收入在计算应纳税所得额时减计收入	
21	2. 保险机构取得的涉农保费收入在计算应纳税所得额时减计收入	
22	3. 小额贷款公司取得的农户小额贷款利息收入在计算应纳税所得额时减计收入	
23	（三）取得铁路债券利息收入减半征收企业所得税	
24	（四）其他	
25	三、加计扣除（26+27+28+29+30）	
26	（一）开发新技术、新产品、新工艺发生的研究开发费用加计扣除（填写 A107012）	
27	（二）科技型中小企业开发新技术、新产品、新工艺发生的研究开发费用加计扣除（填写 A107012）	
28	（三）企业为获得创新性、创意性、突破性的产品进行创意设计活动而发生的相关费用加计扣除	
29	（四）安置残疾人员所支付的工资加计扣除	
30	（五）其他	
31	合计（1+17+25）	

项目五

个人所得税计算与申报管理

学习目标

知识目标

- 了解个人所得税的基本原理及概念
- 掌握个人所得税核算范围及应纳税额计算
- 熟悉个人所得税纳税申报流程和方法

能力目标

- 能够准确界定个人所得税纳税义务人
- 能够准确辨别个人所得税应税项目
- 能够准确计算个人所得税的应纳税额
- 能够在智慧税务平台进行个人所得税的纳税申报

素质目标

- 增强企业依法扣缴个人所得税意识和社会责任感
- 提高个人纳税意识，树立纳税光荣观念
- 强化诚实守信、廉洁自律，增强法律意识和职业道德修养

思维导图

- 个人所得税计算与申报管理
  - 个人所得税认知
    - 个人所得税纳税人及其纳税义务
    - 个人所得税应税项目及征收机制
    - 个人所得税税率
    - 个人所得税税收优惠
  - 个人所得税应纳税额的计算
    - 居民个人综合所得应纳税额计算
    - 非居民个人所得应纳税额计算
    - 经营所得应纳税额计算
    - 其他分类所得应纳税额计算
    - 公益性捐赠的扣除
    - 境外所得已纳税款的扣除
  - 个人所得税智慧平台申报管理
    - 个人所得税征收管理
    - 个人所得税智慧平台纳税申报

任务 1　个人所得税认知

知识储备

个人所得税是对个人（自然人）取得的各项应税所得征收的一种税。我国现行的个人所得税法是 2019 年 1 月 1 日由国务院颁布实施的《中华人民共和国个人所得税法实施条例》。

一、个人所得税纳税人及其纳税义务

个人所得税纳税人，包括中国公民、个体工商户、个人独资企业、合伙企业投资者、在中国有所得的外籍人员（包括无国籍人员）和港、澳、台同胞。依据住所和居住时间两个标准，个人所得税纳税人分为居民个人和非居民个人。

（一）居民个人及其纳税义务

居民个人是指在中国境内有住所，或者无住所而一个纳税年度内在中国境内居住累计满 183 天的个人。对居民个人纳税人的理解，应注意：

1. 在中国境内有住所，是指因户籍、家庭、经济利益关系而在中国境内习惯性居住；纳税年度，自公历 1 月 1 日起到 12 月 31 日止。

2. 无住所个人 1 个纳税年度内在中国境内累计居住天数，按照个人在中国境内累计停留的天数计算。在中国境内停留的当天满 24 小时的，计入中国境内居住天数，在中国境内停留的当天不足 24 小时的，不计入中国境内居住天数。

居民个人纳税人负无限的纳税义务，即其从中国境内、境外取得的所得，均应依照法律规定缴纳个人所得税。

（二）非居民个人及其纳税义务

非居民个人是指在中国境内无住所又不居住，或者无住所而 1 个纳税年度内在中

国境内居住累计不满 183 天的个人。

非居民个人纳税人负有限的纳税义务，即只就其从中国境内取得的所得，依照法律规定缴纳个人所得税。

二、个人所得税应税项目及征收机制

（一）个人所得税应税项目

按应纳税所得的来源划分，现行个人所得税共分 9 个应税项目。

1. 工资、薪金所得。

工资、薪金所得是指个人因任职或者受雇而取得的工资、薪金、奖金、年终加薪、劳动分红、津贴、补贴以及与任职或者受雇有关的其他所得。奖金、年终加薪、劳动分红不分种类和取得情况，一律按工资、薪金所得课税；津贴、补贴则有例外，独生子女补贴、托儿补助费、差旅费津贴、误餐补助等不予征收个人所得税。

2. 劳务报酬所得。

劳务报酬所得，是指个人从事劳务取得的所得，包括从事设计、装潢、安装、制图、化验、测试、医疗、法律、会计、咨询、讲学、新闻、广播、审稿、书画、雕刻、影视、录音、录像、演出、表演、广告、展览、技术服务、介绍服务、经纪服务、代办服务以及其他劳务取得的所得。

上述各项所得一般属于个人独立从事自由职业取得的所得或属于独立个人劳动所得。是否存在雇佣关系，是判断一种收入是属于劳务报酬所得，还是属于工资、薪金所得的重要标准。劳务报酬所得是个人独立从事某种技艺，独立提供某种劳务所得。

3. 稿酬所得。

稿酬所得是指个人因其作品以图书、报刊形式出版、发表而取得的所得。这里所说的作品，包括文学作品、书画作品、摄影作品，以及其他作品。作者去世后，财产继承人取得的遗作稿酬，也应按“稿酬所得”征收个人所得税。

4. 特许权使用费所得。

特许权使用费所得，是指个人提供专利权、商标权、著作权、非专利技术以及其他特许权的使用权取得的所得。

5. 经营所得。

经营所得具体包括以下几项：

（1）个体工商户从事生产、经营活动取得的所得，个人独资企业投资人、合伙企业的个人合伙人来源于境内注册的个人独资企业、合伙企业生产、经营的所得。

（2）个人依法从事办学、医疗、咨询以及其他有偿服务活动取得的所得。

（3）个人对企业、事业单位承包经营、承租经营以及转包、转租取得的所得。

（4）个人从事其他生产、经营活动取得的所得。

6. 利息、股息、红利所得。

利息、股息、红利所得，是指个人拥有债权、股权而取得的利息、股息、红利所得。其中，利息一般是指存款、贷款和债券的利息。股息、红利是指个人拥有股权取得的公司、企业分红。

7. 财产租赁所得。

财产租赁所得是指个人出租不动产、机器设备、车船以及其他财产取得的所得。

8. 财产转让所得。

财产转让所得是指个人转让有价证券、股权、合伙企业中的财产份额、不动产、机器设备、车船以及其他财产取得的所得。

9. 偶然所得。

偶然所得是指个人得奖、中奖、中彩以及其他偶然性质的所得。得奖是指参加各种有奖竞赛活动，取得名次得到的奖金；中奖、中彩是指参加各种有奖活动，如有奖储蓄、购买彩票，经过规定程序，抽中、摇中号码而取得的奖金。

个人所得形式包括现金、实物、有价证券和其他形式的经济利益。

（二）个人所得税征收机制

1. 居民个人所得税按所得类型进行综合征收或分类征收。具体如表 5–1 所示。

表 5–1　　居民个人所得征收方式

<table>
<tr><th colspan="2">所得类型</th><th>征收制度</th><th colspan="2">申报缴纳方式</th></tr>
<tr><td rowspan="4">综合所得</td><td>①工资、薪金所得</td><td rowspan="4">综合征收</td><td>按月预扣预缴</td><td rowspan="4">年终合并
汇算清缴</td></tr>
<tr><td>②劳务报酬所得</td><td rowspan="3">按月（次）分项预扣预缴</td></tr>
<tr><td>③特许权使用费所得</td></tr>
<tr><td>④稿酬所得</td></tr>
<tr><td>经营所得</td><td>⑤经营所得</td><td rowspan="5">分类征收</td><td>按月（季）预缴</td><td>年终汇算清缴</td></tr>
<tr><td rowspan="4">其他所得</td><td>⑥利息、股息、红利所得</td><td colspan="2" rowspan="4">按月（次）分项缴纳</td></tr>
<tr><td>⑦财产租赁所得</td></tr>
<tr><td>⑧财产转让所得</td></tr>
<tr><td>⑨偶然所得</td></tr>
</table>

2. 非居民个人取得的各项所得，均分项分类征收，按月（次）缴纳。

3. 每次收入的确定。

（1）财产租赁所得，以 1 个月内取得的收入为 1 次。

（2）利息、股息、红利所得，以支付利息、股息、红利时取得的收入为 1 次。

（3）偶然所得，以每次取得该项收入为 1 次。

（4）非居民个人取得的劳务报酬所得、稿酬所得、特许权使用费所得，属于一次性收入的，以取得该项收入为 1 次；属于同一项目连续性收入的，以一个月内取得的收入为 1 次。

三、个人所得税税率

1. 综合所得适用的税率。

居民个人每一纳税年度内取得的综合所得包括：工资、薪金所得，劳务报酬所得，稿酬所得，特许权使用费所得，适用 3%~45% 的超额累进税率。具体税率见表 5–2。

表 5–2　个人所得税税率表一

（综合所得适用）

级数	全年应纳税所得额	税率（%）	速算扣除数
1	不超过 36 000 元的	3	0
2	超过 36 000 元至 144 000 元的部分	10	2 520
3	超过 144 000 元至 300 000 元的部分	20	16 920
4	超过 300 000 元至 420 000 元的部分	25	31 920
5	超过 420 000 元至 660 000 元的部分	30	52 920
6	超过 660 000 元至 960 000 元的部分	35	85 920
7	超过 960 000 元的部分	45	181 920

2. 经营所得适用的税率。

经营所得适用 5%~35% 的超额累进税率。具体税率见表 5–3。

表 5–3　个人所得税税率表二

（综合所得适用）

级数	全年应纳税所得额	税率（%）	速算扣除数
1	不超过 30 000 元的	5	0
2	超过 30 000 元至 90 000 元的部分	10	1 500

续表

级数	全年应纳税所得额	税率（%）	速算扣除数
3	超过 90 000 元至 300 000 元的部分	20	10 500
4	超过 300 000 元至 500 000 元的部分	30	40 500
5	超过 500 000 元的部分	35	65 500

3. 其他所得适用的税率。

利息、股息、红利所得，财产租赁所得，财产转让所得和偶然所得适用比例税率，税率为 20%。自 2001 年 1 月 1 日起，对个人出租住房取得的所得暂减按 10% 的税率征收个人所得税。

四、个人所得税税收优惠

（一）免税项目

1. 省级人民政府、国务院部委和中国人民解放军军以上单位，以及外国组织、国际组织颁发的科学、教育、技术、文化、卫生、体育、环境保护等方面的奖金。

2. 国债和国家发行的金融债券利息。其中，国债利息，是指个人持有中华人民共和国财政部发行的债券而取得的利息；国家发行的金融债券利息，是指个人持有经国务院批准发行的金融债券而取得的利息。

3. 按照国家统一规定发给的补贴、津贴，是指按照国务院规定发给的政府特殊津贴、院士津贴，以及国务院规定免纳个人所得税的其他补贴、津贴。

4. 福利费、抚恤金、救济金。其中，福利费，是指根据国家有关规定，从企业、事业单位、国家机关、社会组织提留的福利费或者工会经费中支付给个人的生活补助费；救济金，是指各级人民政府民政部门支付给个人的生活困难补助费。

5. 保险赔款。

6. 军人的转业费、复员费、退役金。

7. 按照国家统一规定发给干部、职工的安家费、退职费、基本养老金或者退休费、离休费、离休生活补助费。

8. 依照有关法律规定应予免税的各国驻华使馆、领事馆的外交代表、领事官员和其他人员的所得。该所得是指依照《中华人民共和国外交特权与豁免条例》和《中华人民共和国领事特权与豁免条例》规定免税的所得。

9. 中国政府参加的国际公约、签订的协议中规定免税的所得。

10. 国务院规定的其他免税所得。该项免税规定，由国务院报全国人大常委会备案。

（二）减税项目

1. 残疾、孤老人员和烈属的所得。

2. 因自然灾害造成重大损失的。

上述减税项目的减征幅度和期限，由省、自治区、直辖市人民政府规定，并报同级人民代表大会常务委员会备案。

国务院可以规定其他减税情形，报全国人大常委会备案。

（三）其他免税和暂免税项目

1. 外籍个人以非现金或实报实销形式取得的住房补贴、伙食补贴、洗衣费、搬迁费、出差补贴、探亲费、语言训练费、子女教育费等补贴，由纳税人提供有关凭证，主管税务机关核准后给予免征个人所得税。

自 2022 年 1 月 1 日起，外籍个人符合居民个人条件的，不再享受住房补贴、语言训练费、子女教育费津补贴免税优惠政策，应按规定享受专项附加扣除。

2. 对个人在上海证券交易所、深圳证券交易所转让从上市公司公开发行和转让市场取得的上市公司股票所得，继续免征个人所得税。

3. 自 2018 年 11 月 1 日起，对个人转让全国中小企业股份转让系统（新三板）挂牌公司非原始股取得的所得，暂免征收个人所得税。非原始股是指个人在新三板挂牌公司挂牌后取得的股票，以及由上述股票孳生的送、转股。

4. 个人举报、协查各种违法、犯罪行为而获得的奖金暂免征收个人所得税。

5. 个人办理代扣代缴手续，按规定取得的扣缴手续费暂免征收个人所得税。

6. 个人转让自用达 5 年以上，并且是唯一的家庭生活用房取得的所得，暂免征收个人所得税。

7. 对个人购买福利彩票、体育彩票，一次中奖收入在 1 万元以下（含 1 万元）的暂免征收个人所得税，超过 1 万元的，全额征收个人所得税。

8. 个人取得单张有奖发票奖金所得不超过 800 元（含 800 元）的，暂免征收个人所得税。

9. 达到离休、退休年龄，但确因工作需要，适当延长离休、退休年龄的高级专家（指享受国家发放的政府特殊津贴的专家、学者），其在延长离休、退休期间的工资、薪金所得，视同离休、退休工资免征个人所得税。

10. 个人领取原提存的住房公积金、基本医疗保险金、基本养老保险金，以及失业保险金，免予征收个人所得税。

11. 对工伤职工及其近亲属按照《工伤保险条例》规定取得的工伤保险待遇，免征个人所得税。

12. 企事业单位按照国家或省（自治区、直辖市）人民政府规定的缴费比例或办法实际缴付的基本养老保险费、基本医疗保险费和失业保险费，免征个人所得税；个人按照国家或省（自治区、直辖市）人民政府规定的缴费比例或办法实际缴付的基本养老保险费、基本医疗保险费和失业保险费，允许在个人应纳税所得额中扣除。

13. 企业和事业单位根据国家有关政策规定的办法和标准，为在本单位任职或者受雇的全体职工缴付的企业年金或职业年金单位缴费部分，在计入个人账户时，个人暂不缴纳个人所得税。个人根据国家有关政策规定缴付的年金个人缴费部分，在不超过本人缴费工资计税基数的 4% 标准内的部分，暂从个人当期的应纳税所得额中扣除。年金基金投资运营收益分配计入个人账户时，个人暂不缴纳个人所得税。

14. 企业依照国家有关法律规定宣告破产，企业职工从该破产企业取得的一次性安置费收入，免征个人所得税。

15. 自 2008 年 10 月 9 日起，对储蓄存款利息所得暂免征收个人所得税。

16. 自 2015 年 9 月 8 日起，个人从公开发行和转让市场取得的上市公司股票，持股期限超过 1 年的，股息红利所得暂免征收个人所得税。

17. 自 2019 年 7 月 1 日至 2024 年 6 月 30 日，个人持有全国中小企业股份转让系统挂牌公司的股票，持股期限超过 1 年的，对股息红利所得暂免征收个人所得税。

税收法律、行政法规、部门规章和规范性文件中未明确规定纳税人享受减免税必须经税务机关审批，且纳税人取得的所得完全符合减免税条件的，必须经主管税务机关审核，纳税人可自行享受减免税。

税收法律、行政法规、部门规章和规范性文件中明确规定纳税人享受减免税必须经税务机关审批的，或者纳税人无法准确判断其取得的所得是否应享受个人所得税减免的，必须经主管税务机关按照有关规定审核或批准后，方可减免个人所得税。

课程思政

“个人所得税改革”——通过话题讨论，引导学生了解个人所得税改革的内容，理解个人所得税改革的意义，树立学生纳税光荣的意识。

个人所得税改革内容之一是居民个人所得从分类征收制到混合征收制。自 2019 年 1 月 1 日起，国家开始实行个人所得税混合征收方法，对工资薪金所得、劳务报酬所得、特许权使用费所得、稿酬所得四项收入实行综合征收制，并提高了基本费用扣除标准；对经营所得、财产租赁所得、财产转让所得、利息股息红利所得、偶然所得实行分类征收制。

改革内容之二是设立专项附加扣除。从 3 岁以下婴幼儿照护、子女教育到赡养老人、从继续教育到大病医疗、从房贷利息到住房租金，几乎涵盖了居民日常生活所有的必须开支。个税专项附加扣除遵循公平合理、简便易行、切实减负、改善民生的原则。

新个人所得税相关政策实施后，2019 年个人所得税征收幅度下降比例达到了 25.1%。此次个人所得税改革较好地兼顾了公平和效率，一方面相关支出得到了合理的扣除，减负力度明显；另一方面具体操作力求简便易行，方便纳税人缴税。总体上来看，个人所得税制度更加公平合理，使纳税人在享受减税红利的同时，有利于刺激消费、扩大需求。

任务实践

【任务要求】根据个人所得税的基本认知，计算居民个人所得税时，哪些是综合所得，哪些是其他分类所得呢？它们在个人所得税的交纳方式上有哪些区别呢？

【分析】个人综合所得是指工资薪金所得、劳务报酬所得、稿酬所得、特许权使用费所得四项。其他分类所得是指经营所得，利息、股息、红利所得，财产租赁所得，财产转让所得和偶然所得。在个人所得税的缴纳方式上，居民个人综合所得四项收入平时按月（次）进行累计预扣预缴，年终需要合并进行汇算清缴。经营所得平时按月（季）进行预缴，年终时也需要进行汇算清缴，除经营所得的其他分类所得应在取得时按月（次）交税，不需要进行年终汇算清缴。

任务 2　个人所得税应纳税额计算

知识储备

一、居民个人综合所得应纳税额计算

居民个人取得综合所得按年计算个人所得税；有扣缴义务人的，由扣缴义务人按月或者按次预扣预缴税款；需要办理汇算清缴的，应当在取得所得的次年 3 月 1 日至 6 月 30 日内办理汇算清缴。

（一）居民个人综合所得预扣预缴税额的计算

对于居民个人而言，工资、薪金，劳务报酬，稿酬，特许权使用费属于综合所得，在日常获取收入时应由扣缴义务人预扣预缴个人所得税，年终再由纳税人进行汇算清缴。

1. 工资、薪金个人所得税的预扣预缴。

扣缴义务人向居民个人支付工资、薪金所得时，应当按照“累计预扣法”计算预扣税款，并按月办理全员全额扣缴申报。

具体计算公式如下：

本期应预扣预缴税额 =（累计预扣预缴应纳税所得额 × 预扣率 – 速算扣除数）– 累计减免税额 – 累计已预扣预缴税额

累计预扣预缴应纳税所得额 = 累计收入 – 累计免税收入 – 累计减除费用 – 累计专项扣除 – 累计专项附加扣除 – 累计依法确定的其他扣除

上述公式中的预扣率、速算扣除数，按“个人所得税预扣率表一”（见表 5–4）执行。

表 5–4　　　　　　　　　　　　个人所得税预扣率表一

（居民个人工资、薪金所得预扣预缴适用）

级数	累计预扣预缴应纳税所得额	预扣率（%）	速算扣除数
1	不超过 36 000 元的部分	3	0
2	超过 36 000 元至 144 000 元的部分	10	2 520
3	超过 144 000 元至 300 000 元的部分	20	16 920
4	超过 300 000 元至 420 000 元的部分	25	31 920
5	超过 420 000 元至 660 000 元的部分	30	52 920
6	超过 660 000 元至 960 000 元的部分	35	85 920
7	超过 960 000 元的部分	45	181 920

累计预扣预缴应纳税所得额公式中：

（1）累计减除费用。按照 5 000 元 / 月乘以纳税人当年截至本月在本单位的任职受雇月份数计算。如纳税人为纳税年度内首次取得工资、薪金所得的居民个人，可按照 5000 元 / 月乘以纳税人当年截至本月月份数计算累计减除费用。

（2）累计专项扣除。指纳税人当年截至本月按照国家规定的范围和标准缴纳的基本养老保险、基本医疗保险、失业保险等社会保险费和住房公积金等。

（3）累计专项附加扣除。指纳税人当年截至本月按照具体规定和标准执行的 3 岁以下婴幼儿照护、子女教育、继续教育、住房贷款利息或者住房租金、赡养老人支出。专项附加扣除中的大病医疗年度汇算清缴中扣除。以下是 7 项专项附加扣除的基本规定。

① 3 岁以下婴幼儿照护。纳税人的子女，自出生的当月至年满 3 周岁的前一个月的婴幼儿照护费用，按照每个子女每月 1 000 元的标准定额扣除。

②子女教育。纳税人的子女接受全日制学历教育的相关支出、年满 3 岁至小学入学前处于学前教育阶段的子女，按照每个子女每月 1 000 元的标准定额扣除。学历教育包括义务教育（小学、初中教育）、高中阶段教育（普通高中、中等职业、技工教育）、高等教育（大学专科、大学本科、硕士研究生、博士研究生教育）。

以上 3 岁以下婴幼儿照护及子女教育，父母可以选择由其中一方按扣除标准的 100% 扣除，也可以选择由双方分别按扣除标准的 50% 扣除，具体扣除方式在一个纳税年度内不能变更。

③继续教育。纳税人在中国境内接受学历（学位）继续教育的支出，在学历（学位）教育期间按照每月 400 元定额扣除。同一学历（学位）继续教育的扣除期限不能

超过48个月。纳税人接受技能人员职业资格继续教育、专业技术人员职业资格继续教育的支出，在取得相关证书的当年，按照3 600元定额扣除。

个人接受本科及以下学历（学位）继续教育，符合本办法规定扣除条件的，可以选择由其父母扣除，也可以选择由本人扣除。纳税人接受技能人员职业资格继续教育、专业技术人员职业资格继续教育的，应当留存相关证书等资料备查。

④住房贷款利息。纳税人本人或者配偶单独或者共同使用商业银行或者住房公积金个人住房贷款为本人或者其配偶购买中国境内住房，发生的首套住房贷款利息支出，在实际发生贷款利息的年度，按照每月1 000元的标准定额扣除，扣除期限最长不超过240个月。纳税人只能享受一次首套住房贷款的利息扣除。首套住房贷款是指购买住房享受首套住房贷款利率的住房贷款。

经夫妻双方约定，可以选择由其中一方扣除，具体扣除方式在一个纳税年度内不能变更。夫妻双方婚前分别购买住房发生的首套住房贷款，其贷款利息支出，婚后可以选择其中1套购买的住房，由购买方按扣除标准的100%扣除，也可以由夫妻双方对各自购买的住房分别按扣除标准的50%扣除，具体扣除方式在一个纳税年度内不能变更。纳税人应当留存住房贷款合同、贷款还款支出凭证备查。

⑤住房租金。纳税人在主要工作城市没有自有住房而发生的住房租金支出，可以按照以下标准定额扣除：

直辖市、省会（首府）城市、计划单列市以及国务院确定的其他城市，扣除标准为每月1 500元；

除上述所列城市以外，市辖区户籍人口超过100万的城市，扣除标准为每月1 100元；市辖区户籍人口不超过100万的城市，扣除标准为每月800元。

纳税人的配偶在纳税人的主要工作城市有自有住房的，视同纳税人在主要工作城市有自有住房。市辖区户籍人口，以国家统计局公布的数据为准。主要工作城市是指纳税人任职受雇的直辖市、计划单列市、副省级城市、地级市（地区、州、盟）全部行政区域范围；纳税人无任职受雇单位的，为受理其综合所得汇算清缴的税务机关所在城市。

夫妻双方主要工作城市相同的，只能由一方扣除住房租金支出。住房租金支出由签订租赁住房合同的承租人扣除。纳税人及其配偶在一个纳税年度内不能同时分别享受住房贷款利息和住房租金专项附加扣除。纳税人应当留存住房租赁合同、协议等有关资料备查。

⑥赡养老人。纳税人赡养1位及以上被赡养人的赡养支出，统一按照以下标准定

额扣除：

纳税人为独生子女的，按照每月 2 000 元的标准定额扣除；

纳税人为非独生子女的，由其与兄弟姐妹分摊每月 2 000 元的扣除额度，每人分摊的额度不能超过每月 1 000 元。可以由赡养人均摊或者约定分摊，也可以由被赡养人指定分摊。约定或者指定分摊的须签订书面分摊协议，指定分摊优先于约定分摊。具体分摊方式和额度在一个纳税年度内不能变更。

被赡养人是指年满 60 岁的父母，以及子女均已去世的年满 60 岁的祖父母、外祖父母。上述所称父母，是指生父母、继父母、养父母。所称子女，是指婚生子女、非婚生子女、继子女、养子女。父母之外的其他人担任未成年人的监护人的，比照上述规定执行。

⑦大病医疗。在一个纳税年度内，纳税人发生的与基本医保相关的医药费用支出，扣除医保报销后个人负担（指医保目录范围内的自付部分）累计超过 15 000 元的部分，由纳税人在办理年度汇算清缴时，在 80 000 元限额内据实扣除。纳税人及其配偶、未成年子女发生的医药费用支出，按上述规定分别计算扣除额。纳税人发生的医药费用支出可以选择由本人或者其配偶扣除；未成年子女发生的医药费用支出可以选择由其父母一方扣除。 纳税人应当留存医药服务收费及医保报销相关票据原件（或者复印件）等资料备查。医疗保障部门应当向患者提供在医疗保障信息系统记录的本人年度医药费用信息查询服务。

（4）其他扣除。其他扣除，包括个人缴付符合国家规定的企业年金、职业年金，个人购买符合国家规定的商业健康保险、税收递延型商业养老保险的支出，以及国务院规定可以扣除的其他项目。

对个人购买符合规定的商业健康保险产品的支出，允许在当年（月）计算应纳税所得额时予以税前扣除，扣除限额为 2 400 元 / 年（200 元 / 月）。单位统一为员工购买符合规定的商业健康保险产品的支出，应分别计入员工个人工资、薪金，视同个人购买，按上述限额予以扣除。

专项扣除、专项附加扣除和依法确定的其他扣除，以居民个人一个纳税年度的应纳税所得额为限额；一个纳税年度扣除不完的，不结转以后年度扣除。

【技能点 5–1】长沙启元公司职员张晨，2023 年 1 月取得工资、薪金收入 20 000 元，个人缴纳的三险一金合计为 4 500 元，张晨为独生子，父母现年 68 岁，育有一子现年 5 岁，名下无房，现租房住。夫妻双方约定由张晨扣除子女教育费和租房费用。计算张晨当月应预缴的个人所得税。

①累计基本减除费用 =5 000 元

②累计专项扣除（三险一金）=4 500 元

③累计专项附加扣除 =2 000（赡养老人）+1 000（子女教育）+1 500（住房租金）
=4 500（元）

④累计扣除项合计 =5 000+4 500+4 500=14 000（元）

⑤累计预扣预缴应纳税所得额 =20 000−14 000=6 000（元）

累计预扣预缴应纳税所得额不超过 36 000 元，适用税率 3%，速算扣除数为 0。

⑥当月应预缴的个人所得税 =6 000 × 3%−0−0=180（元）

【技能点 5–2】陈平 2023 年每月应发工资均为 30 000 元，每月减除费用 5 000 元，“三险一金”等专项扣除每月为 4 500 元，享受子女教育、赡养老人两项专项附加扣除每月共计 2 000 元，假设没有减免收入及减免税额等情况。计算陈平 1–3 月分别应预扣预缴税额。

1 月份：（30 000 − 5 000−4 500−2 000）× 3%−0 = 555（元）

2 月份：（30 000 × 2−5 000 × 2−4 500 × 2−2 000 × 2）× 10%−2 520 −555 =625（元）

3 月份：（30 000 × 3−5 000 × 3−4 500 × 3−2 000 × 3）× 10%−2 520 −555−625 =1 850（元）

上述计算结果表明，由于 2 月份累计预扣预缴应纳税所得额为 37 000 元，已适用 10% 的税率，因此 2 月份和 3 月份应预扣预缴税款有所增加。

2. 劳务报酬所得、稿酬所得、特许权使用费所得的预扣预缴。

扣缴义务人向居民个人支付劳务报酬所得、稿酬所得、特许权使用费所得，按次或者按月预扣预缴个人所得税。劳务报酬所得、稿酬所得、特许权使用费所得，属于一次性收入的，以取得该项收入为 1 次；属于同一项目连续性收入的，以一个月内取得的收入为 1 次。具体预扣预缴方法如下：

劳务报酬所得、稿酬所得、特许权使用费所得以收入减除费用后的余额为收入额。其中，稿酬所得的收入额减按 70% 计算。

减除费用：劳务报酬所得、稿酬所得、特许权使用费所得每次收入不超过 4 000 元的，减除费用按 800 元计算；每次收入 4 000 元以上的，减除费用按 20% 计算。

应纳税所得额：劳务报酬所得、稿酬所得、特许权使用费所得，以每次收入额为预扣预缴应纳税所得额。

劳务报酬所得适用 20%~40% 的超额累进预扣率，使用个人所得预扣率表二，见表 5–5 所示。

稿酬所得、特许权使用费所得适用 20% 的比例预扣率。

表 5-5　　　　个人所得税预扣率表二

（居民个人劳务报酬所得预扣预缴适用）

级数	累计预扣预缴应纳税所得额	预扣率（%）	速算扣除数
1	不超过 20 000 元的部分	20	0
2	超过 20 000 元至 50 000 元的部分	30	2 000
3	超过 50 000 元的部分	40	7 000

劳务报酬所得应预扣预缴税额 = 预扣预缴应纳税所得额 × 预扣率 − 速算扣除数

稿酬所得、特许权使用费所得应预扣预缴税额 = 预扣预缴应纳税所得额 ×20%

【技能点 5-3】专家刘红为居民个人，2023 年 11 月受邀为甲公司连续提供两场专题培训，共取得劳务收入 50 000 元，为乙公司提供咨询，取得劳务收入 3 000 元。计算其应预扣预缴税额。

为甲公司提供培训：

应纳税所得额 =50 000×（1−20%）=40 000（元）

应预扣预缴税额 =40 000×30%−2 000=10 000（元）

为乙公司提供咨询：

应纳税所得额 =3 000−800=2 200（元）

应预扣预缴税额 =2 200×20%=440（元）

【技能点 5-4】作家王宁为居民个人，本月取得稿酬所得 20 000 元，转让一项特许使用权，取得收入 20 000 元，计算应预扣预缴税额。

取得稿酬应纳税所得额 =20 000×（1−20%）×70%=11 200（元）

应预扣预缴税额 =11 200×20%=2 240（元）

转让特许使用权应纳税所得额 =20 000 ×（1−20%）=16 000（元）

应预扣预缴税额 =16 000×20%=3 200（元）

（二）居民个人综合所得汇算清缴个人所得税的计算

居民个人工资、薪金所得，劳务报酬所得，稿酬所得，特许权使用费所得四项综合所得年度预扣预缴税额与年度应纳税额不一致的，由居民个人于次年 3 月 1 日至 6 月 30 日向主管税务机关办理综合所得年度汇算清缴，税款多退少补。

年度汇算清缴应纳税额计算公式如下：

应纳税额 = 应纳税所得额 × 适用税率 – 速算扣除数

应纳税所得额 = 每一纳税年度收入额 – 费用 6 万元 – 专项扣除 – 专项附加扣除 – 依法确定的其他扣除

上述公式中的适用税率、速算扣除数，按“个人所得税率表一”（表 5–1）执行。

其中：

1. 年度收入额。

工资薪金所得按 100% 计入收入额；劳务报酬所得、稿酬所得、特许权使用费所得以收入减除 20% 的费用后的余额为收入额；稿酬所得的收入额在扣除 20% 费用的基础上，再减按 70% 计算。

2. 专项扣除。

包括纳税人全年按照国家规定的范围和标准缴纳的基本养老保险、基本医疗保险、失业保险等社会保险费和住房公积金等。

3. 专项附加扣除。

包括纳税人全年按照具体规定和标准执行的 3 岁以下婴幼儿照护、子女教育、继续教育、住房贷款利息或者住房租金、赡养老人及大病医疗支出。

4. 其他扣除。

包括纳税人全年缴付的符合国家规定的企业年金、职业年金，以及购买符合国家规定的商业健康保险、税收递延型商业养老保险等的支出。

【技能点 5–5】甲公司职员李平 2023 年全年取得工资、薪金收入 200 000 元（已累计预扣税 1 500 元），劳务报酬所得 12 500 元（已预扣税 2 000 元）。2023 年公司按规定扣除李平的养老、医疗、失业保险及住房公积金的个人部分为每月 2 250 元。李平正在偿还首套住房贷款及利息，李平为独生女，其独生子正在读大学 3 年级；李平父母均已年过 60 岁。夫妻双方约定由李平扣除贷款利息和子女教育费。计算李平 2023 年汇算清缴应缴纳的个人所得税。

①全年综合收入 =200 000+12 500 ×（1–20%）=210 000（元）

②扣除项目

全年减除费用 60 000 元

专项扣除 =2 250 × 12=27 000（元）

专项附加扣除 =12 000（房贷利息）+24 000（赡养老人）+12 000（子女教育）

=48 000（元）

③扣除项合计 =60 000+27 000+48 000=135 000（元）

④应纳税所得额 =210 000−135 000=75 000（元）

⑤应纳个人所得税 =75 000 × 10%−2 520=4 980（元）

⑥应补交个人所得税 =4 980−（1 500+2 000）=1 480（元）

（三）个人所得税应纳税额计算的特殊规定

1. 个人领取企业年金、职业年金的征税规定。

个人达到国家规定的退休年龄，领取的企业年金、职业年金，符合相关规定的，不并入综合所得，全额单独计算应纳税款。其中按月领取的，适用月度税率表计算纳税；按季领取的，平均分摊计入各月，按每月领取额适用月度税率表计算纳税；按年领取的，适用综合所得税率表计算纳税。

个人因出境定居而一次性领取的年金个人账户资金，或个人死亡后，其指定的受益人或法定继承人一次性领取的年金个人账户余额，适用综合所得税率表计算纳税。对个人除上述特殊原因外一次性领取年金个人账户资金或余额的，适用月度税率表计算纳税。

2. 解除劳动关系一次性补偿收入的征税规定。

个人与用人单位解除劳动关系取得一次性补偿收入（包括用人单位发放的经济补偿金、生活补助费和其他补助费），在当地上年职工平均工资 3 倍数额以内的部分，免征个人所得税；超过 3 倍数额的部分，不并入当年综合所得，单独适用综合所得税率表，计算纳税。

3. 提前退休一次性补贴收入的征税规定。

个人办理提前退休手续而取得的一次性补贴收入，应按照办理提前退休手续至法定离退休年龄之间实际年度数平均分摊，确定适用税率和速算扣除数，单独适用综合所得税率表，计算纳税。计算公式为：

应纳税额 = {[（一次性补贴收入 ÷ 办理提前退休手续至法定退休年龄的实际年度数）− 费用扣除标准] × 适用税率 − 速算扣除数}× 办理提前退休手续至法定退休年龄的实际年度数

4. 内部退养一次性收入的征税规定。

实行内部退养的个人在其办理内部退养手续后至法定离退休年龄之间从原任职单位取得的工资、薪金，不属于离退休工资，应按“工资、薪金所得”项目计征个人所得税。个人在办理内部退养手续后从原任职单位取得的一次性收入，应按办理内部退养手续后至法定离退休年龄之间的所属月份进行平均，并与领取当月的工资、薪金所得合并后减除当月费用扣除标准，以余额为基数确定适用税率，再将当月工资、薪金加上取得的一次性收入，减去费用扣除标准，按适用税率计征个人所得税。个人在办理内部退养手续后至法定离退休年龄之间重新就业取得的工资、薪金所得，应与其从原任职单位取得的同一月份的工资、薪金所得合并，并依法自行向主管税务机关申报缴纳个人所得税。

5. 个人取得公务交通、通讯补贴收入的征税规定。

个人因公务用车和通讯制度改革而取得的公务用车、通讯补贴收入，扣除一定标准的公务费用后，按照“工资、薪金所得”项目计征个人所得税。

6. 退休人员再任职取得收入的征税规定。

退休人员再任职取得的收入，在减除按个人所得税法规定的费用扣除标准后，按“工资、薪金所得”应税项目缴纳个人所得税。

7. 离退休人员从原任职单位取得各类补贴、奖金、实物的征税规定。

离退休人员除按规定领取离退休工资或养老金外，另从原任职单位取得的各类补贴、奖金、实物，不属于免税的退休工资、离休工资、离休生活补助费，应在减除费用扣除标准后，按“工资、薪金所得”应税项目缴纳个人所得税。

二、非居民个人所得应纳税额计算

扣缴义务人向非居民个人支付工资、薪金所得，劳务报酬所得，稿酬所得和特许权使用费所得时，应当按以下方法按月或者按次代扣代缴个人所得税。

非居民个人的工资、薪金所得，以每月收入额减除费用 5 000 元后的余额为应纳税所得额；劳务报酬所得、稿酬所得、特许权使用费所得，以每次收入额为应纳税所得额，其中，劳务报酬所得、稿酬所得、特许权使用费所得以收入减除 20% 的费用后的余额为收入额，稿酬所得的收入额再减按 70% 计算。

非居民个人的工资、薪金所得，劳务报酬所得，稿酬所得和特许权使用费所得适用按月换算后的非居民个人月度税率表（“个人所得税税率表三”见表 5-6）计算应纳税额。

表 5-6　　　　个人所得税税率表三

（非居民个人工资薪金所得、劳务报酬所得、稿酬所得、特许权使用费所得适用）

级数	应纳税所得额	税率（%）	速算扣除数
1	不超过 3 000 元的部分	3	0
2	超过 3 000 元至 12 000 元的部分	10	210
3	超过 12 000 元至 25 000 元的部分	20	1 410
4	超过 25 000 元至 35 000 元的部分	25	2 660
5	超过 35 000 元至 55 000 元的部分	30	4 410
6	超过 55 000 元至 80 000 元的部分	35	7 160
7	超过 80 000 元的部分	45	15 160

【技能点 5-6】非居民麦克 2023 年 11 月在我国境内取得某公司工资收入 20 000 元，从某培训机构取得兼职翻译报酬 3 000 元，取得稿酬收入 40 000 元。计算麦克应交纳的个人所得税。

工资应交纳的个人所得税额 =（20 000−5 000）×20%−1 410=1 590（元）

翻译报酬应交纳的个人所得税额 =3 000×（1−20%）×3%=72（元）

稿酬应交纳的个人所得税额 =40 000×（1−20%）×70%×20%−1 410=3 070（元）

非居民个人取得的其他分类所得应纳税额计算与居民个人所得税的计算方法一致，其他所得与居民个人所得税税率也一致。

三、经营所得应纳税额计算

（一）经营所得应纳税所得额的计算

个体工商户业主、个人独资企业投资者、合伙企业个人合伙人、承包承租经营者个人以及其他从事生产、经营活动的个人，在中国境内取得经营所得，按年计算个人所得税。

经营所得，以每一纳税年度的生产经营收入总额减除成本、费用以及损失后的余额，为应纳税所得额。成本、费用，是指生产、经营活动中发生的各项直接支出和分配计入成本的间接费用以及销售费用、管理费用、财务费用；损失，是指生产、经营活动中发生的固定资产和存货的盘亏、毁损、报废损失，转让财产损失，坏账损失，自然灾害等不可抗力因素造成的损失以及其他损失。

在计算经营所得应纳税所得额时，应注意以下几点：

1. 个体工商户业主、独资企业投资者、合伙企业合伙人的工资薪金支出不得在税前扣除。其他与人员薪酬直接相关的扣除项目规定如下表 5–7 所示。

表 5–7　　“经营所得”应纳税所得额计算

（与人员薪酬直接相关的扣除项目）

项目	从业人员	业主
工资	√	×（没有综合所得的，减除费用 6 万元、专项扣除、专项附加扣除以及依法确定的其他扣除）
“四险一金”	√	√
补充养老保险	不超过从业人员工资总额的 5%	不超过当地上年度社会平均工资 3 倍的 5%
补充医疗保险	不超过从业人员工资总额的 5%	不超过当地上年度社会平均工资 3 倍的 5%
符合条件的商业健康保险	×	不超过 2 400 元 / 年
合理劳动保护支出	√	√
三项经费（工会经费、职工福利费、职工教育经费	分别不超过工资薪金总额的 2%、14%、2.5%	分别不超过当地上年度社会平均工资 3 倍的 2%、14%、2.5%

2. 与生产经营直接相关扣除项目的具体规定见表 5–8。

表 5–8　　“经营所得”应纳税所得额计算

（与生产经营直接相关的扣除项目）

扣除项目		具体规定
生产经营费用与个人、家庭费用	分别核算	生产经营费用据实扣除
	难以分清	按难以分清费用金额的 40% 扣除
亏损		可以结转到以后 5 年内弥补
不需要资本化的借款费用		据实扣除
利息支出	向金融企业借款	据实扣除
	向非金融企业或者个人借款	按照金融企业同期贷款利率计算的数额内扣除
业务招待费		限额 1：实际发生额的 60% 限额 2：当年销售（营业）收入的 0.5% 取较小值作为扣除限额
广告和业务宣传费		不超过当年销售（营业）收入的 15% 的部分，可以据实扣除；超过部分，准予结转扣除

续表

扣除项目	具体规定
摊位费、行政性收费、协会会费	据实扣除
财产保险费	据实扣除
除按规定可以全额扣除以外的其他公益性捐赠	不超过其应纳税所得额 30% 的部分可以据实扣除
新产品、新技术、新工艺的研究开发费用	准予税前直接扣除
损失	按净损失额（减除责任人赔偿和保险赔款）扣除

3. 下列支出不得扣除：

（1）个人所得税税款。

（2）税收滞纳金。

（3）罚金、罚款和被没收财物的损失。

（4）不符合扣除规定的捐赠支出。

（5）赞助支出。

（6）用于个人和家庭的支出。

（7）与取得生产经营收入无关的其他支出。

（8）国家税务总局规定不准扣除的支出。

4. 个体工商户生产经营活动中，应当分别核算生产经营费用和个人、家庭费用，对于生产经营与个人、家庭生活混用难以分清的费用，其 40% 视为与生产经营有关费用，准予扣除。个人独资企业、合伙企业投资者及其家庭发生的生活费用与企业生产经营费用混合在一起，并且难以划分的，全部视为投资者个人及其家庭发生的生活费用，不允许在税前扣除。

5. 取得经营所得的个人，没有综合所得的，计算其每一纳税年度的应纳税所得额时，应当减除费用 6 万元、专项扣除、专项附加扣除以及依法确定的其他扣除。专项附加扣除在办理汇算清缴时减除。

6. 纳税年度发生的亏损，准予向以后年度结转，用以后年度的经营所得弥补，但结转年限最长不得超过五年。投资者兴办两个或两个以上企业的，企业的年度经营亏损不能跨企业弥补。

（二）个体工商户的经营所得应纳税额的计算

1. 实行查账征收的个体工商户。

应纳个人所得税税额 = 应纳税所得额 × 适用税率 – 速算扣除数

= （全年收入总额 – 成本、费用、税金、损失、其他支出及以前年度亏损）× 适用税率 – 速算扣除数

【技能点 5–7】某个体工商户全年生产收入为 200 000 元，成本为 60 000 元，费用为 30 000 元，损失为 10 000 元，计算该个体工商业主本年度应纳个人所得税（假定该业主另有其他综合所得申报）。

应纳税所得额 =200 000–60 000–30 000–10 000=100 000（元）

对应经营所得税率表，见表 5–3，对应税率为 20%，速算扣除数为 10 500

应纳个人所得税 =100 000 × 20%–10 500=9 500（元）

2. 实行核定征收的个体工商户。

有下列情形之一，采用核定征收的方式：

（1）按照国家的有关规定应当设置账户而未设置账簿的；

（2）虽设置账簿，但账目混乱或者成本资料、收入凭证、费用凭证残缺不全，难以查账的；

（3）纳税人发生纳税义务，未按照规定期限办理纳税申报的，经税务机关责令限期申报，逾期还不申报的。

核定征收方式包括定额征收、核定应税所得率征收以及其他合理的征收方式。

应纳税所得额 = 收入总额 × 应税所得率

或应纳税所得额 = 成本费用支出额 ÷（1– 应税所得率）× 应税所得率应纳税额

= 应纳税所得额 × 适用税率

四、其他分类所得应纳税额计算

（一）利息、股息、红利所得

1. 利息、股息、红利所得，以每次收入额为应纳税所得额。

应纳税额 = 应纳税所得额 × 适用税率 = 每次收入额 × 适用税率

【技能点 5–8】杨静 2023 年 11 月份从甲公司（未上市）取得红利 20 000 元，为此支付交通费 50 元、银行手续费 15 元。计算杨静应交纳的个人所得税。

应纳个人所得税 =20 000 × 20%=4 000（元）

2. 个人取得上市公司股息红利所得的征税规定。

个人从公开发行和转让市场取得的上市公司股票，持股期限在1个月以内（含1个月）的，其股息红利所得全额计入应纳税所得额；持股期限在1个月以上至1年（含1年）的，暂减按50%计入应纳税所得额；上述所得统一适用20%的税率计征个人所得税。

对个人持有的上市公司限售股，解禁后取得的股息红利，按照上市公司股息红利差别化个人所得税政策规定计算纳税，持股时间自解禁日起计算；解禁前取得的股息红利继续暂减按50%计入应纳税所得额，适用20%的税率计征个人所得税。

（二）财产租赁所得

财产租赁所得，每次收入不超过4 000元的，减除费用800元；4 000元以上的，减除20%的费用，其余额为应纳税所得额。

财产租赁所得应纳税额的计算公式为：

1. 每次（月）收入不超过4 000元的：

应纳税额 =［每次（月）收入额 – 财产租赁过程中缴纳的税费 – 由纳税人负担的租赁财产实际开支的修缮费用（800元为限）– 800元］×20%

2. 每次（月）收入超过4 000元的：

应纳税额 =［每次（月）收入额 – 财产租赁过程中缴纳的税费 – 由纳税人负担的租赁财产实际开支的修缮费用（800元为限）］×（1 –20%）× 20%

纳税人在出租财产过程中缴纳的税金、教育费附加，可凭完税凭证，从财产租赁收入中扣除；个人转租房屋的，其向房屋出租方支付的租金及增值税额，在计算转租所得时予以扣除。

由纳税人负担的该出租财产实际开支的修缮费用，必须是实际发生并能够提供有效准确凭证的支出，以每次扣除800元为限，一次扣除不完的，可以继续扣除，直至扣完为止。

【技能点5-9】居民王莎2023年11月1日起将其位于市区的一套住房按市价出租，每月收取不含税租金3 800元。11月因卫生间漏水发生修缮费用1 200元，已取得合法有效的支出凭证，不考虑其他费用扣除，请计算11、12月总计应纳的个人所得税。

应纳个人所得税 =（3 800–800–800）×10%+（3 800–400–800）×10%=480（元）

（三）财产转让所得

财产转让所得应按照一次转让财产的收入额减除财产原值和合理费用后的余额计算纳税。

财产转让所得应纳税额的计算公式为：

应纳税额 = 应纳税所得额 × 适用税率

= （收入总额 – 财产原值 – 合理费用）× 20%

个人转让房屋的个人所得税应税收入不含增值税，其取得房屋时所支付价款中包含的增值税计入财产原值，计算转让所得时可扣除的税费不包括本次转让缴纳的增值税。

【技能点 5–10】2023 年 11 月，中国公民陈林个人出售一套普通住房取得不含增值税收入 1 500 000 元，该房产原值 1 100 000 元，本次交易缴纳的增值税为 75 000 元，支付的其他可以税前扣除的合理费用 20 000 元（均取得合法票据）。已知财产转让所得个人所得税税率为 20%，计算该居民出售住房应缴纳的个人所得税。

应纳个人所得税 =（1 500 000–1 100 000–20 000）× 20%=76 000（元）

（四）偶然所得

偶然所得以每次收入额为应纳税所得额。

偶然所得应纳税额的计算公式为：

应纳税额 = 应纳税所得额 × 适用税率 = 每次收入额 × 20%

【技能点 5–11】2023 年 11 月李明购买福利彩票取得一次性中奖收入 100 000 元，购买彩票支出 1 000 元。计算李明当月该笔中奖收入应缴纳的所得税。

应纳个人所得税 =100 000 × 20%=20 000（元）

五、公益性捐赠的扣除

个人所得税税法规定，个人将其所得通过中国境内的社会团体、国家机关向教育和其他社会公益事业以及遭受严重自然灾害地区、贫困地区的捐赠，捐赠额未超过纳税义务人申报的应纳税所得额 30% 的，可以从其应纳税所得额中扣除。个人通过非营利的社会团体和国家机关向红十字事业、农村义务教育、公益性青少年活动场所（包括新建）以及福利性、非营利性老年服务机构捐赠，通过特定的基金会用于公益性救济的捐赠，符合相关条件的，准予在缴纳个人所得税前的所得额中全额扣除。

【技能点 5-12】2023 年 11 月王婷购买体育彩票支出 400 元，获一等奖 300 000 元，王婷当即通过非营利团体将 100 000 元现款捐赠给某灾区，计算王婷应纳个人所得税。

捐赠支出扣除限额 =300 000 × 30%=90 000（元）

应纳税所得额 =300 000−90 000=210 000（元）

应纳税额 =210 000 × 20%=42 000（元）

六、境外所得已纳税款的扣除

根据个人所得税法规定，纳税义务人从中国境外取得的所得，准予其在应纳税额中扣除已在境外缴纳的个人所得税税额。但扣除额不得超过该纳税义务人境外所得依照我国个人所得税法规定计算的应纳税额。

依照税法规定计算的应纳税额是指纳税义务人从中国境外取得的所得，区别不同国家或者地区和不同应税项目，依照我国税法规定的费用减除标准和适用税率计算的应纳税额。居民个人从中国境内和境外取得的综合所得、经营所得，应当分别合并计算应纳税额；从中国境内和境外取得的其他所得，应当分别单独计算应纳税额。同一国家或者地区内不同应税项目，依照我国税法计算的应纳税额之和，为该国家或者地区的扣除限额。

已在境外缴纳的个人所得税税额是指纳税义务人从中国境外取得的所得，依照该所得来源国家或者地区的法律应当缴纳并且实际已经缴纳的税额。纳税义务人在中国境外一个国家或者地区实际已经缴纳的个人所得税税额，低于依照我国个人所得税法规定计算出的应交个人所得税税额的，应当在中国缴纳差额部分的税款；超过依照我国个人所得税法规定计算出的应交个人所得税税额的，其超过部分不得在本纳税年度的应纳税额中扣除，但是可以在以后纳税年度的应纳税额中补扣，补扣期限最长不得超过五年。

任务实践

【资料】

居民纳税人王丹为国内某大学教授，育有一子正在上小学，父母均已年过 60 周岁，王丹与其妹妹共同赡养其年过 60 岁的父母。2023 年 12 月王丹有关收支情况如下：

（1）每月取得工资 18 000 元。每月缴纳的基本养老保险费 1440 元、基本医疗保险费 360 元、失业保险费 90 元、住房公积金 2 160 元，每月偿还首套住房贷款本息 5 000

元。1–11 月工资、薪金所得累计已预扣预缴个人所得税 4 025 元。

（2）利用业余时间创作并发表文章，取得报酬 3 000 元。

（3）购买体育彩票一次中奖收入 50 000 元，购买彩票支出 1 000 元，将其中 10 000 元通过国家机关向农村义务教育捐赠。

（4）将投资于境内某有限责任公司的股权转让给其他单位，取得不含税转让收入 50 000 元，该股权取得时成本为 30 000 元。

（5）收到汽车保险理赔款项 50 000 元。

已知：王丹夫妻约定，子女教育和住房贷款利息均由王丹从工资中扣除。王丹与其妹妹平均分摊赡养老人费用。

【任务要求】

（1）计算王丹当年 12 月份工资、薪金所得应预扣预缴个人所得税。

（2）计算王丹发表文章取得稿酬应预扣预缴个人所得税。

（3）计算王丹获得体育彩票中奖收入应交纳的个人所得税。

（4）计算王丹转让股权应交纳的个人所得税。

（5）分析王丹收到的汽车保险理赔款是否需要交纳个人所得税。

【分析】

（1）王丹当年 12 月份工资、薪金所得应预扣预缴个人所得税 =（18 000 × 12– 5 000 × 12–4 050 × 12– 1 000 × 12–1 000 × 12–1 000 × 12）× 10%–2 520– 4 025 = 595(元）

（2）王丹发表文章取得稿酬应预扣预缴个人所得税 =（3 000–800）× 70% × 20%=308（元）

（3）王丹获得体育彩票中奖收入应交纳的个人所得税 =（50 000–10 000）× 20%=8 000（元）

（4）王丹转让股权应交纳的个人所得税 =（50 000–30 000）× 20%=4 000（元）

（5）王丹收到的汽车保险理赔款免征个人所得税。

任务 3　个人所得税智慧平台申报管理

知识储备

一、个人所得税征收管理

（一）纳税申报

个人所得税的纳税办法，有自行申报和代扣代缴两种形式。具备自行申报条件的纳税义务人，应按照国家的有关规定办理纳税申报。同时扣缴义务人也应按照国家的有关规定办理全员全额扣缴申报。

1. 个人所得税的扣缴申报。

个人所得税以所得人为纳税人，以支付所得的单位或者个人为扣缴义务人。扣缴义务人向个人支付应税款项时，应当依照个人所得税法规定预扣或代扣税款，按时缴库，并专项记载备查。支付，包括现金支付、汇拨支付、转账支付和以有价证券、实物以及其他形式的支付。

税务机关对扣缴义务人按照所扣缴的税款，付给 2% 的手续费。

扣缴义务人应当按照国家规定办理全员全额扣缴申报，并向纳税人提供其个人所得和已扣缴税款等信息。全员全额扣缴申报，是指扣缴义务人在代扣税款的次月 15 日内，向主管税务机关报送其支付所得的所有个人的有关信息、支付所得数额、扣除事项和数额、扣缴税款的具体数额和总额以及其他相关涉税信息资料。

2. 纳税人办理纳税申报的情形。

有下列情形之一的，纳税人应当依法办理纳税申报：

（1）取得综合所得需要办理汇算清缴。

需要办理汇算清缴的情形包括：

①在两处或者两处以上取得综合所得，且综合所得年收入额减去专项扣除的余额超过 6 万元。

②取得劳务报酬所得、稿酬所得、特许权使用费所得中一项或者多项所得，且综合所得年收入额减去专项扣除的余额超过 6 万元。

③纳税年度内预缴税额低于应纳税额的。

④纳税人申请退税。纳税人申请退税，应当提供其在中国境内开设的银行账户，并在汇算清缴地就地办理税款退库。

（2）取得应税所得没有扣缴义务人。

（3）取得应税所得，扣缴义务人未扣缴税款。

（4）取得境外所得。

（5）因移居境外注销中国户籍。

（6）非居民个人在中国境内从两处以上取得工资、薪金所得。

（7）国务院规定的其他情形。

纳税人可以委托扣缴义务人或者其他单位和个人办理汇算清缴。

3. 专项附加扣除信息的提供及减除。

居民个人取得工资、薪金所得时，可以向扣缴义务人提供专项附加扣除有关信息，由扣缴义务人扣缴税款时减除专项附加扣除。纳税人同时从两处以上取得工资、薪金所得，并由扣缴义务人减除专项附加扣除的，对同一专项附加扣除项目，在一个纳税年度内只能选择从一处取得的所得中减除。

居民个人取得劳务报酬所得、稿酬所得、特许权使用费所得，应当在汇算清缴时向税务机关提供有关信息，减除专项附加扣除。

纳税人、扣缴义务人应当按照规定保存与专项附加扣除相关的资料。税务机关可以对纳税人提供的专项附加扣除信息进行抽查，具体办法由国务院税务主管部门另行规定。

税务机关发现纳税人提供虚假信息的，应当责令改正并通知扣缴义务人；情节严重的，有关部门应当依法予以处理，纳入信用信息系统并实施联合惩戒。

4. 修正申报与退税。

纳税人发现扣缴义务人提供或者扣缴申报的个人信息、所得、扣缴税款等与实际情况不符的，有权要求扣缴义务人修改。扣缴义务人拒绝修改的，纳税人应当报告税务机关，税务机关应当及时处理。

纳税人申请退税时提供的汇算清缴信息有错误的，税务机关应当告知其更正；纳税人更正的，税务机关应当及时办理退税。扣缴义务人未将扣缴的税款解缴入库的，不影响纳税人按照规定申请退税，税务机关应当凭纳税人提供的有关资料办理退税。

（二）纳税期限

1. 居民个人的纳税期限。

（1）居民个人取得综合所得，按年计算个人所得税；有扣缴义务人的，由扣缴义务人按月或者按次预扣预缴税款；需要办理汇算清缴的，应当在取得所得的次年3月1日至6月30日内办理汇算清缴。

（2）居民个人从中国境外取得所得的，应当在取得所得的次年3月1日至6月30日内申报纳税。

2. 非居民个人的纳税期限。

（1）非居民个人取得工资、薪金所得，劳务报酬所得，稿酬所得和特许权使用费所得，有扣缴义务人的，由扣缴义务人按月或者按次代扣代缴税款，不办理汇算清缴。

（2）非居民个人在中国境内从两处以上取得工资、薪金所得的，应当在取得所得的次月15日内申报纳税。

3. 扣缴义务人的纳税期限。

扣缴义务人每月或者每次预扣、代扣的税款，应当在次月15日内缴入国库，并向税务机关报送扣缴个人所得税申报表。

4. 其他情形的纳税期限。

（1）纳税人取得经营所得，按年计算个人所得税，由纳税人在月度或者季度终了后15日内向税务机关报送纳税申报表，并预缴税款；在取得所得的次年3月31日前办理汇算清缴。

（2）纳税人取得利息、股息、红利所得，财产租赁所得，财产转让所得和偶然所得，按月或者按次计算个人所得税，有扣缴义务人的，由扣缴义务人按月或者按次代扣代缴税款。

（3）纳税人取得应税所得没有扣缴义务人的，应当在取得所得的次月15日内向税务机关报送纳税申报表，并缴纳税款。

（4）纳税人取得应税所得，扣缴义务人未扣缴税款的，纳税人应当在取得所得的次年6月30日前，缴纳税款；税务机关通知限期缴纳的，纳税人应当按照期限缴纳税款。

纳税人因移居境外注销中国户籍的，应当在注销中国户籍前办理税款清算。

二、个人所得税智慧平台纳税申报

（一）个人所得税的扣缴申报

扣缴义务人需要按我国《税收征收管理法》的规定，及时对代扣代缴的个人所得税进行纳税申报，具体在自然人电子税务局（扣缴端）平台的申报操作流程如下所述。

1. 登录自然人电子税务局（扣缴端）平台，选择“扣缴单位版”，选择【我要办税】，进入信息录入界面，如图 5–1 所示。

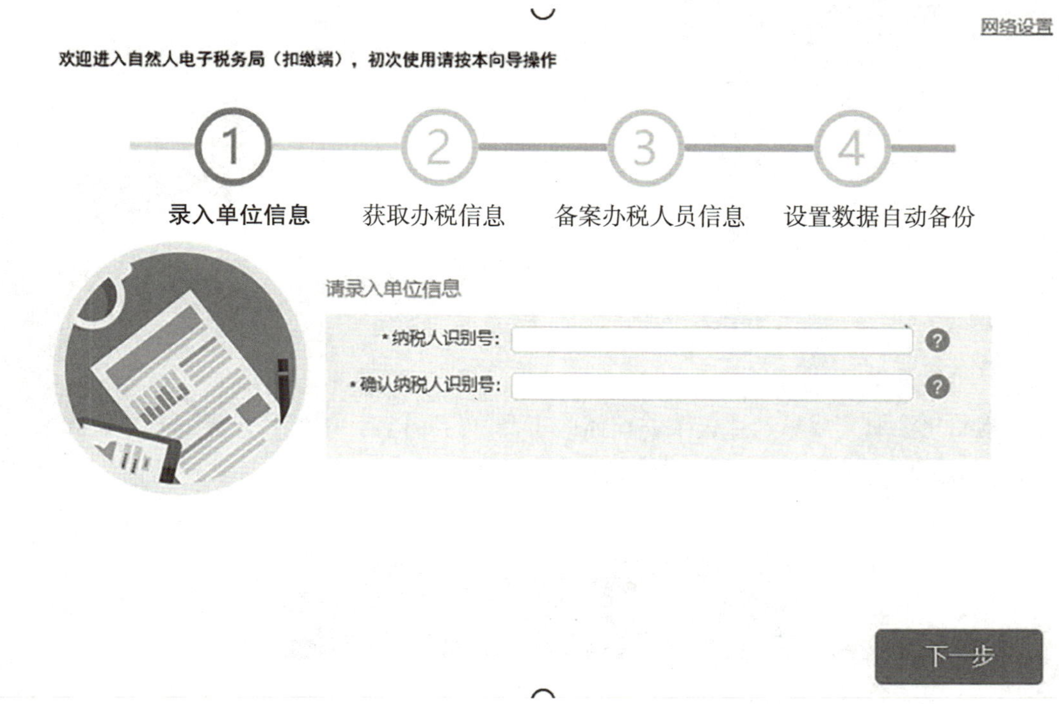

图 5–1　扣缴义务人初次信息录入

在“纳税人识别号”“确认纳税人识别号”的位置输入扣缴单位的纳税人识别号，已进行过多证合一的单位则输入统一社会信用代码，点击【下一步】，即可完成注册的第一步。

2. 备案办税人员信息。

办税人员如实填写姓名、手机号、岗位等信息，如图 5–2 所示。

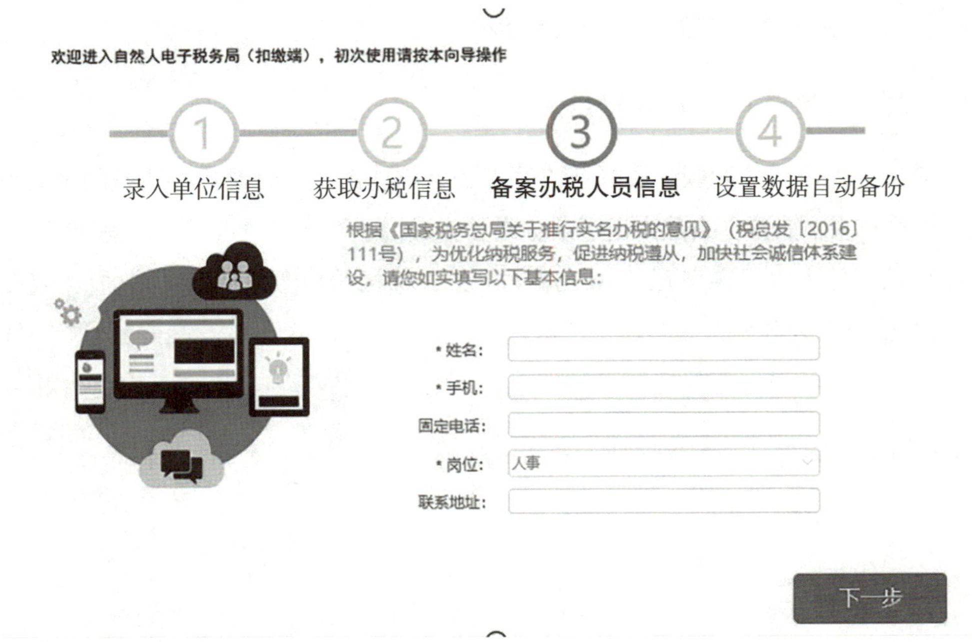

图 5-2　备案办税人员信息录入

3. 系统登录。

初始化注册完成后，点击【立即体验】，即可打开客户端的登录界面。单位扣缴义务人点击申报密码登录，如图 5-3 所示。

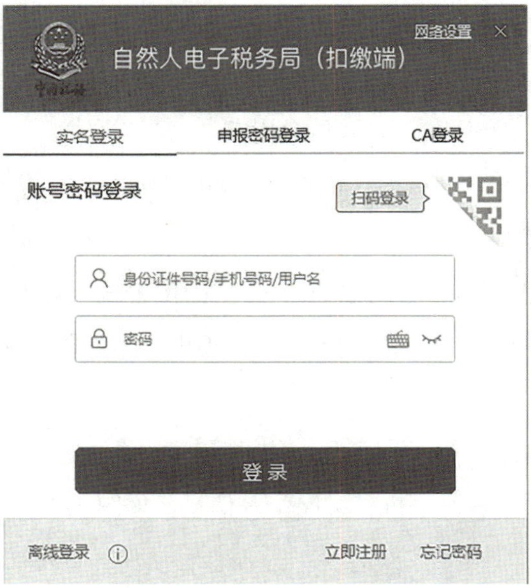

图 5-3　单位扣缴义务人登录

4. 人员信息采集。

（1）根据《中华人民共和国个人所得税法》第九条的规定：纳税人有中国公民身份号码的，以中国公民身份号码为纳税人识别号；纳税人没有中国公民身份号码的，由税务机关赋予其纳税人识别号。首次在本公司进行个税申报的员工需要操作此步骤。扣缴义务人可通过扣缴端采集报送自然人基础信息，如图 5-4 所示。

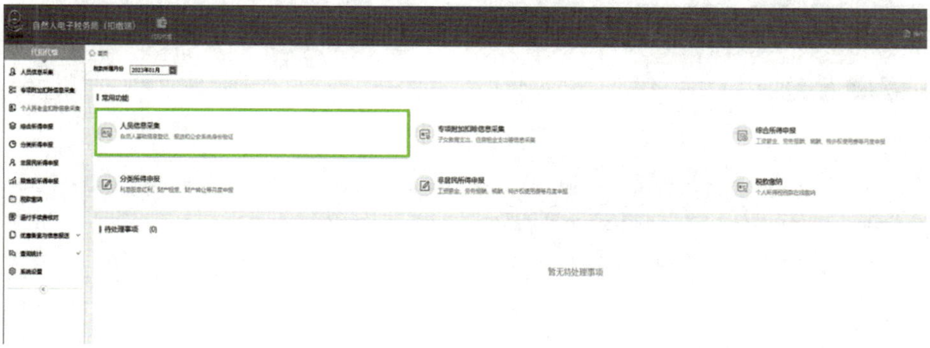

图 5-4　人员信息采集

（2）人员信息采集主要包括【添加】、【导入】、【报送】、【导出】等功能，如图 5-5 所示。

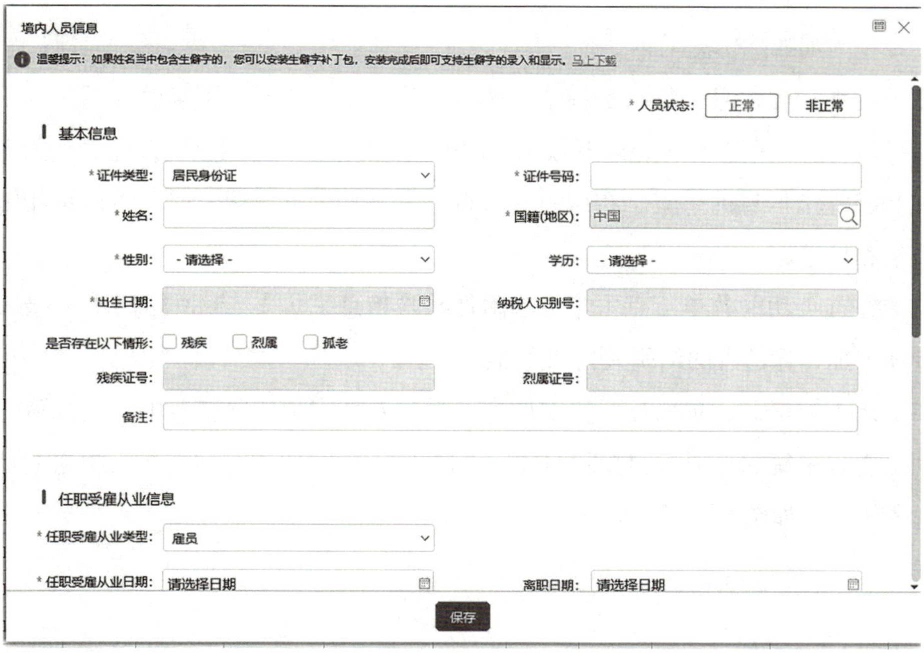

图 5-5　人员信息录入

（3）人员信息采集完毕后，须先将人员信息报送至税务机关端进行验证。点击【报送】，客户端会将报送状态为“待报送”的人员信息报送至税务机关并进行身份验证，只有报送状态为“报送成功”的人员才允许进行申报表报送等业务操作，如图 5-6 所示。

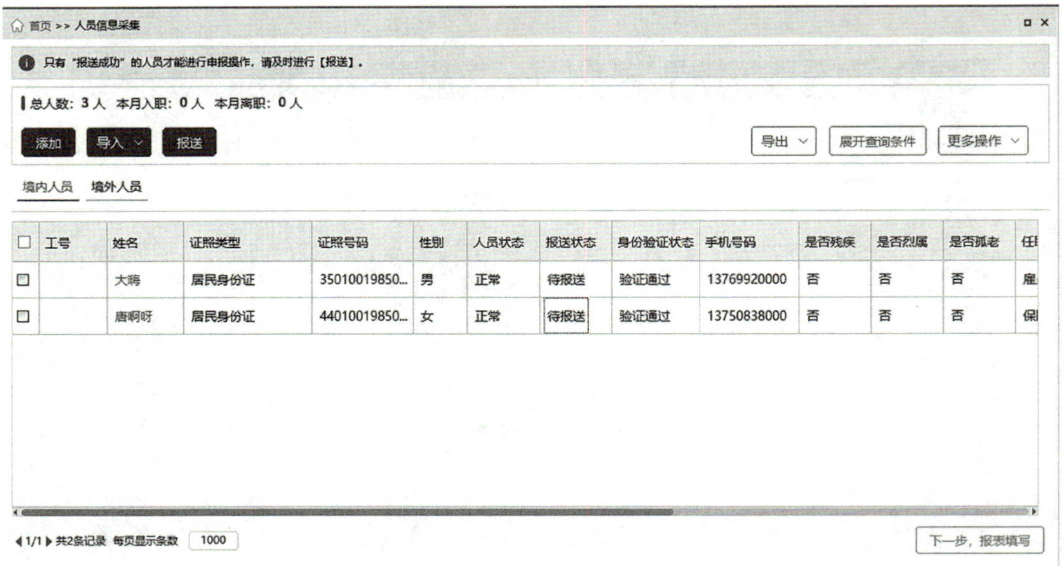

图 5-6　人员信息核对并报送

5. 专项附加扣除信息采集。

专项附加扣除信息采集，是指个人所得税法规定的 3 岁以下婴幼儿照护、子女教育、继续教育、大病医疗（暂未开放）、住房贷款利息、住房租金以及赡养老人七项专项附加扣除支出信息的采集。在纳税人未自行采集某个支出项目时，可以由扣缴单位代为采集和报送。

（1）在首页功能菜单下点击【专项附加扣除信息采集】，点击【添加】，录入需要采集专项附加扣除信息的纳税人，如图 5-7 所示。

（2）录入完毕后，页面显示当前所有已采集专项附加扣除信息的人员列表，双击数据列可查看采集的专项附加扣除明细。点击【报送】，将报送状态为待报送的信息发送至税务机关，如图 5-8 所示。

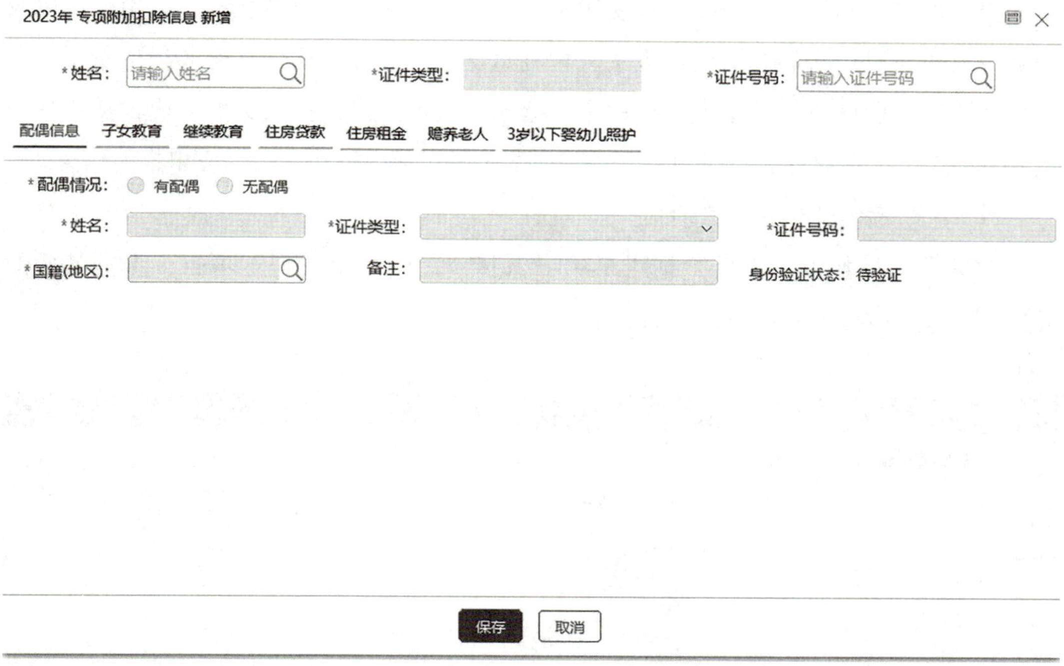

图 5-7　专项附加扣除信息录入

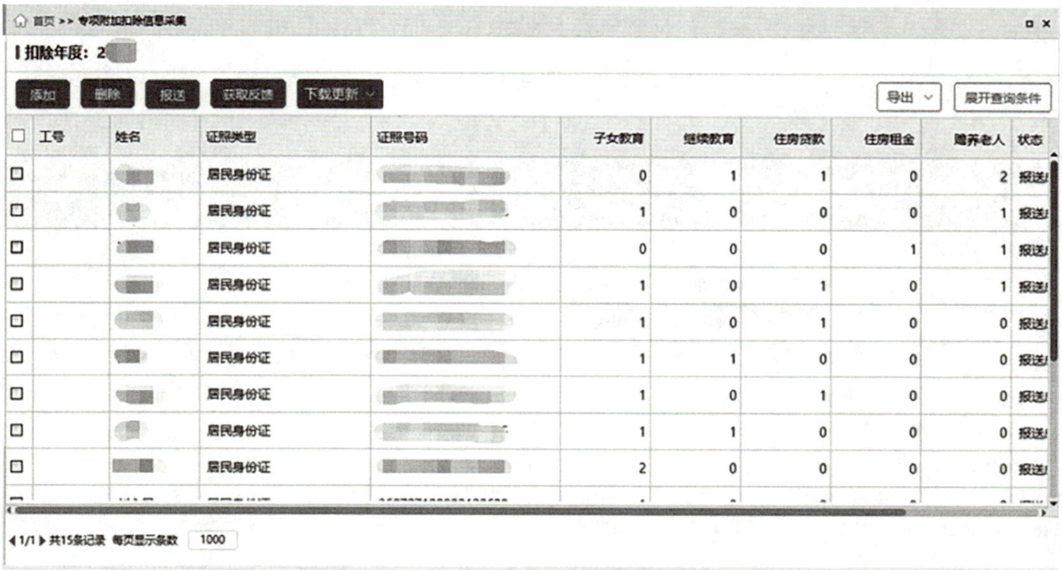

工号	姓名	证照类型	证照号码	子女教育	继续教育	住房贷款	住房租金	赡养老人	状态
	[illegible]	居民身份证	[illegible]	0	1	1	0	2	报送
	[illegible]	居民身份证	[illegible]	1	0	0	0	1	报送
	[illegible]	居民身份证	[illegible]	0	0	0	1	1	报送
	[illegible]	居民身份证	[illegible]	1	0	1	0	1	报送
	[illegible]	居民身份证	[illegible]	1	0	1	0	0	报送
	[illegible]	居民身份证	[illegible]	1	1	0	0	0	报送
	[illegible]	居民身份证	[illegible]	1	0	1	0	0	报送
	[illegible]	居民身份证	[illegible]	1	1	0	0	0	报送
	[illegible]	居民身份证	[illegible]	2	0	0	0	0	报送

图 5-8　专项附加扣除信息报送

6. 填写个人所得税扣缴申报信息。

扣缴义务人向居民个人支付工资、薪金所得，劳务报酬所得，稿酬所得和特许权使用费所得的个人所得税全员全额预扣预缴申报；向非居民个人支付工资、薪金所得，劳务报酬所得，稿酬所得和特许权使用费所得的个人所得税全员全额扣缴申报；以及向纳税人（居民个人和非居民个人）支付利息、股息、红利所得，财产租赁所得，财产转让所得和偶然所得的个人所得税全员全额扣缴申报时，扣缴义务人应根据扣缴税款的不同情形，在自然人电子税务局（扣缴端）平台相应模块填入需要申报的信息。

（1）工资薪金的预扣预缴填报。

①进入填报数据页面后（见图5-9），选择“工资薪金所得”项目，点击其后的【填写】，进入申报录入界面，如图5-10所示。

图5–9　工资薪金预扣预缴

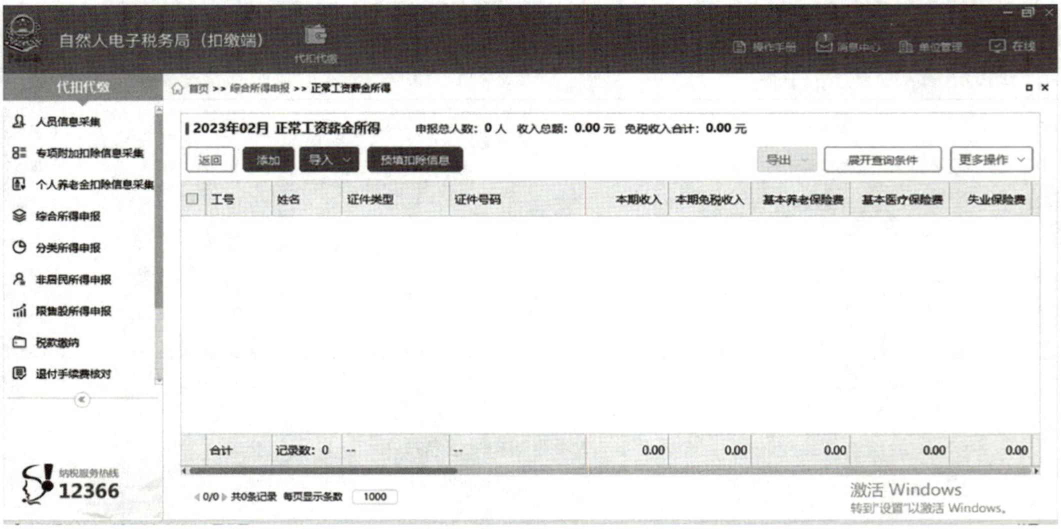

图5–10　工资薪金预扣预缴添加

②点击【添加】按钮，逐个录入员工工资薪金信息，如图 5–11 所示。

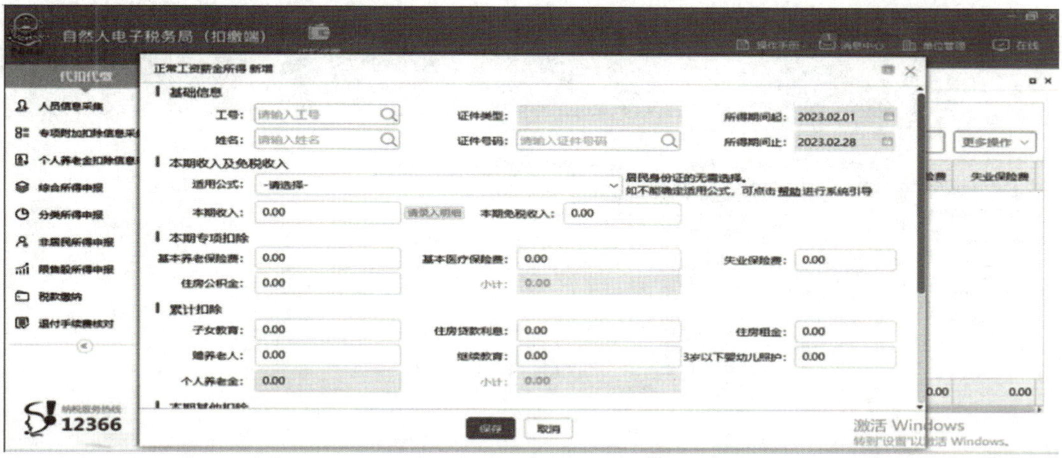

图 5–11　工资薪金所得新增

③当公司员工人数较多时，可通过模板导入当月工资薪金信息，模板需从导入模块中下载，如图 5–12 所示。

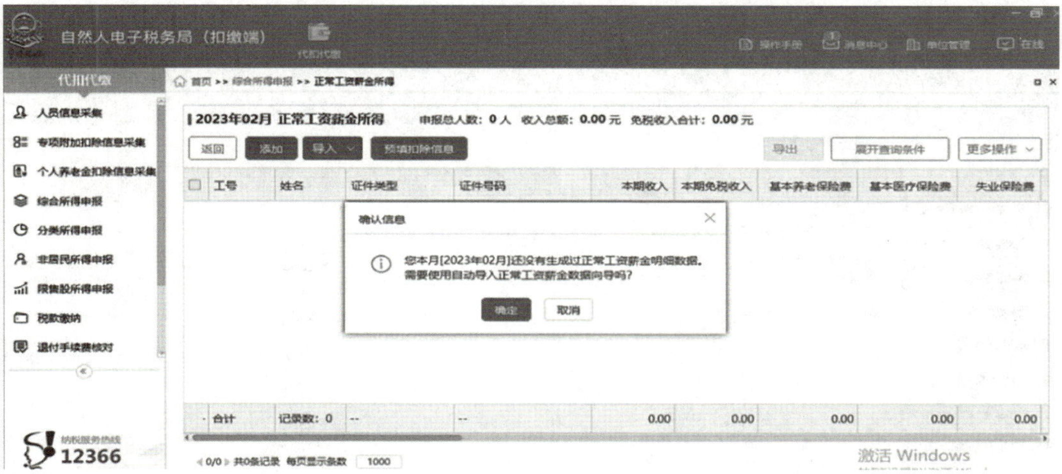

图 5–12　工资薪金模板下载

④填写完成后，再点【导入数据】，选“标准模板导入”，点【导入】，如图 5–13 所示。选择刚才填写并保存好的模板表，点【打开】并导入数据后点【提交数据】完成数据的上传。

注意：当企业每月工资变动不大时，也可选择“复制上月当期数据”选项，由系统自动导入上月的工资薪金数据，然后再根据当月变动情况在导入后的申报表中直接修改数据。

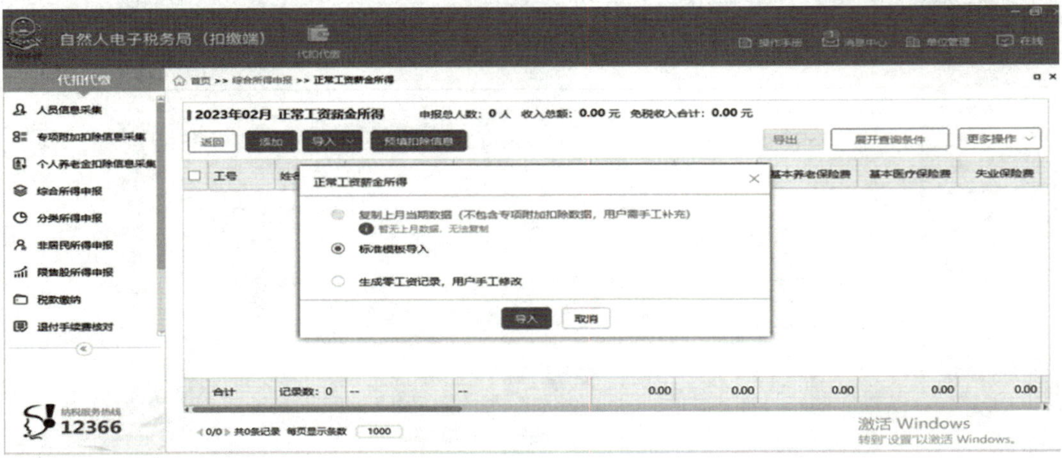

图 5-13　工资薪金导入

⑤数据导入或修改完后，点击【税款计算】，核对个人所得税数据，如图 5-14 所示。核对无误后点【申报表报送】，再点【发送申报】。

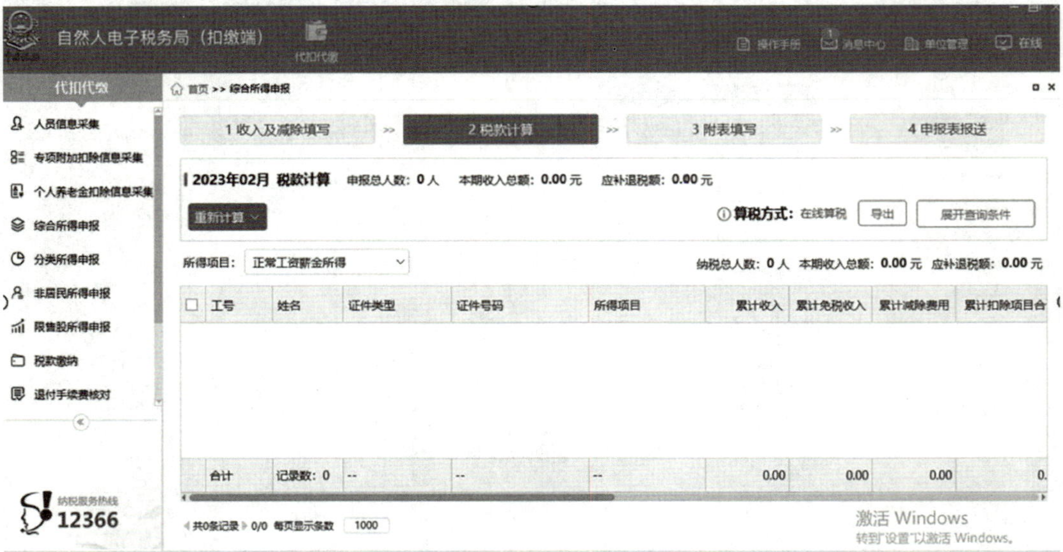

图 5-14　工资薪金税款计算

（2）劳务报酬所得、特许权使用费所得、稿酬所得预扣预缴。

①点击相应模块的【填写】按钮进入信息录入界面，如图 5-15 所示。

图 5-15　综合所得项目选择

②以劳务报酬所得为例，点击【添加】，进入新增录入界面，如图 5-16 所示。

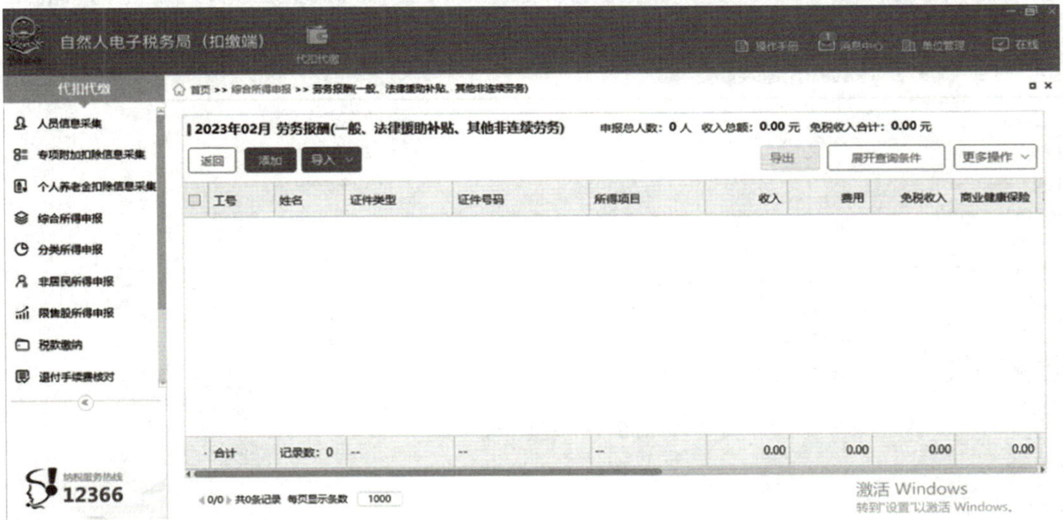

图 5-16　新增所得项目填报

③按提示填入相应信息，如图 5-17 所示。

④保存并返回“税款计算”界面，核对无误后点【申报表报送】，如图 5-18 所示。

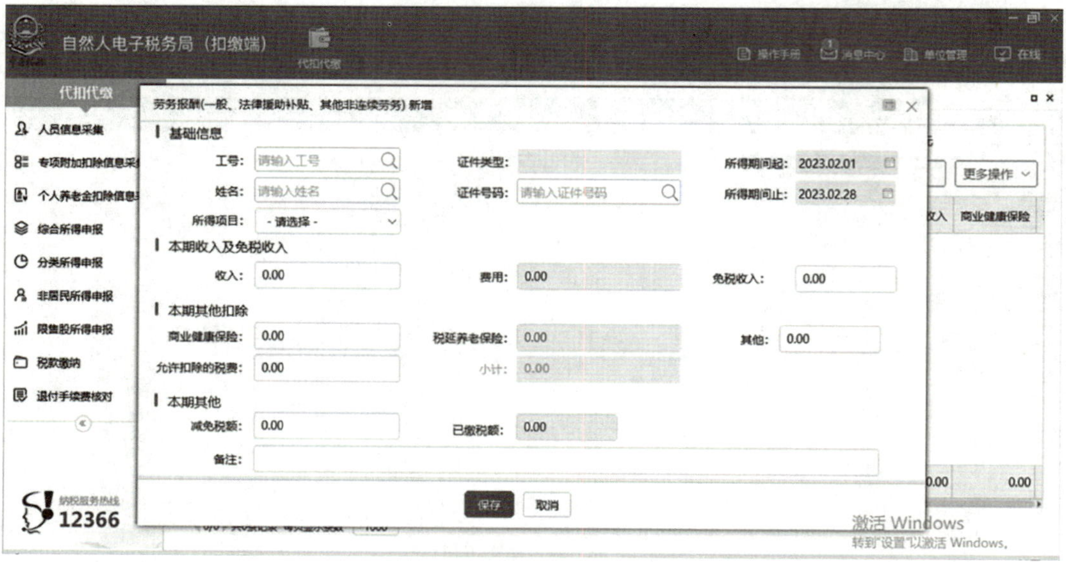

图 5-17 新增所得项目信息录入

图 5-18 税款计算并报送

（3）其他分类所得代扣代缴。

点击所需要填报所得项目模块（以利息股息红利所得为例），进入信息填报界面，如图 5-19 所示。填写完成点【保存】返回税款计算界面，核对无误后进行发送申报。

7. 填写完各项目申报内容后，即可进行税款缴纳，税务局通过事先与企业签订的三方协议中约定的银行收缴税款，如图 5-20 所示。

图 5-19 新增所得项目信息录入

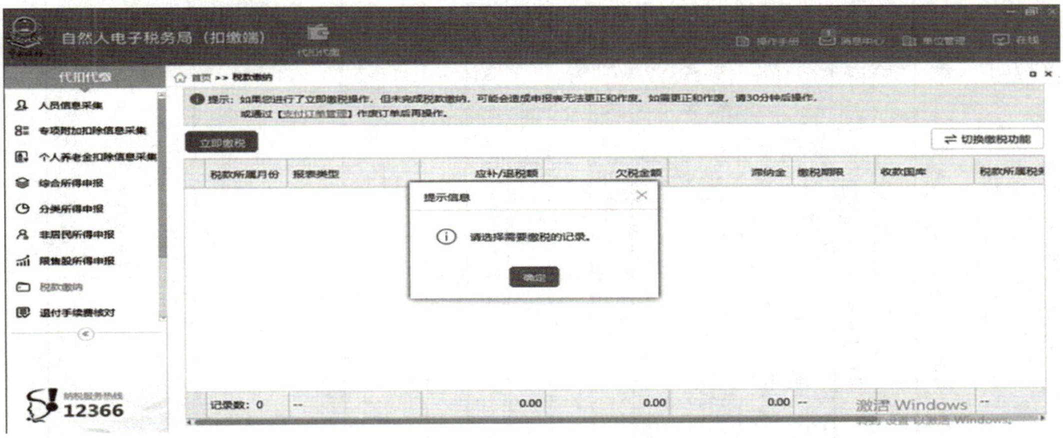

图 5-20 税款缴纳

8. 个人所得税扣缴申报表。

扣缴义务人通过自然人电子税务局（扣缴端）进行个人所得税申报录入后，生成《个人所得税扣缴申报表》，在税款计算及核对中，也可直接在该表中进行数据的录入和修改（见表 5-9）。表内各栏次填写说明如下：

（二）个人所得税年度汇算清缴

年度终了后，按照规定需要进行个人所得税综合所得年度汇算清缴的纳税人，应于次年 3 月 1 日至 6 月 30 日，通过手机个人所得税 APP、自然人电子税务局网站办理汇算，税务机关为纳税人提供申报表项目预填服务；不方便通过上述方式办理的，也可以通过邮寄方式或到办税服务厅办理。

表 5-9

个人所得税扣缴申报表

税款所属期：　　年　月　日至　　年　月　日

扣缴义务人名称：

扣缴义务人纳税人识别号（统一社会信用代码）：□□□□□□□□□□□□□□□□□□□□　　金额单位：人民币元（列至角分）

序号	姓名	身份证件类型	身份证件号码	纳税人识别号	是否为非居民个人	所得项目	本月（次）情况														累计情况										减按计税比例	准予扣除的捐赠额	税款计算							备注
							收入额计算			减除费用	专项扣除				其他扣除						累计收入额	累计减除费用	累计专项扣除	累计专项附加扣除						累计其他扣除			应纳税所得额	税率/预扣率	速算扣除数	应纳税额	减免税额	已缴税额	应补/退税额	
							收入	费用	免税收入		基本养老保险费	基本医疗保险费	失业保险费	住房公积金	年金	商业健康保险	税延养老保险	财产原值	允许扣除的税费	其他				子女教育	继续教育	住房贷款利息	住房租金	赡养老人	3岁以下婴幼儿照护											
1	2	3	4	5	6	7	8	9	10	11	12	13	14	15	16	17	18	19	20	21	22	23	24	25	26	27	28	29	30	31	32	33	34	35	36	37	38	39	40	41
合计																																								

谨声明：本表是根据国家税收法律法规及相关规定填报的，是真实的、可靠的、完整的。

扣缴义务人（签章）：　　年　月　日

经办人签字： 经办人身份证件号码： 代理机构签章： 代理机构统一社会信用代码：	受理人： 受理税务机关（章）： 受理日期：　　年　月　日

国家税务总局监制

注：

（1）本表第 1–7 栏为基础信息栏次。扣缴义务人扣缴税款时，均需填写“基础信息栏”，其中第 6 栏“是否为非居民个人”栏，纳税人为非居民个人的填“是”，为居民个人的填“否”；第 7 栏“所得项目”栏，同一纳税人取得多项或多次所得的，应分行填写。

（2）居民个人工资、薪金所得的预扣预缴：主要填写“本月情况”、“累计情况”“税款计算”栏次：“本月情况”栏次，填写第 8 栏、第 10–18 栏、第 21 栏，包括支付给纳税人的所得，以及按规定可扣除的减除费用、专项扣除、其他扣除等。其中，第 11 栏“减除费用”填写税法规定的减除费用标准，如 2019 年 1 月起为 5000 元 / 月。“累计情况”栏次，填写第 22–31 栏，填写纳税年度内居民个人在本任职单位截至当前月份累计情况。其中，25–30 栏填写累计专项附加扣除情况。如果扣缴义务人通过扣缴客户端填写《个人所得税扣缴申报表》的，系统能实现数据累计汇总后自动填入本栏次，扣缴义务人仅需确认结果即可。“税款计算”栏次，包括 34–40 栏，填写扣缴义务人当月扣缴个人所得税款的计算情况，如果扣缴义务人使用扣缴客户端，将自动计算应纳税额。

（3）劳务报酬、稿酬、特许权使用费所得：一般情况下填写 8–10 栏、20–21 栏、32–40 栏。预扣预缴居民个人上述三项所得个人所得税时，每次收入不超过 4000 元的，费用填写 800 元，每次收入超过 4000 元的，费用按收入的 20% 填写，扣缴非居民个人上述三项所得的个人所得税时，费用按收入的 20% 填写。

（4）第 10 栏“免税收入”：填写税法规定的免税收入金额，对稿酬所得的收入额减计 30% 的部分，填入本栏；第 20 栏“允许扣除的税费”与第 21 栏“其他”填写与劳务报酬所得、稿酬所得、特许权使用费所得有关扣除项目；第 34 栏“应纳税所得额”填写本月（次）收入额减除可以扣除的税费、准予扣除的捐赠额后的余额。

（5）非居民个人工资、薪金所得的代扣代缴：非居民个人一般情况下填写第 8 栏、10–11 栏、32–40 栏，填写支付给纳税人的所得，以及按规定可扣除的减除费用；第 11 栏“减除费用”填写税法规定的减除费用标准，如 2019 年起为 5000 元 / 月。

（6）财产租赁所得：一般情况下填写第 8 栏、10 栏、20–21 栏、32–40 栏。第 34 栏“应纳税所得额”填写本月（次）收入额减允许扣除的税费、准予扣除的捐赠额后的余额。

（7）财产转让所得：一般情况下填写第 8 栏、10 栏、19–21 栏、32–40 栏。第 34 栏“应纳税所得额”填写本月（次）收入额减除财产原值、允许扣除的税费、准予扣除的捐赠额后的余额。

（8）利息、股息、红利所得和偶然所得：一般情况下填写第 8 栏、10 栏、32–40 栏。第 34 栏“应纳税所得额”填写本月（次）收入额减除准予扣除的捐赠额后的余额。

（9）税款计算：第 35~36 栏“税率 / 预扣率”“速算扣除数”：填写各所得项目按规定适用的税率（或预扣率）和速算扣除数。没有速算扣除数的，则不填。

（10）第 37 栏“应纳税额”：根据相关栏次计算填报。第 37 栏 = 第 34 栏 × 第 35 栏 – 第 36 栏。

（11）第 38 栏“减免税额”：填写符合税法规定可减免的税额，并附报《个人所得税减免税事项报告表》。居民个人工资、薪金所得，以及保险营销员、证券经纪人取得佣金收入，填写本年度累计减免税额；居民个人取得工资、薪金以外的所得或非居民个人取得各项所得，填写本月（次）减免税额。

（12）第 39 栏“已缴税额”：填写本年或本月（次）纳税人同一所得项目，已由扣缴义务人实际扣缴的税款金额。

（13）第 40 栏“应补 / 退税额”：根据相关栏次计算填报。第 40 栏 = 第 37 栏 – 第 38 栏 – 第 39 栏。

在中国境内取得经营所得的个体工商户业主、个人独资企业投资者、合伙企业个人合伙人、承包承租经营者个人以及其他从事生产、经营活动的个人，且实行查账征收的，需要办理个人所得税经营所得汇算清缴。纳税人可以携带相关纸质资料前往经营管理所在地主管税务办税服务大厅办理申报，或是通过自然人电子税务局进行远程办税。

任务实践

【任务要求】根据任务 2 个人所得税计算中的任务实践数据资料，编制个人所得税扣缴申报表。注：王丹所在单位为星城兰波旺有限责任公司，纳税人识别号（统一社会信用代码）：430105392367576272。假定王丹的个人基础信息及专项附加扣除信息均已由单位于年初录入自然人电子税务局扣缴端。

【分析】星城兰波旺有限责任公司纳税申报经办人应于 2024 年 1 月 15 日前登录自然人电子税务局（扣缴端）平台，进行 2023 年 12 月个人所得税扣缴申报，具体填制数据如表 5-10 所示。

知识巩固

项目实训

【实训目的】通过本项目的实训操作，能够熟练掌握个人所得税的所得项目的识别、应纳税额的计算、纳税申报资料的填报等基本技能，为学生从事个人所得税办税业务奠定良好的技能基础，提升上岗操作技能。

【实训方法】以企业常见经济业务为基础，以个人工资薪金、劳务报酬等各类所得为素材，按照《中华人民共和国个人所得税法》《企业会计准则》等法规制度的规定，学生边学边做，在操作中深化学习，在学习中不断提升。

表 5-10

个人所得税扣缴申报表

税款所属期：2022 年 12 月 1 日至 2022 年 12 月 31 日

扣缴义务人名称：星城兰波旺有限责任公司

扣缴义务人纳税人识别号（统一社会信用代码）：430105392367576272

金额单位：人民币元（列至角分）

序号	姓名	身份证件类型	身份证件号码	纳税人识别号	是否为非居民个人	所得项目	本月（次）情况														累计情况										减按计税比例	准予扣除的捐赠额	税款计算							备注
							收入额计算				专项扣除				其他扣除									累计专项附加扣除																
							收入	费用	免税收入	减除费用	基本养老保险费	基本医疗保险费	失业保险费	住房公积金	年金	商业健康保险	税延养老保险	财产原值	允许扣除的税费	其他	累计收入额	累计减除费用	累计专项扣除	子女教育	继续教育	住房贷款利息	住房租金	赡养老人	3岁以下婴幼儿照护	累计其他扣除			应纳税所得额	税率/预扣率	速算扣除数	应纳税额	减免税额	已缴税额	应补/退税额	
1	2	3	4	5	6	7	8	9	10	11	12	13	14	15	16	17	18	19	20	21	22	23	24	25	26	27	28	29	30	31	32	33	34	35	36	37	38	39	40	41
1	王丹	身份证	略		否	工资薪金	18 000			5 000	1 440	360	90	2 160							216 000	60 000	48 600	12 000		12 000		12 000					71 400	10%	2 520	4 620	0	4 025	595	
2	王丹	身份证	略		否	稿酬	3 000	800	660												1 540												1 540	20%	0	308	0	0	308	
3	王丹	身份证	略		否	偶然所得	50 000														50 000											10 000	40 000	20%	0	8 000	0	0	8 000	
4	王丹	身份证	略		否	财产转让所得	50 000											30 000			20 000												20 000	20%	0	4 000	0	0	4 000	
																		30 000																						
合计							121 000	800	660	5 000	1 440	360	90	2 160	0	0	0	60 000			287 540	60 000	48 600	12 000		12 000		12 000				10 000	132 940		2 520	16 928		4 025	12 903	

谨声明：本表是根据国家税收法律法规及相关规定填报的，是真实的、可靠的、完整的。

扣缴义务人（签章）：星城兰波旺有限责任公司　　2024 年 1 月 7 日

经办人签字： 经办人身份证件号码： 代理机构签章： 代理机构统一社会信用代码：	受理人： 受理税务机关（章）： 受理日期：　　年　　月　　日

国家税务总局监制

【实训资料】

1. 企业概况

（1）企业名称：长沙市万乐食品加工厂

（2）企业性质：国有企业

（3）法定代表人：王力

（4）财务负责人：赵允

（5）办税人员：刘丽

（6）企业地址及电话：湖南省长沙市五一路 68 号　85030207

（7）开户银行记账号：工商银行西长街分理处　403682140108070463l

（8）社会信用代码：430356865235417012

2. 基本业务

（1）2023 年 1 月工资表见表 5-11。

表 5-11　　长沙市万乐食品加工厂 2023 年 1 月工资表

姓名	岗位工资	月奖	应付工资	养老保险	失业保险	医疗保险	住房公积金	个人所得税	实发工资
王力	12 000	1 000	13 000	960	60	240	960		
程云	11 000	800	11 800	880	55	220	880		
赵允	9 000	800	9 800	720	45	180	720		
刘丽	8 600	800	9 400	688	43	172	688		

王力家庭情况：王力现居长沙，独生子女，需赡养 72 岁父亲（父亲：王志国；身份证号：432106194704190873），赡养老人支出按照政策规定进行扣除。

程云家庭情况：有一女儿程静，8 岁，在长沙市五一路小学读书，妻子无工作。

其他职工工资、薪金无专项附加扣除项目。

（2）支付王宁（非本单位人员）的产品设计费 10 000 元，按税法规定需代扣个人所得税。

（3）租用李立的房产（非住房）用于经营，支付租金 8 000 元，按税法规定需代扣个人所得税（不考虑其他税费）。

（4）购入张羽的一项专利价值 50 000 元，假定该专利价值张羽取得时的成本为 30 000 元，按税法规定需代扣个人所得税。

【实训要求】

（1）计算该企业应代扣代缴的个人所得税。

（2）填制“个人所得税扣缴申报表”并在自然人电子税务局（扣缴端）申报处理。

表 5-12

个人所得税扣缴申报表

税款所属期：　　年　月　日至　　年　月　日

扣缴义务人名称：

扣缴义务人纳税人识别号（统一社会信用代码）：□□□□□□□□□□□□□□□□□□□□□□　　金额单位：人民币元（列至角分）

							本月（次）情况														累计情况												税款计算							
							收入额计算				专项扣除				其他扣除									累计专项附加扣除																
序号	姓名	身份证件类型	身份证件号码	纳税人识别号	是否为非居民个人	所得项目	收入	费用	免税收入	减除费用	基本养老保险费	基本医疗保险费	失业保险费	住房公积金	年金	商业健康保险	税延养老保险	财产原值	允许扣除的税费	其他	累计收入额	累计减除费用	累计专项扣除	子女教育	继续教育	住房贷款利息	住房租金	赡养老人	3岁以下婴幼儿照护	累计其他扣除	减按计税比例	准予扣除的捐赠额	应纳税所得额	税率/预扣率	速算扣除数	应纳税额	减免税额	已缴税额	应补/退税额	备注
1	2	3	4	5	6	7	8	9	10	11	12	13	14	15	16	17	18	19	20	21	22	23	24	25	26	27	28	29	30	31	32	33	34	35	36	37	38	39	40	41
合计																																								

谨声明：本表是根据国家税收法律法规及相关规定填报的，是真实的、可靠的、完整的。

扣缴义务人（签章）：　　　年　月　日

经办人签字： 经办人身份证件号码： 代理机构签章： 代理机构统一社会信用代码：	受理人： 受理税务机关（章）： 受理日期：　　年　月　日

国家税务总局监制

项目六
其他税种计算与申报管理

学习目标

知识目标

- 理解关税的基本法规知识
- 理解城镇土地使用税的基本法规知识
- 理解房产税的基本法规知识
- 理解契税的基本法规知识
- 理解土地增值税的基本法规知识
- 理解印花税的基本法规知识
- 理解资源税的基本法规知识

能力目标

- 能够正确计算关税并进行纳税申报
- 能够正确计算城镇土地使用税并进行纳税申报
- 能够正确计算房产税并进行纳税申报
- 能够正确计算契税并进行纳税申报
- 能够正确计算土地增值税并进行纳税申报
- 能够正确计算印花税并进行纳税申报
- 能够正确计算资源税并进行纳税申报

素质目标

- 增加依法纳税意识和社会责任感
- 增强学生制度自信，激发爱国情怀，遵守行业道德规范和税收法律制度
- 理解国家各税种的相关政策，培育学生珍惜资源、诚实守信、严谨细致的职业素养

思维导图

- 其他税种计算与申报管理
  - 关税
    - 关税认知
    - 关税应纳税额的计算
    - 关税的纳税申报管理
  - 城镇土地使用税
    - 城镇土地使用税认知
    - 城镇土地使用税应纳税额的计算
    - 城镇土地使用税智慧平台申报管理
    - 财产和行为税智慧平台纳税申报流程
  - 房产税
    - 房产税认知
    - 房产税应纳税额的计算
    - 房产税智慧平台申报管理
  - 契税
    - 契税认知
    - 契税应纳税额的计算
    - 契税智慧平台申报管理
  - 土地增值税
    - 土地增值税认知
    - 土地增值税应纳税额的计算
    - 土地增值税智慧平台申报管理
  - 印花税
    - 印花税认知
    - 印花税应纳税额的计算
    - 印花税智慧平台申报管理
  - 资源税
    - 资源税认知
    - 资源税应纳税额的计算
    - 资源税智慧平台申报管理

任务1 关　税

知识储备

一、关税认知

关税是国际通行的税种，是根据本国的经济和政治的需要，由海关代表国家对进出口关境的货物和物品所征收的一种流转税。

关境是各国政府海关管辖内的并要执行海关各项法令和规章的区域，也称为关税领域、税境。国境是一个主权国家的领土范围。从一般情况看，关境与国境是一致的。但有些国家相互间缔结关税同盟，在整个关税同盟的范围设立关境，这时的关境就比国境大。而有些国家在国境内设有自由贸易区、自由贸易港等特区，对进出自由区（港）的货物不征收关税，这时的关境就小于国境。

（一）关税纳税人

关税的纳税人是经营进出口货物的收货人、发货人以及进出境物品的所有人。具体包括：外贸进出口公司；工贸或农贸结合的进出口公司；其他经批准经营进出口商品的企业。进出境物品的所有人包括：入境旅客随身携带的行李、物品的持有人；各种运输工具上服务人员入境时携带自用物品的持有人；馈赠物品的受赠人及以其他方式入境的个人物品的所有人；进口个人邮件的收件人。

（二）关税课税对象和税目

关税的征税对象是进出境的货物和物品。“货物”指贸易性商品，“物品”包括入境旅客随身携带的行李和物品、个人邮递物品、各种运输工具上的服务人员携带进口的自用物品、馈赠物品及以其他方式入境的个人物品。

关税的税目、税率都由《海关进出口税则》规定。它包括三个主要的部分：归类总规则、进口税率表、出口税率表，其中归类总规则是进出口货物分类的具有法律效力的原则和方法。

进出口税则中的商品分类目录为关税税目。按照税则归类总规则及其归类方法，每一种商品都能找到一个最适合的对应税目。

（三）关税税率

关税的税率分为进口税率和出口税率两种。其中进口税率又分为普通税率、最惠国税率、协定税率、特惠税率、关税配额税率等。

1. 进口税率。

进口关税一般采用比例税率，实行从价计征的办法，但对啤酒、原油等少数货物则实行从量计征。对广播用录像机、放像机、摄像机等实行从价加从量的复合税率。

（1）普通税率。对原产于未与我国共同适用最惠国条款的世界贸易组织成员国或地区，未与我国订有相互给予最惠国待遇、关税优惠条款贸易协定和特殊关税优惠条款贸易协定的国家或者地区的进口货物，以及原产地不明的货物，按照普通税率征税。

（2）最惠国税率。对原产于与我国共同适用最惠国待遇条款的世界贸易组织成员国或地区的进口货物，或者原产于与我国签订有相互给予最惠国待遇条款的双边贸易协定的国家或地区进口的货物，以及原产于我国境内的进口货物，按照最惠国税率征税。

（3）协定税率。对原产于与我国签订含有关税优惠条款的区域性贸易协定的国家或地区的进口货物，按照协定税率征税。

（4）特惠税率。特惠税率适用原产于与我国签订有特殊关税优惠条款的国家或者地区进口的货物。

（5）关税配额税率。关税配额是进口国限制进口货物数量的措施，把征收关税和进口配额相结合以限制进口；对于在配额内进口的货物可以适用较低的关税配额税率，对于配额之外的则适用较高税率。

2. 出口税率。

我国出口关税实行差别比例税率。主要是针对限制出口的不可再生的资源类产品、国内紧缺的原材料以及易于竞相杀价，需要规范出口秩序的半制成品进行征税。

（四）关税税收优惠

关税的减税、免税分为法定性减免税、政策性减免税和临时性减免税。

1. 法定性减免税。

《海关法》和《海关进出口税则》中规定的减免税，称为法定性减免税。主要有下列情形：

（1）关税税额在人民币 50 元以下的一票货物。

（2）无商业价值的广告品和货样。

（3）外国政府、国际组织无偿赠送的物资。

（4）进出境运输工具装载的途中必须的燃料、物料和饮食用品。

（5）因故退回的我国出口货物，可以免征进口关税，但已征收的出口关税不予退还。

（6）因故退还的境外进口货物，可以免征出口关税，但已征收的进口关税不予退还。

2. 政策性减免税。

有下列情形之一的进口货物，海关可以酌情减免税：

（1）在境外运输途中或者在起卸时，遭受损坏或者损失的物资。

（2）起卸后海关放行前，因不可抗力遭受损坏或者损失的物资。

（3）海关查验时已经破漏、损坏或者腐烂，经证明不是保管不慎造成的物资。

3. 临时性减免税。

临时减免税是指法定减免和特定减免范围以外的、由海关审批的减免税。

课程思政

"谈谈关税的认知及作用"——通过话题讨论，让学生深入了解关税能维护国家主权和经济利益，保护和促进本国工农业生产的发展，调节国民经济和对外经济贸易。

关税是依法对进出境的货物及物品征收的一种税。我们国家根据平等互利对等原则，通过关税复式税则的运用等方式，争取国际间的关税互惠并反对他国对我国进行关税歧视，促进对外经济技术交往，扩大对外经济合作。

国家通过出口产品和利润水平的调节，有意识地引导各类产品的生产，促进国内市场商品的供需平衡，保护国内市场物价稳定，发展民族经济，实现国家的多元战略目标。

二、关税应纳税额的计算

关税可以采用从价税计算、从量税计算、复合税计算以及滑准关税计算。目前，我国海关对绝大多数进出口货物和物品征收的关税是从价计算。

（一）从价税计算方法

1. 计算公式。

从价计征是最普遍的关税计征方法，它是以进（出）口货物的完税价格作为计税依据。进（出）口货物应纳关税税额的计算公式为：

应纳税额 = 应税进（出）口货物数量 × 单位完税价格 × 适用税率

2. 关税完税价格的确定。

进口货物的完税价格以海关审定的成交价格为基础的到岸价格作为完税价格。所谓成交价格是买方为购买货物向卖方直接或间接支付的实际支付或应当支付的价格。所谓到岸价格是指包括货物的货价、货物运抵我国境内输入地点起卸前的运输费及其相关费用、保险费。

如买方支付的价格中没有包括下列费用，海关应当将其计入成交价格：

（1）除由买方负担的购货佣金以外的佣金和经纪费。

（2）由买方负担的在审查确定完税价格时与该货物视为一体的容器的费用。

（3）由买方负担的包装材料费用和包装劳务费用。

（4）与该货物的生产和向境内销售有关的，由买方以免费或者减价的方式提供协助的费用。

（5）作为该货物向我国境内销售的条件，买方必须支付的、与该货物有关的特许权使用费。

（6）卖方直接或者间接从买方获得的该货物进口后转售、处置或者使用的收益。

进口时在货物的价款中列明的下列税收、费用，不计入该货物的完税价格：

（1）厂房、机械、设备等货物进口后进行建设、安装、装配、维修和技术服务的费用，但保修费用除外。

（2）进口货物运抵境内输入地点起卸后的运输及其相关费用、保险费。

（3）进口关税、进口环节海关代征税及国内税收。

（二）从量税计算方法

从量税是以进（出）口货物的数量作为计税依据的一种关税计征方法。其应纳关税税额的计算公式为：

应纳税额＝应税进口货物数量 × 关税单位税额

（三）复合税计算方法

复合税是对某种进口货物同时使用从价和从量计征的一种关税计征方法。其应纳关税税额的计算公式为：

应纳税额＝应税进口货物数量 × 关税单位税额＋应税进口货物数量 × 单位完税价格 × 适用税率

（四）滑准税计算方法

滑准税是指关税的税率随进口商品价格的变动而反方向变动的一种税率形式。进口商品价格越高，税率越低；税率与商品进口价格反方向变动，计算方法与从价税计算方法相同。

【技能点 6–1】长平进出口公司从 A 国进口货物一批，成交价（离岸价）折合人民币 9 000 000 元（包括单独计价并经海关审查属实的货物进口后装配调试费用 60 000 元，向境外采购代理人支付的买方佣金 50 000 元）。另支付运费 180 000 元，保险费 90 000 元。货物运抵我国口岸后，支付境内运输及保险费 10 000 元。假设该货物适用的关税税率为 10%，请计算该公司应缴纳的关税税额。

应纳税额＝（9 000 000–60 000–50 000+180 000+90 000）×10%=916 000（元）

三、关税的纳税申报管理

（一）进出口货物的纳税申报

进口货物的纳税人应当自运输工具申报进境之日起 14 日内，向货物的进境地海关申报，如实填报“中华人民共和国海关进出口货物报关单”（见任务实践中表 6–1）等相关资料，海关根据税则归类和完税价格计算应缴纳的关税和进口环节代征税款，并填发税款缴款书。出口货物的发货人除海关特准外，应当在装货 24 小时以前，向货物的出境地海关申报，如实填报“海关出口货物报关单”等相关资料，海关根据税则归类和完税价格计算应缴纳的关税，并填发税款缴款书。

（二）关税的缴纳

关税是在货物实际进出境时，即在纳税人按进出口货物通关规定向海关申报后、海关放行前一次性缴纳。进出口货物的收发货人或其代理人应当在海关填发税款缴款书之日起15日内，向指定银行缴纳税款。缴款期限届满日遇双休或法定节假日的，应当顺延至休息日或者法定节假日之后的第一个工作日缴纳税款。“海关进（出）口关税专用缴款书”一式六联，依次是收据联（此联是由银行收款签章后交缴款单位或者纳税义务人作为完税凭证的法律文书，是关税核算的原始凭证）、付款凭证联、收款凭证联、回执联、报查联、存根联。具体格式见任务实践中表6–2。

纳税人逾期缴纳税款的，由海关自缴款期限届满之日起至缴清税款之日止，按日加收滞纳税款万分之五的滞纳金。纳税义务人应当自海关填发滞纳金缴款书之日起15日内向指定银行缴纳滞纳金。滞纳金缴款书的格式与税款缴款书相同。

（三）关税的退还

关税退还是关税纳税人按海关核定的税额缴纳关税后，因出现某些特定情形，海关将已缴纳税款的部分或全部退还给纳税义务人的一种规定。

纳税人或其代理人如遇下列情形之一，纳税义务人自缴纳税款之日起1年内，可以申请退还关税，并应当以书面形式向海关说明理由，提供原缴款凭证及相关资料，逾期不予受理：

（1）因海关误征，多纳税款。

（2）海关核准免验进口的货物，在完税后，发现有短缺情况，经海关审查认可的。

（3）已征出口关税的货物，因故未装运出口，申报退关，经海关查验属实的。

海关应当自受理退税申请之日起30日内查实并通知纳税义务人办理退还手续。纳税义务人应当自收到通知之日起3个月内办理有关退税手续。

（四）关税补征和追征

关税补征，进口货物完税后，海关如发现少征或漏征关税，海关应予补征，补征期限为缴纳税款或货物、物品放行之日起1年内。关税追征，由于纳税人违反海关规定而少征或漏征的关税，海关应予追征，追征期限为纳税义务人应缴纳税款之日起，海关在3年内可以追征；因特殊情况，追征期可延至10年；骗取税款的，无限期追征。

（五）关税纳税争议

在纳税义务人同海关发生纳税争议时，可以向海关申请复议，但同时应当在规定期限内按海关核定的税额缴纳关税，逾期则构成滞纳，海关有权按规定采取强制执行措施。纳税义务人自海关填发税款缴款书之日起 30 日内，向原征税海关的上一级海关书面申请复议。海关应当自收到复议申请之日起 60 日内作出复议决定。

任务实践

【资料】

1. 企业概况

（1）企业名称：星城兰波旺有限责任公司

（2）企业性质：有限责任公司（增值税一般纳税人）

（3）法定代表人：常征

（4）企业地址及电话：长沙市南湖路 168 号　0731-85321778

（5）开户银行及账号：工行南湖支行　5006937475401032117

（6）社会信用代码：430105392367576272

2. 基本业务

2023 年 9 月 20 日从美国进口拉斯红酒 1 000 箱，到岸价格为每箱单价 400.00 美元，汇率为 1 : 6.77，关税税率为 14%。

【任务要求】

1. 计算应缴纳的关税。

2. 填报中华人民共和国海关进口货物报关单。

3. 填写海关进口关税专用缴款书。

【分析】

（1）应交纳的关税 =1 000 × 400 × 6.77 × 14%=379 120（元）

（2）填报中华人民共和国海关进口货物报关单，如表 6-1 所示。

表 6-1　　中华人民共和国海关进口货物报关单

预录入编号：522020231123678342　　　　海关编号：522020231123678342

境内收货人 星城兰波旺有限责任公司	进境关别 （5301） 皇岗海关	进口日期 20230920	申报日期 20230920	备案号
境外发货人 Kali	运输方式 水路运输	运输工具名称及航次号 NAGALEADER	提运单号 11TP32104K	货物存放地点 国际物流
消费使用单位 星城兰波旺有限责任公司	监督方式 （0110）一般贸易	征免性质 （101）一般征税	许可证号	启运港 纽约（美国）
合同协议号 SF5520230	贸易国（地区） （USA）美国	启运国（地区） （USA）美国	经停港	入境口岸 皇岗海关

包装种类 纸箱	件数 1 000	毛重（千克） 12 000	净重（千克） 10 000	成交方式 （1）CIF	运费	保费	杂费

随附单证
略

标记唛码及备注
N/M

项号	商品编号	商品名称	数量及单位	单位 / 总价 / 币制	原产国	最终目的国	境内目的地	征免
1	06220230045	红酒	1 000 箱	400 美元	美国	中国	深圳市	照章纳税

特殊关系确认：否　　价格影响确认：否　　支付特许权确认：否　　自报自缴：是

申报人员：陈立　　申报人员证号：7878168　　电话：13567897233 兹申明以上内容承担如实申报、依法纳税之法律责任 申报单位：星城兰波旺有限责任公司　　申报单位（签章）：星城兰波旺有限责任公司 报关专用章 430105392367576272	海关批注及签章

（3）填写海关进口关税专用缴款书，如表 6-2 所示。

表 6-2　　海关进口关税专用缴款书

收入系统：海关系统　　填发日期：2023 年 09 月 20 日　　号码 NO. 202312345789135686-A06

收款单位	收入机关	中央金库	缴款单位	名称	星城兰波旺有限责任公司
	科目	进口关税		账号	5006937475401032117
	收缴国库	中国银行福田南路支行		开户银行	工行南湖支行

税号	货物名称	数量	单位	完税价格（¥）	税率（%）	税款金额（¥）
	红酒	1 000	箱	2 708 000.00	14%	379 120.00

金额人民币（大写）叁拾柒万玖仟壹佰贰拾元整	合计（¥）	379 120.00

申请单位编号	4302128327	报关单编号	522020231123678342	填制单位：中华人民共和国皇岗海关 制单人：杨一 复核人：李明	收款国库（银行） 中国银行福田南路支行
合同（批文）号	SF5520230	运输工具（号）	NAGALEADER		
缴款期限	2023 年 10 月 05 日	提 / 装货单号	11TP32104K		
备注					

任务2　城镇土地使用税

知识储备

一、城镇土地使用税认知

城镇土地使用税是对在城市、县城、建制镇和工矿区范围内使用土地，按实际占用土地面积为计税标准，对拥有土地使用权的单位和个人征收的一种地方税。

土地是国家的宝贵资源，是人类赖以生存和从事生产的必不可少的物质条件。我国人多地少，珍惜土地、节约土地是一项基本国策。开征城镇土地使用税有助于保护土地资源，合理使用城镇土地，调节不同地区、不同地段之间的土地级差收入，促进土地的合理开发和利用。

（一）城镇土地使用税纳税人

在城市、县城、建制镇和工矿区范围内使用土地的单位和个人，为城镇土地使用税的纳税义务人。城镇土地使用税的纳税人通常包括以下几类：

1. 拥有土地使用权的单位和个人，为纳税义务人。

2. 土地使用权未确定或权属纠纷未解决的，其实际使用人为纳税人。

3. 土地使用权共有的，共有各方都是纳税人，由共有各方分别纳税，以共有各方实际使用土地的面积占总面积的比例，分别计算缴纳城镇土地使用税。

4. 拥有土地使用权的单位和个人不在土地所在地的，其土地实际使用人或代管人为纳税人。

（二）城镇土地使用税征税范围

城镇土地使用税的征税范围为城市、县城、建制镇和工矿区内的国家所有和集体所有的土地。

上述城市、县城、建制镇和工矿区分别按以下标准确认：

1. 城市是指经国务院批准设立的市。城市的征税范围包括市区和郊区的土地。

2. 县城是指县级人民政府所在地。县城的征税范围为县人民政府所在地的城镇。

3. 建制镇是指经省、自治区、直辖市人民政府批准设立的建制镇，其征税范围一般为镇人民政府所在地。

4. 工矿区是指工商业比较发达、人口比较集中，符合国务院规定的建制镇标准，但尚未设立建制镇的大中型工矿企业所在地，工矿区须经省、自治区、直辖市人民政府批准。

建立在城市、县城、建制镇和工矿区以外的工矿企业不需要缴纳城镇土地使用税。公园、名胜古迹内的索道公司经营用地，应按规定缴纳城镇土地使用税。

（三）城镇土地使用税税率

城镇土地使用税采用定额税率，且按大、中、小城市和县城、建制镇、工矿区分别规定不同的税额，即有幅度的差别税额。城镇土地使用税每平方米土地的年税额的具体规定为：大城市 1.5~30 元、中等城市 1.2~24 元、小城市 0.9~18 元、县城、建制镇和工矿区 0.6~12 元。

城镇土地使用税税率见表 6–3。

表 6–3　　城镇土地使用税税率表

级别	人口	每平方米税额
大城市	50 万人以上	1.5~30 元
中等城市	20 万 ~50 万人	1.2~24 元
小城市	20 万人以下	0.9~18 元
县城、建制镇、工矿区		0.6~12 元

城镇土地使用税规定幅度税额，且每个幅度税额的差距为 20 倍。此外，经济落后地区土地使用税的适用税额，可以适当降低，但降低额不得超过条例规定的最低税额的 30%；经济发达地区的土地使用税的适用税额标准可以适当提高，但须报财政部批准。

（四）城镇土地使用税税收优惠

以下土地免征城镇土地使用税：

1. 国家机关、人民团体、军队自用的土地。

2. 由国家财政部门拨付事业经费的单位自用的土地。

3. 宗教寺庙、公园、名胜古迹自用的土地。

4. 市政街道、广场、绿化地带等公共用地。

5. 直接用于农、林、牧、渔业的生产用地。

6. 经批准开山填海整治的土地和改造的废弃土地，从使用的月份起免缴土地使用税 5~10 年。

7. 由财政部另行规定免税的能源、交通、水利设施用地和其他用地。

二、城镇土地使用税应纳税额的计算

（一）计税依据

城镇土地使用税以纳税人实际占用的土地面积为依据，依照规定的税额，按年计算，分期缴纳。

凡由省级人民政府确定的单位组织测定土地面积的，以测定的土地面积为准；尚未组织测定，但纳税人持有政府部门核发的土地使用证书的，以证书确定的土地面积为准；尚未核发土地使用证书的，应当由纳税人据实申报土地面积，并据以纳税，待核发土地使用证书后再作调整。

对在城镇土地使用税征税范围内单独建造的地下建筑用地，按规定征收城镇土地使用税。取得地下土地使用权证的，以土地使用权证确认的土地面积为依据；未取得土地使用权证或证书上未标明土地面积的，以地下建筑垂直投影面积为纳税依据。目前，地下建筑用地暂按应征税款的 50% 征收城镇土地使用税。

（二）应纳税额的计算

城镇土地使用税的应纳税额可以通过纳税人实际占用的土地面积乘以该土地所在地段的适用税额求得。计算公式为：

年应纳税额 = 实际占用应税土地面积（平方米）× 适用税额

【技能点 6-2】城建公司土地使用面积为 20 000 平方米，经税务机关核定，该土地为应税土地，每平米年税额为 4 元。请计算该公司全年应纳城镇土地使用税。

年应纳税额 =20 000 × 4=40 000（元）

三、城镇土地使用税智慧平台申报管理

（一）城镇土地使用税征收管理

1. 纳税义务发生时间。

（1）购置新建商品房，自房屋交付使用之次月起计征城镇土地使用税。

（2）购置存量房，自办理房屋权属转移、变更登记手续，房地产权属登记机关签发房屋权属证书之次月起计征城镇土地使用税。

（3）出租、出借房产，自交付出租、出借房产之次月起计征城镇土地使用税。

（4）以出让或转让方式有偿取得土地使用权的，应由受让方从合同约定交付土地时间的次月起缴纳城镇土地使用税；合同未约定交付土地时间的，由受让方从合同签订的次月起缴纳城镇土地使用税。

（5）为避免对一块土地同时征收耕地占用税和城镇土地使用税，税法规定，凡是缴纳了耕地占用税的，自批准征收之日起满 1 年时缴纳城镇土地使用税。

（6）纳税人新征用的非耕地，自批准征用次月起缴纳城镇土地使用税。

（7）通过招标、拍卖、挂牌方式取得的建设用地，不属于新征用的耕地，从合同约定交付土地时间的次月起缴纳城镇土地使用税；合同未约定交付土地时间的，从合同签订的次月起缴纳城镇土地使用税。

2. 纳税地点。

城镇土地使用税的纳税地点为土地所在地，由土地所在地的税务机关负责征收。纳税人使用的土地不属于同一省（自治区、直辖市）管辖范围内的，由纳税人分别向土地所在地的税务机关申报缴纳。在同一省（自治区、直辖市）管辖范围内，纳税人跨地区使用的土地，由各省、自治区、直辖市税务局确定纳税地点。

3. 纳税期限。

城镇土地使用税按年计算，分期缴纳。缴纳期限由省、自治区、直辖市人民政府确定。各省、自治区、直辖市税务机关结合当地情况，一般分别确定按月、季、半年或 1 年等不同的期限缴纳。

（二）城镇土地使用税智慧平台纳税申报

2021 年 6 月 1 日起，纳税人申报城镇土地使用税时，需与房产税、土地增值税、

契税，车船税、印花税等9个税种简并申报。纳税人应依照当地税务机关规定的期限，将其占用土地的权属、位置、用途、面积和税务机关规定的其他内容，据实向当地税务机关办理纳税申报登记，并提供有关的证明文件资料。

纳税人新征用的土地，必须于批准新征用之日起30日内申报登记。纳税人如有住址变更、土地使用权属转换等情况，从转移之日起，按规定期限办理申报变更登记。

纳税人依法申报城镇土地使用税时，应在国家电子税务局智慧平台填报《财产和行为税税源明细表》、《城镇土地使用税、房产税税源明细表》城镇土地使用税部分，见表6-4，并按要求提供相关资料。

课程思政

“财产和行为税合并申报包括的内容，相比分开申报，合并申报具有的好处。”——通过话题讨论，让学生关注我国税收征收改革情况，关注我国税务局“放管服”改革的进程，深入理解改革背后“以纳税人缴费人为中心”的基本理念。

财产和行为税包括城镇土地使用税、房产税、车船税、印花税、耕地占用税、资源税、土地增值税、契税、环境保护税、烟叶税。

2021年6月1日起，财产和行为税10个税种实行“归口”管理，实现“一张报表、一次申报、一次缴款、一张凭证”，纳税人填报表单数量减少2/3，数据项减少1/3。合并申报优化了办税流程，大幅提高了办税效率，充分体现了“以纳税人为中心”的服务理念。

四、财产和行为税智慧平台纳税申报流程

自2021年6月1日起，纳税人申报缴纳城镇土地使用税、房产税、车船税、印花税、耕地占用税、资源税、土地增值税、契税、环境保护税、烟叶税中一个或多个税种时，全面实行财产和行为税“十税合一”简并申报。合并申报后，使用《财产和行为税纳税申报表》进行申报。纳税人新增税源或税源变化时，须先填报《财产和行为税税源明细表》。若享受税费优惠政策，还须填写《财产和行为税减免税明细申报附表》。在国家税务总局电子税务平台的具体申报操作流程如下所述。

1. 登录国家税务总局湖南省电子税务局平台，并选择【我要办税】。

2. 登录界面后，选择【财产和行为税纳税申报】，如图6-1所示。

表 6-4

城镇土地使用税　房产税税源明细表

纳税人识别号（统一社会信用代码）：□□□□□□□□□□□□□□□□□□

纳税人名称：

金额单位：人民币元（列至角分）；面积单位：平方米

一、城镇土地使用税税源明细

<table>
<tr><td>* 纳税人类型</td><td colspan="3">土地使用权人□　集体土地使用人□
无偿使用人□ 代管人□ 实际使用人□
（必选）</td><td colspan="2">土地使用权人纳税人识别号（统一社会信用代码）</td><td colspan="2"></td><td colspan="2">土地使用权人名称</td><td colspan="2"></td></tr>
<tr><td>* 土地编号</td><td colspan="3"></td><td colspan="2">土地名称</td><td colspan="2"></td><td colspan="2">不动产权证号</td><td colspan="2"></td></tr>
<tr><td>不动产单元号</td><td colspan="3"></td><td colspan="2">宗地号</td><td colspan="2"></td><td colspan="2">* 土地性质</td><td colspan="2">国有□　集体□（必选）</td></tr>
<tr><td>* 土地取得方式</td><td colspan="3">划拨□ 出让□ 转让□ 租赁□ 其他□
（必选）</td><td colspan="2">* 土地用途</td><td colspan="6">工业□ 商业□ 居住□ 综合□ 房地产开发企业的开发用地□ 其他□
（必选）</td></tr>
<tr><td>* 土地坐落地址
（详细地址）</td><td colspan="11">省（自治区、直辖市）　市（区）　县（区）　乡镇（街道）　（必填）</td></tr>
<tr><td>* 土地所属主管税务所（科、分局）</td><td colspan="11"></td></tr>
<tr><td>* 土地取得时间</td><td>年　月</td><td>变更类型</td><td colspan="6">纳税义务终止（权属转移□ 其他□）
信息项变更（土地面积变更□ 土地等级变更□ 减免税变更□ 其他□）</td><td colspan="2">变更时间</td><td>年　月</td></tr>
<tr><td>* 占用土地面积</td><td></td><td>地价</td><td colspan="2"></td><td colspan="2">* 土地等级</td><td colspan="2"></td><td colspan="2">* 税额标准</td><td></td></tr>
</table>

续表

一、城镇土地使用税税源明细						
减免税部分	序号	减免性质代码和项目名称	减免起止时间		减免税土地面积	月减免税金额
			减免起始月份	减免终止月份		
	1		年　月	年　月		
	2					
	3					
二、房产税税源明细（略）						

注：

（1）首次进行纳税申报的纳税人，需要填写全部土地的相关信息。此后办理纳税申报时，纳税人的土地及相关信息未发生变化的，可仅对已填报的信息进行确认；发生变化的，仅就变化的内容进行填写。

（2）每一宗土地填写一张表。同一宗土地跨两个土地等级的，按照不同等级分别填表。无不动产权证（土地使用权证）的，按照土地坐落地址分别填表。纳税人不得将多宗土地合并成一条记录填表。

（3）对于本表中的数据项目，有不动产权证（土地使用权证）的，依据证件记载内容填写，没有不动产权证（土地使用权证）的，依据实际情况填写。

（4）纳税人类型（必填）：分为土地使用权人、集体土地使用人、无偿使用人、代管人、实际使用人。必选一项，且只能选一项。

（5）土地编号：纳税人不必填写。由系统赋予编号。

（6）不动产权证号：纳税人有不动产权证（土地使用权证）的，必填。填写不动产权证（土地使用权证）载明的证件编号。

（7）土地所属主管税务所（科、分局）：系统自动带出，纳税人不必填写。

（8）土地取得时间（必填）：填写纳税人取得该土地的时间。

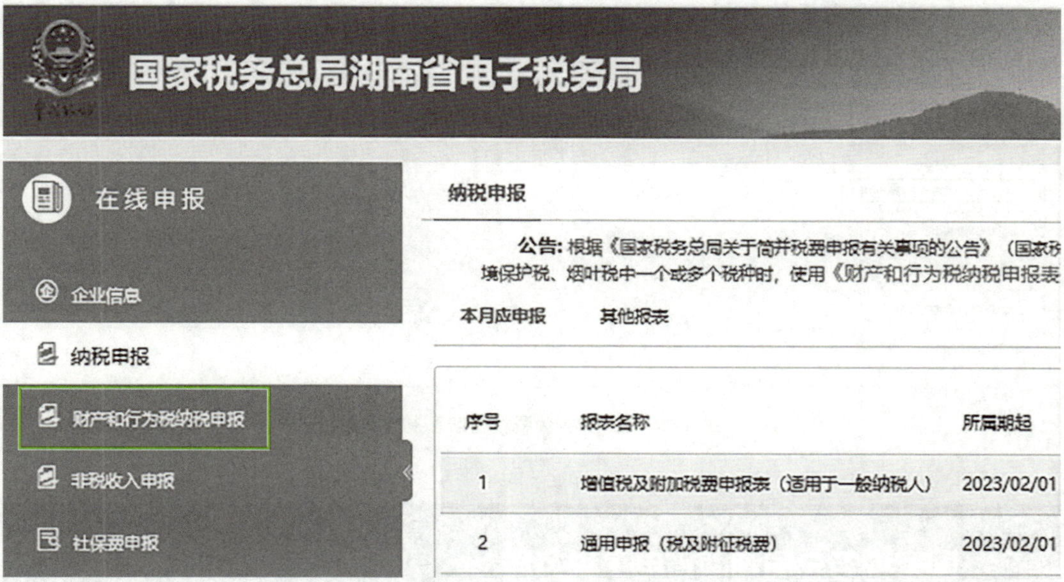

图 6–1　在线申报界面

3. 在申报界面，点击【财产和行为税纳税申报】，进入申报窗口。在申报前，如先需要采集税源信息，则点击【税源采集】，如图 6–2 所示。

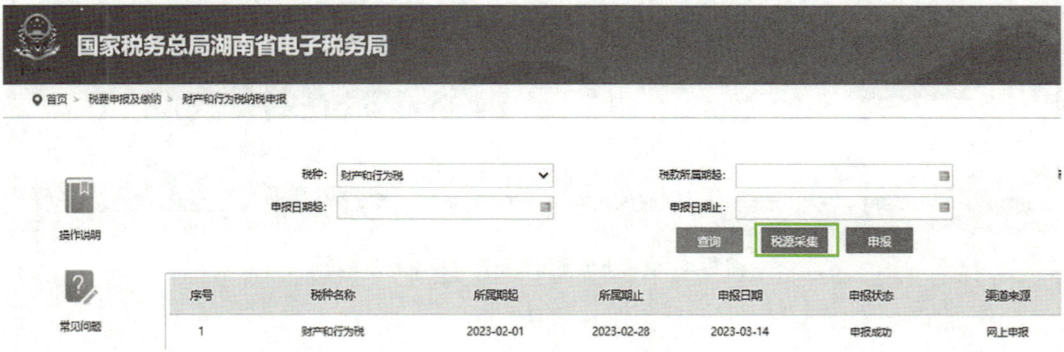

图 6–2　财产和行为税纳税申报界面

4. 进入“财产和行为税税源信息报告”界面后，选择城镇土地使用税房产税信息报告，如图 6–3 所示。

5. 在城镇土地使用税房产税采集界面，可以【新增土地信息】采集数据，如图 6–4 所示，填写完相关信息后，点击【提交】，税源信息采集成功。

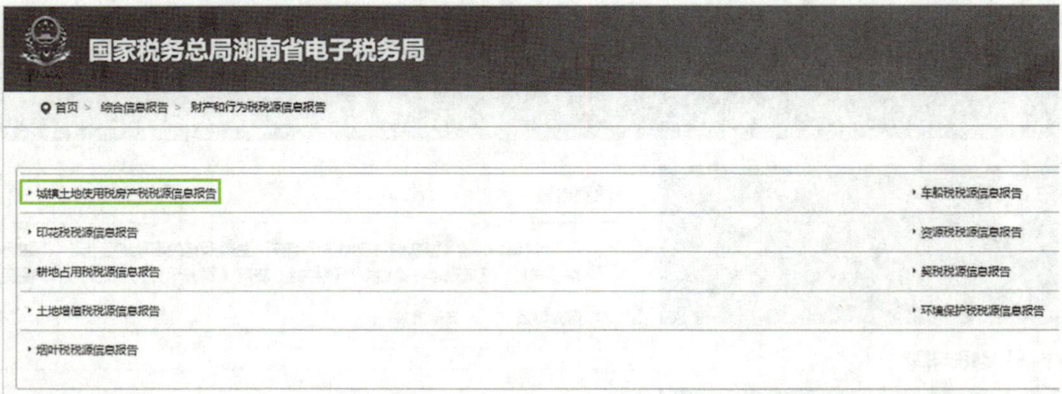

图 6–3　财产和行为税税源信息报告界面

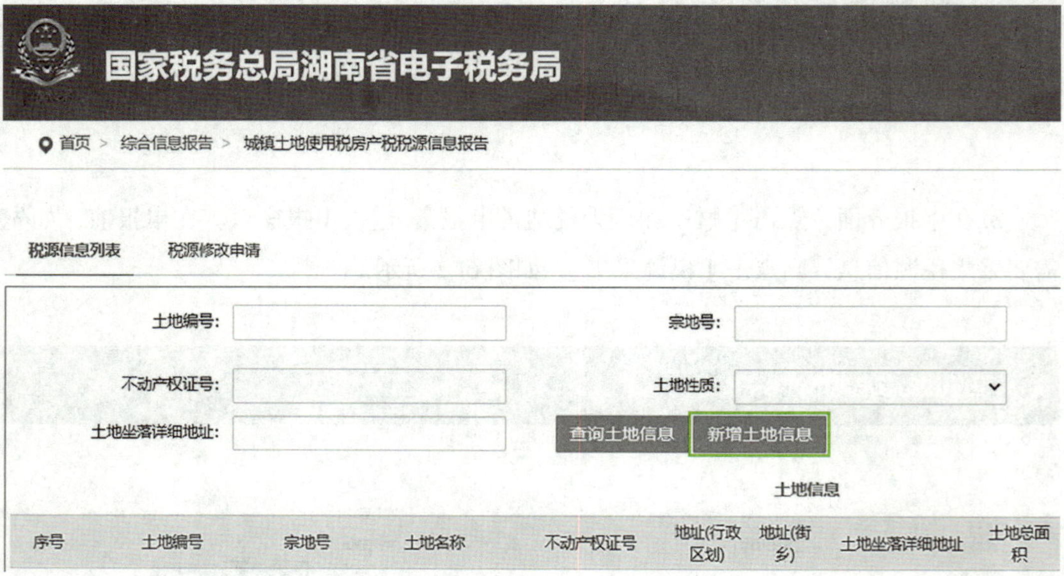

图 6–4　城镇土地使用税房产税采集税源界面

6. 税源采集成功后，点击【跳转申报】，系统自动跳转到“财产和行为税纳税申报”界面，需要先选择“税款属期”，单击【申报】，可以勾选需要申报的税种，选择需要申报的税源信息，选择完成后点击【确认申报】，系统会自动生成财产和行为税申报表，核对无误后点击申报，财产和行为税申报成功。如图 6–5、图 6–6 所示。

1 税源采集	2 ☐选择税种	3 选择未申报税源	4 确认申报
税源采集	☐城镇土地使用税		确认申报
税源采集	☐房产税		
税源采集	☐车船税		
税源采集	☐印花税		
税源采集	☐耕地占用税		
税源采集	☐契税		
税源采集	☐土地增值税		
税源采集	☐环境保护税		
税源采集	☐烟叶税		
税源采集	☐资源税		

图 6–5　各税种确认申报界面

财产和行为税纳税申报表

纳税人识别号（统一社会信用代码）：914300005975734418　　填表日期：2023-03-14

纳税人名称：湖南正湘置业有限公司　　所属期：2023-01-01 至 2023-03-31　　金额单位：人民币元（列至角分）

本期是否适用小微企业“六税两费”减征政策				☐是☑否	减征政策适用主体		增值税小规模纳税人		☐是　☐否	
							增值税一般纳税人		☐个体工商户　☐小型微利企业	
					适用减征政策起止时间		2023年01月01日至2023年03月31日			
序号	税种	税目	税款所属期起	税款所属期止	计税依据	税率	应纳税额	减免税额	已缴税额	应补（退）税额
1	城镇土地使用税	城市土地使用税等级6	2023-01-01	2023-03-31	8,349.21	8.000000	66,793.70	0.00	0.00	66,793.70
合计	--	--	--	--	--	--	66,793.70	0.00	0.00	66,793.70
声明：此表是根据国家税收法律法规及相关规定填写的，本人（单位）对填报内容（及附带资料）的真实性、可靠性、完整性负责。 纳税人（签章）：　　年　月　日										
经办人：胡正佑 经办人身份证号： 代理机构签章： 代理机构统一社会信用代码：					受理人：湖南省电子税务局 受理税务机关（章）： 受理日期：2023年03月14日					

国家税务总局湖南湘江新区税务局 税收业务专用章

图 6–6　财产和行为税纳税申报表

任务3　房产税

知识储备

一、房产税认知

房产税是以房产为征税对象，按照房产的计税余值或房产租金收入向产权所有人征收的一种税。征收房产税有利于地方政府筹集财政收入，也有利于加强房产管理。

房产税的征税对象是房屋。所谓房屋，是指有屋面和围护结构（有墙或两边有柱），能够遮风避雨，可供人们在其中生产、工作、学习、娱乐、居住或储藏物资的场所。独立于房屋之外的建筑物，如围墙、烟囱、水塔、菜窖、室外游泳池等不属于房产税的征税对象。

（一）房产税纳税人

房产税的纳税人，是指在我国城市、县城、建制镇和工矿区内拥有房屋产权的单位和个人。其中：

1. 产权属于国家所有的，其经营管理的单位为纳税人；产权属于集体和个人所有的，集体单位和个人为纳税人。

2. 产权出典的，承典人为纳税人。

3. 产权所有人、承典人均不在房产所在地的，房产代管人或者使用人为纳税人。

4. 产权未确定以及租典纠纷未解决的，房产代管人或者使用人为纳税人。

5. 纳税单位和个人无租使用房产管理部门、免税单位及纳税单位的房产，由使用人代为缴纳房产税。

房地产开发企业建造的商品房，在出售前，不征收房产税，但对出售前房地产开发企业已使用或出租、出借的商品房应按规定征收房产税。

（二）房产税征税范围

房产税的征税范围为城市、县城、建制镇和工矿区的房屋。其中：城市是指国务院批准设立的市，其征税范围为市区、郊区和市辖县城，不包括农村；县城是指未设立建制镇的县人民政府所在地的地区；建制镇是指经省、自治区、直辖市人民政府批准设立的建制镇；工矿区是指工商业比较发达，人口比较集中，符合国务院规定的建制镇的标准，但尚未设立建制镇的大中型工矿企业所在地。在工矿区开征房产税必须经省、自治区、直辖市人民政府批准。

（三）房产税税率

我国现行房产税采用比例税率。从价计征和从租计征实行不同标准的比例税率。从价计征的，房产税税率为1.2%，从租计征的，房产税税率为12%。

自2008年3月1日起，对个人出租住房，不区分用途，均按4%的税率征收房产税。对企事业单位、社会团体以及其他组织向个人、专业化规模化住房租赁企业出租住房的，减按4%的税率征收房产税。

（四）房产税税收优惠

1. 国家机关、人民团体、军队自用的房产免征房产税。

上述免税单位的出租房产以及非自身业务使用的生产、营业用房，不属于免税范围。

自2004年8月1日起，对军队空余房产租赁收入暂免征收房产税。

2. 由国家财政部门拨付事业经费（全额或差额）的单位（学校、医疗卫生单位、托儿所、幼儿园、敬老院以及文化、体育、艺术类单位）所有的、本身业务范围内使用的房产免征房产税。

上述单位所属的附属工厂、商店、招待所等不属于单位公务、业务的用房，应照章纳税。

3. 宗教寺庙、公园、名胜古迹自用的房产免征房产税。

4. 个人所有非营业用的房产免征房产税。

5. 经财政部批准的其他房产。

二、房产税应纳税额的计算

（一）计税依据

房产税以房产的计税余值或房产租金收入为计税依据。按房产计税余值征税的，称为从价计征；按房产租金收入征税的，称为从租计征。

1. 从价计征。

（1）房产余值。从价计征的房产税的计税依据为房产余值（房产的原值减除规定比例后的剩余价值）。

房产税依照房产原值一次减除 10% ~30%后的余值计算缴纳。具体扣除比例由省、自治区、直辖市人民政府确定。

房产原值，是指纳税人按照会计制度规定，在账簿固定资产科目中记载的房屋原价。房产原值应包括与房屋不可分割的各种附属设备或一般不单独计算价值的配套设施。若纳税人对原有房屋进行改建、扩建的，则要相应增加房屋的原值。对更换房屋附属设备和配套设施的，在将其价值计入房产原值时，可扣减原来相应设备和设施的价值；对附属设备和配套设施中易损坏、需要经常更换的零配件，更新后不再计入房产原值。

（2）投资联营房产。对以房产投资联营、投资者参与投资利润分红、共担风险的，按房产余值作为计税依据计缴房产税。对以房产投资收取固定收入、不承担经营风险的，实际上是以联营名义取得房屋租金，应以出租方取得的租金收入为计税依据计缴房产税。

（3）融资租赁房屋。对融资租赁房屋的情况，由承租人自融资租赁合同约定开始日的次月起依照房产余值缴纳房产税。合同未约定开始日的，由承租人自合同签订的次月起依照房产余值缴纳房产税。

（4）居民住宅区内业主共有的经营性房产。从 2007 年 1 月 1 日起，对居民住宅区内业主共有的经营性房产，由实际经营（包括自营和出租）的代管人或使用人缴纳房产税。其中：自营的依照房产原值减除 10%~30% 后的余值计征，没有房产原值或不能将业主共有房产与其他房产的原值准确划分开的，由房产所在地税务机关参照同类房产核定房产原值；出租房产的，按照租金收入计征。

2. 从租计征。

（1）租金收入。房产出租的，以房屋出租取得的租金收入为计税依据，计缴房产税。计征房产税的租金收入不含增值税。免征增值税的，确定计税依据时，租金收入不扣减增值税额。

房产的租金收入，是指房屋产权所有人出租房产使用权所取得的报酬，包括货币收入和实物收入。对以劳务或其他形式为报酬抵付房租收入的，应根据当地同类房产的租金水平，确定一个标准租金额从租计征。

（2）核定应纳税额。纳税人对个人出租房屋的租金收入申报不实或申报数与同一地段同类房屋的租金收入相比明显不合理的，税务部门可以按照《中华人民共和国税收征收管理法》的有关规定，采取科学合理的方法核定其应纳税额。

（二）应纳税额的计算

1. 从价计征房产税应纳税额的计算。

从价计征是按房产的原值减除一定比例后的余值计征，其计算公式为：

应纳税额 = 房产原值 ×（1– 扣除比例）× 1.2%

公式中，扣除比例幅度为 10%~30%，具体减除幅度由省、自治区、直辖市人民政府规定。

2. 从租计征房产税应纳税额的计算。

从租计征是按房产的租金收入计征，其计算公式为：

应纳税额 = 租金收入 × 2%（或 4%）

【技能点 6-3】城建公司本年度自有房屋 5 栋，其中用于经营生产的 4 栋，房产原值共 40 000 000 元，其中包括冷暖通风设备 1 200 000 元，另一栋用于出租，房产原值 8 000 000 元，年租金收入 800 000 元（不含增值税）。请计算该公司本年度应纳房产税。（注：该企业所在省规定按房产原值一次扣除 20% 后的余值计税。）

①自用房产应纳税额 =［40 000 000 ×（1–20%）］× 1.2%=384 000（元）

②租金收入应纳税额 =800 000 × 12%=96 000（元）

③应纳税额 =384 000+96 000=480 000（元）

三、房产税智慧平台申报管理

（一）房产税征收管理

1. 纳税义务发生时间。

（1）将原有房产用于生产经营的，从生产经营之月起，计征房产税。

（2）自建的房屋用于生产经营的，自建成之日的次月起，计征房产税。

（3）委托施工企业建设的房屋，从办理验收手续之日的次月起，计征房产税。

（4）购置新建商品房，自房屋交付使用之次月起计征房产税。

（5）购置存量房，自办理房屋权属转移、变更登记手续，房地产权属登记机关签发房屋权属证书之次月起计征房产税。

（6）出租、出借房产，自交付出租、出借房产之次月起计征房产税。

（7）房地产开发企业自用、出租、出借本企业建造的商品房，自房屋使用或交付之次月起计征房产税。

（8）纳税人因房产的实物或权利状态发生变化而终止房产税纳税义务的，其应纳税款的计算截至房产的实物或权利状态发生变化的当月末。

2. 纳税地点。

房产税在房产所在地缴纳。房产不在同一地方的纳税人，应按房产的坐落地点分别向房产所在地的税务机关缴纳。

3. 纳税期限。

房产税实行按年征收，分期缴纳的征收方法，具体纳税期限由省、自治区、直辖市人民政府规定。

（二）房产税智慧平台纳税申报

房产税的纳税申报，是房屋产权所有人或纳税人缴纳房产税必须履行的法定手续。纳税义务人应根据税法要求，将现有房屋的坐落地点、结构、面积、原值、出租收入等情况，据实向当地税务机关办理纳税申报，并按规定纳税。如果纳税人住址发生变更、产权发生转移，以及出现新建、改建、扩建、拆除房屋等情况，而引起房产原值发生变化或者租金收入变化的，都要按规定及时向税务机关办理变更登记。

纳税人依法申报房产税时，应在国家电子税务局智慧平台填报《财产和行为税税源明细表》、《城镇土地使用税、房产税税源明细表》房产税部分，见表6–5，并按要求提供相关资料。

表 6-5　　　　**城镇土地使用税　房产税税源明细表**

纳税人识别号（统一社会信用代码）：□□□□□□□□□□□□□□□□□□□□
纳税人名称：　　　　　　　　　　　　　　　　　　金额单位：人民币元（列至角分）；面积单位：平方米

<table>
<tr><td colspan="12">一、城镇土地使用税税源明细（略）</td></tr>
<tr><td colspan="12">二、房产税税源明细</td></tr>
<tr><td colspan="12">（一）从价计征房产税明细</td></tr>
<tr><td colspan="2">* 纳税人类型</td><td colspan="3">产权所有人□ 经营管理人□ 承典人□
房屋代管人□ 房屋使用人□ 融资租赁承租人□
（必选）</td><td>所有权人纳税人识别号
（统一社会信用代码）</td><td colspan="2"></td><td colspan="2">所有权
人名称</td><td colspan="2"></td></tr>
<tr><td colspan="2">* 房产编号</td><td colspan="3"></td><td>房产名称</td><td colspan="6"></td></tr>
<tr><td colspan="2">不动产权证号</td><td colspan="3"></td><td>不动产单元号</td><td colspan="6"></td></tr>
<tr><td colspan="2">* 房屋坐落地址
（详细地址）</td><td colspan="10">省（自治区、直辖市）　市（区）　县（区）　乡镇（街道）　（必填）</td></tr>
<tr><td colspan="2">* 房产所属主管税务所
（科、分局）</td><td colspan="10"></td></tr>
<tr><td colspan="2">房屋所在土地编号</td><td colspan="2"></td><td colspan="2">* 房产用途</td><td colspan="6">工业□ 商业及办公□ 住房□ 其他□（必选）</td></tr>
<tr><td colspan="2">* 房产取得时间</td><td>年　月</td><td>变更类型</td><td colspan="5">纳税义务终止（权属转移□ 其他□）
信息项变更（房产原值变更□ 出租房产原值变更□
减免税变更□ 申报租金收入变更□ 其他□）</td><td colspan="2">变更时间</td><td>年　月</td></tr>
<tr><td colspan="2">* 建筑面积</td><td colspan="2"></td><td colspan="2">其中：出租房产面积</td><td colspan="6"></td></tr>
<tr><td colspan="2">* 房产原值</td><td colspan="2"></td><td colspan="2">其中：出租房产原值</td><td colspan="3"></td><td colspan="2">计税比例</td><td></td></tr>
<tr><td rowspan="5">减免税
部分</td><td rowspan="2">序号</td><td colspan="4" rowspan="2">减免性质代码和项目名称</td><td colspan="3">减免起止时间</td><td colspan="2" rowspan="2">减免税
房产原值</td><td rowspan="2">月减免税
金额</td></tr>
<tr><td>减免起始月份</td><td colspan="2">减免终止月份</td></tr>
<tr><td>1</td><td colspan="4"></td><td>年　月</td><td colspan="2">年　月</td><td colspan="2"></td><td></td></tr>
<tr><td>2</td><td colspan="4"></td><td></td><td colspan="2"></td><td colspan="2"></td><td></td></tr>
<tr><td>3</td><td colspan="4"></td><td></td><td colspan="2"></td><td colspan="2"></td><td></td></tr>
</table>

续表

（二）从租计征房产税明细						
*房产编号			房产名称			
*房产所属主管税务所（科、分局）						
承租方纳税人识别号（统一社会信用代码）			承租方名称			
*出租面积			*申报租金收入			
*申报租金所属租赁期起			*申报租金所属租赁期止			
减免税部分	序号	减免性质代码和项目名称	减免起止时间		减免税租金收入	月减免税金额
			减免起始月份	减免终止月份		
	1		年　月	年　月		
	2					
	3					

注：

从价计征房产税税源明细填报说明

（1）首次进行纳税申报的纳税人，需要填写全部房产的相关信息，此后办理纳税申报时，纳税人的房产及相关信息未发生变化的，可仅对已填报的信息进行确认；发生变化的，仅就变化的内容进行填写。

（2）每一独立房产应当填写一张表。即：同一不动产权证（房屋所有权证）有多幢（个）房产的，每幢（个）房产填写一张表。无不动产权证（房屋所有权证）的房产，每幢（个）房产填写一张表。纳税人不得将多幢房产合并成一条记录填写。

（3）对于本表中的数据项目，有不动产权证（房屋所有权证）的，依据证件记载的内容填写，没有不动产权证（房屋所有权证）的，依据实际情况填写。

（4）纳税人有出租房产的，应当先填写从价计征房产税税源明细，再填写从租计征房产税税源明细。

（5）纳税人类型（必选）：分为产权所有人、经营管理人、承典人、房屋代管人、房屋使用人、融资租赁承租人。必选一项，且只能选一项。

（6）房产编号、房产所属主管税务所（科、分局）、房屋所在土地编号、计税比例：系统自动带出，纳税人不必填写。

（7）房产用途（必选）：房产用途依据不动产权证（房屋所有权证）登记的用途填写，无证的，依据实际用途填写。分为工业、商业及办公、住房、其他，必选一项，且只能选一项，不同用途的房产应当分别填表。

（8）房产取得时间（必填）：填写纳税人取得该房产的时间。

（9）变更类型：有变更情况的必选。

（10）变更时间：有变更情况的必填，填至月。变更类型选择纳税义务终止的，税款计算至当月末；变更类型选择信息项变更的，自变更次月起按新状态计算税款。

（11）建筑面积（必填）：保留两位小数。

（12）出租房产面积、出租房产原值：有出租情况的必填。

（13）房产原值（必填）：填写房产的全部房产原值。应包括：分摊的应计入房产原值的地价，与房产不可分割的设备设施的原值，房产中已出租部分的原值，以及房产中减免税部分的原值。

从租计征房产税税源明细填报说明

（1）每一独立出租房产应当填写一张表。即：同一不动产权证（房屋所有权证）有多幢（个）房产的，每幢（个）房产填写一张表。无不动产权证（房屋所有权证）的房产，每幢（个）房产填写一张表。纳税人不得将多幢房产合并成一条记录填写。

（2）纳税人有出租房产的，应先填写从价计征房产税税源明细，再填写从租计征房产税税源明细。

（3）房产名称：纳税人自行编写，以便于识别。与从价计征房产税明细信息关联并一致。

（4）出租面积（必填）：填写出租房产的面积。

（5）申报租金收入（必填）：填写本次申报的应税租金收入。

任务4 契 税

知识储备

一、契税认知

契税是以在中华人民共和国境内转移土地、房屋权属为征税对象，向产权承受人征收的一种财产税。契税的征收有利于增加地方财政收入，有利于保护合法产权，避免产权纠纷。

（一）契税纳税人

契税由权属的承受人缴纳，故契税的纳税人为在我国境内承受土地、房屋权属转移的单位和个人。这里的“承受”是指以受让、购买、受赠、互换等方式取得土地、房屋权属的行为。

（二）契税征税范围

契税以在我国境内转移土地、房屋权属的行为作为征税对象。土地、房屋权属未发生转移的，不征收契税。契税的征税范围包括：土地使用权出让、土地使用权转让、房屋买卖、房屋赠与、房屋互换和其他方式转移土地、房屋权属的行为。

土地、房屋典当、分拆（分割），抵押以及出租等行为、不属于契税的征税范围。

（三）契税税率

契税采用比例税率，实行3%~5%的幅度税率。具体适用税率由各省、自治区、直辖市人民政府在幅度税率规定范围内，按照本地区的实际情况提出，报同级人民代表大会常务委员会决定，并报全国人大常委会和国务院备案。

省、自治区、直辖市可以依照税法规定的程序对不同主体、不同地区、不同类型的住房的权属转移确定差别税率。

自2010年10月1日起，对个人购买90平方米以下且属于家庭唯一住房的普通住房，减按1%的税率征收契税。

（四）契税税收优惠

1. 全国法定免税情形。

（1）国家机关、事业单位、社会团体、军事单位承受土地、房屋权属用于办公、教学、医疗、科研、军事设施。

（2）非营利性的学校、医疗机构、社会福利机构承受土地、房屋权属用于办公、教学、医疗、科研、养老、救助。

（3）承受荒山、荒地、荒滩土地使用权用于农、林、牧、渔业生产。

（4）婚姻关系存续期间夫妻之间变更土地、房屋权属。

（5）法定继承人通过继承承受土地、房屋权属。

（6）依照法律规定应当予以免税的外国驻华使馆、领事馆和国际组织驻华代表机构承受土地、房屋权属。

根据国民经济和社会发展的需要，国务院对居民住房需求保障、企业改制重组、灾后重建等情形可以规定免征或者减征契税，报全国人大常委会备案。

2. 地方酌定减免税情形。

（1）因土地、房屋被县级以上人民政府征收、征用，重新承受土地、房屋权属。

（2）因不可抗力灭失住房，重新承受住房权属。

纳税人符合减征或者免征契税规定的，应当按照规定进行申报。

二、契税应纳税额的计算

（一）计税依据

由于土地、房屋权属转移方式不同，定价方法不同，因而具体计税依据视不同情况而决定。

1. 土地使用权出售、房屋买卖，其计税依据为土地、房屋权属转移合同确定的价格，包括应交付的货币、实物、其他经济利益对应的价款。

2. 土地使用权赠与、房屋赠与以及其他没有价格的转移土地、房屋权属行为，其计税依据为税务机关参照土地使用权出售、房屋买卖的市场价格依法核定的价格。

3. 以划拨方式取得的土地使用权，经批准改为出让方式重新取得该土地使用权的，应由该土地使用权人以补缴的土地出让价款为计税依据缴纳契税。

4. 先以划拨方式取得土地使用权，后经批准转让房地产，划拨土地性质改为出让的，承受方应分别以补缴的土地出让价款和房地产权属转移合同确定的成交价格为计税依据缴纳契税。

5. 先以划拨方式取得土地使用权，后经批准转让房地产，划拨土地性质未发生改变的，承受方应以房地产权属转移合同确定的成交价格为计税依据缴纳契税。

6. 土地使用权及所附建筑物、构筑物等（包括在建的房屋、其他建筑物、构筑物和其他附着物）转让的，计税依据为承受方应交付的总价款。

7. 土地使用权出让的，计税依据包括土地出让金、土地补偿费、安置补助费、地上附着物和青苗补偿费、征收补偿费、城市基础设施配套费、实物配建房屋等应交付的货币以及实物、其他经济利益对应的价款。

8. 房屋附属设施（包括停车位、机动车库、非机动车库、顶层阁楼、储藏室及其他房屋附属设施）与房屋为同一不动产单元的，计税依据为承受方应交付的总价款，并适用与房屋相同的税率；房屋附属设施与房屋为不同不动产单元的，计税依据为转移合同确定的成交价格，并按当地确定的适用税率计税。

9. 承受已装修房屋的，应将包括装修费用在内的费用计入承受方应交付的总价款。

10. 土地使用权互换、房屋互换，互换价格相等的，互换双方计税依据为零；互换价格不相等的，以其差额为计税依据，由支付差额的一方缴纳契税。

契税计税依据不包括增值税，具体情形为：

1. 土地使用权出售、房屋买卖，承受方计征契税的成交价格不含增值税；实际取得增值税发票的，成交价格以发票上注明的不含税价格确定。

2. 土地使用权互换、房屋互换，契税计税依据为不含增值税价格的差额。

3. 税务机关核定的契税计税价格为不含增值税价格。

（二）应纳税额的计算

契税应纳税额依照省、自治区、直辖市人民政府确定的适用税率和税法规定的计税依据计算征收。计算公式为：

应纳税额 = 计税依据 × 适用税率

以作价投资（入股）、偿还债务等应交付经济利益的方式转移土地、房屋权属的，参照土地使用权出让、出售或房屋买卖确定契税适用税率、计税依据等。

以划转、奖励等没有价格的方式转移土地、房屋权属的，参照土地使用权或房屋赠与确定契税适用税率、计税依据等。

【技能点 6–4】居民王静有三套住房，将其中一套 100 平方米的住房出售给居民李平，成交价格为 1 000 000 元；另将一套两居室住房与居民谢勇交换成两套一室住房，并支付给谢勇换房差价款 300 000 元。请计算王静、李平、谢勇相关行为应缴纳的契税（假定税率为 4%）。

（1）王静应缴纳契税 =300 000 × 4%=12 000（元）

（2）李平应缴纳契税 =1 000 000 × 4%=40 000（元）

（3）谢勇无须缴纳契税。

三、契税智慧平台申报管理

（一）契税申报管理

1. 纳税义务发生时间。

契税申报以不动产单元为基本单位，契税的纳税义务发生时间是纳税人签订土地、房屋权属转移合同的当日，或者纳税人取得其他具有土地、房屋权属转移合同性质凭证的当日。

特殊情形下，契税纳税义务发生时间规定如下：

（1）因人民法院、仲裁委员会的生效法律文书或者监察机关出具的监察文书等发生土地、房屋权属转移的，纳税义务发生时间为法律文书等生效当日。

（2）因改变土地、房屋用途等情形应当缴纳已经减征、免征契税的，纳税义务发生时间为改变有关土地、房屋用途等情形的当日。

（3）因改变土地性质、容积率等土地使用条件需补缴土地出让价款的，应当缴纳契税的，纳税义务发生时间为改变土地使用条件当日。

发生上述情形，按规定不再需要办理土地、房屋权属登记的，纳税人应自纳税义务发生之日起 90 日内申报缴纳契税。

2. 纳税地点。

契税实行属地征收管理。纳税人应在土地、房屋所在地的税务征收机关缴纳契税。

3. 契税的退还。

在依法办理土地、房屋权属登记前，权属转移合同或权属转移合同性质凭证不生效、无效、被撤销或者被解除的，纳税人可以向税务机关申请退还已缴纳的税款，税务机关应当依法办理。

（二）契税智慧平台纳税申报

纳税人依法申报契税时，应在国家电子税务局智慧平台填报《财产和行为税税源明细表》、《契税税源明细表》，见表 6-6，并按要求提供相关资料。

表 6-6　　　　契税税源明细表

纳税人识别号（统一社会信用代码）：□□□□□□□□□□□□□□□□□□□□

纳税人名称：　　　　金额单位：人民币元（列至角分）；面积单位：平方米

*税源编号		*土地房屋坐落地址		不动产单元号（或房屋编号）	
合同编号		*合同签订日期		*共有方式	□单独所有 □共同共有（共有人：____） □按份共有 ____%
*权属转移对象		*权属转移方式		*用途	
*成交价格 □含税 □不含税		*权属转移面积		*成交单价	
*评估价格			*计税价格		
*适用税率			减免性质代码和项目名称		

表 6-7　　　　权属转移对象、方式、用途逻辑关系对照表

权属转移对象			权属转移方式		用途
一级（大类）	二级（小类）	三级（细目）			
土地	无	无	土地使用权出让		1. 居住用地；2. 商业用地；3. 工业用地；4. 综合用地；5. 其他用地
			土地使用权转让	土地使用权出售	1. 居住用地；2. 商业用地；3. 工业用地；4. 综合用地；5. 其他用地
				土地使用权赠与	1. 居住用地；2. 商业用地；3. 工业用地；4. 综合用地；5. 其他用地
				土地使用权交换	1. 居住用地；2. 商业用地；3. 工业用地；4. 综合用地；5. 其他用地
				其他	1. 居住用地；2. 商业用地；3. 工业用地；4. 综合用地；5. 其他用地

续表

权属转移对象			权属转移方式	用途
一级（大类）	二级（小类）	三级（细目）		
房屋	增量房	商品住房	1. 房屋买卖；2. 房屋赠与；3. 房屋交换；4. 其他	1. 居住
		保障性住房	1. 房屋买卖；2. 房屋赠与；3. 房屋交换；4. 其他	1. 居住
		其他住房	1. 房屋买卖；2. 房屋赠与；3. 房屋交换；4. 其他	1. 居住
		非住房	1. 房屋买卖；2. 房屋赠与；3. 房屋交换；4. 其他	2. 商业；3. 办公；4. 商住；5. 附属建筑；6. 工业；7. 其他
	存量房	商品住房	1. 房屋买卖；2. 房屋赠与；3. 房屋交换；4. 其他	1. 居住
		保障性住房	1. 房屋买卖；2. 房屋赠与；3. 房屋交换；4. 其他	1. 居住
		其他住房	1. 房屋买卖；2. 房屋赠与；3. 房屋交换；4. 其他	1. 居住
		非住房	1. 房屋买卖；2. 房屋赠与；3. 房屋交换；4. 其他	2. 商业；3. 办公；4. 商住；5. 附属建筑；6. 工业；7. 其他

注：

（1）本表适用于在中国境内承受土地、房屋权属的单位和个人。

（2）税源编号：系统自动生成，纳税人不必填写。

（3）土地、房屋坐落地址：必填。土地使用权转移，应填写土地坐落地址；房屋权属转移，应填写房屋坐落地址。

（4）不动产单元号：有不动产权证并载明不动产单元号的，必填。

（5）合同编号：有合同编号的，必填。填写应税土地、房屋权属转移合同的编号。

（6）合同签订日期：必填。指承受方与转让方签订土地、房屋转移合同的当日，或者承受方取得其他具有土地、房屋转移合同性质凭证的当日。

（7）共有方式：必填。根据实际情况，勾选单独所有、共同所有、按份共有。如勾选共同共有，应填写权属转移后其他共同共有人的纳税人名称和纳税人识别号。如勾选按份共有，应填写权属转移后纳税人按份共有份额。

（8）权属转移对象、权属转移方式、用途：必选。

（9）成交价格：必填。根据土地、房屋权属转移合同确定的实际价格（包括承受者应交付的货币、实物、无形资产或者其他经济利益，折算成人民币金额）填写；房屋交换为交换房屋所支付的差价，不支付差价则填“0”。申报享受居民因个人房屋被征收而重新购置房屋或选择房屋产权调换等减免税政策的，以购房价格超过征收补偿部分的金额填写。

（10）计税价格：指由税务机关按照《中华人民共和国契税暂行条例》及有关规定确定的成交价格或者核定价格。

（11）适用税率：根据各省、区、市确定的适用税率填写。申报享受家庭唯一住房或第二套住房等减免税政策的，也应按适用税率填写。如，某省住房买卖适用税率为 3%，申报享受个人购买 90 平方米以下家庭住房减免税政策时，税率应按 3% 而非优惠税率 1% 填写。

任务 5　土地增值税

知识储备

一、土地增值税认知

土地增值税是以纳税人转让国有土地使用权、地上的建筑物及其附着物所取得的增值额为征税对象，依照规定税率征收的一种税。开征土地增值税有利于规范土地、房地产市场交易秩序，合理调节土地增值收益，维护国家利益。

（一）土地增值税纳税人

凡是转让我国国有土地使用权、地上建筑物及其附着物产权，并且取得收入的单位和个人，为土地增值税的纳税义务人。

（二）土地增值税征税范围

土地增值税的征税范围为转让国有土地使用权、地上的建筑物及其附着物并取得收入的行为。转让国有土地使用权、地上的建筑物及其附着物并取得收入，是指以出售或者其他方式有偿转让房地产的行为，不包括以继承、赠与方式无偿转让房地产的行为。

（三）土地增值税税率

土地增值税采用四级超率累进税率，税率最低为30%，最高为60%。具体税率见表6-8。

表 6-8　　土地增值税税率表

级数	增值额与扣除项目金额的比例	税率（%）	速算扣除系数（%）
1	未超过 50% 的部分	30	0
2	超过 50% 未超过 100% 的部分	40	5
3	超过 100% 未超过 200% 的部分	50	15
4	超过 200% 的部分	60	35

上述所列四级超率累计税率，每级“增值额未超过扣除项目金额”的比例，均包括在本比例数。

（四）土地增值税税收优惠

1. 纳税人建造普通标准住宅出售，增值额未超过扣除项目金额 20% 的，予以免税；超过 20%的，应按全部增值额缴纳土地增值税。

2. 因国家建设需要依法征收、收回的房地产，免征土地增值税。

3. 企事业单位、社会团体以及其他组织转让旧房作为公共租赁住房房源且增值额未超过扣除项目金额 20% 的，免征土地增值税。

4. 自 2008 年 11 月 1 日起，对个人转让住房暂免征收土地增值税。

二、土地增值税应纳税额的计算

（一）计税依据

1. 应税收入的确定。

纳税人转让房地产取得的应税收入，应包括转让房地产的全部价款及有关的经济收益。包括货币收入、实物收入和其他收入。纳税人取得的收入若包含外币的，应当以取得收入当天或当月 1 日国家公布的市场汇价折合成人民币。当月以分期收款方式取得外币收入，也应按实际收款日或收款当月 1 日国家公布的市场汇价折合成人民币。

2. 扣除项目及金额。

准予纳税人从房地产转让收入额减除的扣除项目金额具体包括取得土地使用权支付的金额、房地产开发成本、房地产开发费用、与转让房地产有关的税金、财政部确定的其他扣除项目。

（1）取得土地使用权所支付的金额。取得土地使用权所支付的金额包括纳税人为取得土地使用权所支付的地价款和在取得土地使用权时按国家统一规定缴纳的有关费用和税金。纳税人为取得土地使用权所支付的地价款的确定有三种方式，具体方式见表 6–9。

表 6–9　　地价款的确认方式

取得土地使用权的方式	地价款金额
出让	土地出让金
划拨	补交的土地出让金
转让	原土地使用权人实际支付的地价款

（2）房地产开发成本。房地产开发成本，是指纳税人开发房地产项目实际发生的成本，包括土地的征用及拆迁补偿费、前期工程费、建筑安装工程费、基础设施费、公共配套设施费、开发间接费用等。具体明细见表 6–10。

表 6–10　　房地产开发成本明细表

房地产开发成本类型	费用明细
土地的征用及拆迁补偿费	土地征用费、耕地占用税、劳动力安置费及有关地上、地下附着物拆迁补偿的净支出、安置动迁用房支出等。
前期工程费	规划、设计、项目可行性研究和水文、地质、勘察、测绘、“三通一平”等支出。
建筑安装工程费	出包方式支付给承包单位的建筑安装工程费和以自营方式发生的建筑安装工程费。
基础设施费	包括开发小区内道路、供水、供电、供气、排污、排洪、通信、照明、环卫、绿化等工程发生的支出。
公共配套设施费	包括不能有偿转让的开发小区内公共配套设施发生的支出。
开发间接费用	工资、职工福利费、折旧费、修理费、办公费、水电费、劳动保护费、周转房摊销等直接组织、管理开发项目发生的费用。

（3）房地产开发费用。房地产开发费用，是指与房地产开发项目有关的销售费用、管理费用和财务费用。在计算土地增值税时，房地产开发费用并不是按照纳税人财务报表上实际发生额进行扣除，应分别按以下两种情况进行扣除：

①财务费用中的利息支出，凡能够按转让房地产项目计算分摊并提供金融机构证明的，允许据实扣除，但最高不能超过按商业银行同类同期贷款利率计算的金额。其他房地产开发费用，按规定计算的金额（即取得土地使用权所支付的金额和房地产开发成本，下同）之和的 5% 以内计算扣除。计算扣除的具体比例，由各省、自治区、直辖市人民政府规定。计算公式为：

允许扣除的房地产开发费用 = 利息 +（取得土地使用权所支付的金额 + 房地产开

发成本）× 省级政府确定的比例

②财务费用中的利息支出，凡不能按转让房地产项目计算分摊利息支出或不能提供金融机构证明的，房地产开发费用按规定计算的金额之和的 10% 以内计算扣除。计算扣除的具体比例，由各省、自治区、直辖市人民政府规定。计算公式为：

允许扣除的房地产开发费用 =（取得土地使用权所支付的金额 + 房地产开发成本）× 省级政府确定的比例

财政部、国家税务总局对扣除项目金额中利息支出的计算问题作了两点专门规定：一是利息的上浮幅度按国家的有关规定执行，超过上浮幅度的部分不允许扣除；二是对于超过贷款期限的利息部分和加罚的利息不允许扣除。

（4）与转让房地产有关的税金。与转让房地产有关的税金，是指在转让房地产时缴纳的城市维护建设税、印花税、教育费附加。《土地增值税暂行条例》等规定的土地增值税扣除项目涉及的增值税进项税额，允许在销项税额中计算抵扣的，不计入扣除项目，不允许在销项税额中计算抵扣的，可以计入扣除项目。

（5）财政部确定的其他扣除项目。对从事房地产开发的纳税人可按取得土地使用权所支付的金额和房地产开发成本之和，加计 20% 的扣除。此条优惠只适用于从事房地产开发的纳税人，除此之外的其他纳税人不适用。

（6）旧房及建筑物的扣除金额。

①按评估价格扣除。评估价格须经当地税务机关确认。

②按购房发票金额计算扣除。纳税人转让旧房及建筑物，凡不能取得评估价格，但能提供购房发票的，经当地税务部门确认，《土地增值税暂行条例》规定的扣除项目的金额，可按发票所载金额并从购买年度起至转让年度止每年加计 5% 计算。对于纳税人购房时缴纳的契税，凡能够提供契税完税凭证的，准予作为"与转让房地产有关的税金"予以扣除，但不作为加计 5% 的基数。

（二）应纳税额的计算

土地增值税按照纳税人转让房地产所取得的增值额和规定的税率计算征收。土地增值税的计算公式为：

应纳税额 = Σ（每级距的增值额 × 适用税率）

其中：土地增值额 = 转让房地产总收入 – 扣除项目金额。

由于土地增值税实行超率累进税率，应纳税额要分段计算、汇总合计、比较繁琐，因此，在实际工作中一般采用速算扣除法计算。计算公式为：

应纳税额 = 土地增值额 × 适用税率 – 扣除项目金额 × 速算扣除系数

【技能点6–5】城南房地产开发公司转让高级公寓一栋，共获得货币收入75 000 000元，获得购买方原准备盖楼的钢材2 100吨（每吨2 500元）。公司为取得土地使用权所支付的金额为14 500 000元，开发土地、建房及配套设施等共支出21 100 000元，开发费用共计4 800 000元（其中：利息支出2 950 000元，未超过国家规定的利息率标准），转让房地产有关的税金共付470 000元。房地产开发费用按规定的最高比例计算。应纳土地增值税计算如下：

①转让收入额 =75 000 000+2 100 × 2 500=80 250 000（元）

②扣除项目金额 =（14 500 000+21 100 000）×（1+20%）+2 950 000+1 780 000+470 000=47 920 000（元）

其中：1 780 000=（14 500 000+21 100 000）× 5%（其他开发费用实际支出比例 =（4 800 000–2 950 000）÷（14 500 000+21 100 000）=5.2%，超过5%的限额，只能按5%计算）。

③土地增值额 =80 250 000–47 920 000=32 330 000（元）

④土地增值率 =32 330 000 ÷ 47 920 000=67.47%

⑤应纳税额 =32 330 000 × 40% –47 920 000 × 5% =10 536 000（元）

三、土地增值税智慧平台申报管理

（一）土地增值税征收管理

1. 纳税申报。

土地增值税的纳税人应于转让房地产合同签订之日起7日内到房地产所在地的税务机关办理纳税申报，并向税务机关提交房屋及建筑物产权、土地使用权证书，土地转让、房产买卖合同，房地产评估报告以及其他与转让房地产有关的资料。纳税人因经常发生房地产转让而难以在每次转让后申报的，经税务机关审核同意后，可以定期进行纳税申报，具体期限由税务机关根据相关规定确定。

2. 预征管理。

纳税人采取预售方式销售房地产的，对在项目全部竣工结算前转让房地产取得的收入，税务机关可以预征土地增值税。具体办法由各省、自治区、直辖市税务局根据当地情况制定。

对于纳税人预售房地产所取得的收入，凡当地税务机关规定预征土地增值税的，纳税人应当到主管税务机关办理纳税申报，并按规定比例预交，待办理完纳税清算后，多退少补。

3. 纳税清算。

（1）土地增值税的清算单位。国家有关部门审批的房地产开发项目为土地增值税的清算单位，对于分期开发的项目，以分期项目为单位清算。开发项目中同时包含普通住宅和非普通住宅的，应分别计算增值额。

（2）土地增值税的清算条件。纳税人全部竣工、完成销售的房地产开发项目、整体转让未竣工决算房地产开发项目、直接转让土地使用权的情况，应进行土地增值税的清算。

对于已竣工验收的房地产开发项目，已转让的房地产建筑面积占整个项目可售建筑面积的比例在 85% 以上，或该比例虽未超过 85%，但剩余的可售建筑面积已经出租或自用的、取得销售（预售）许可证满 3 年仍未销售完毕的、纳税人申请注销税务登记但未办理土地增值税清算手续的情况，主管税务机关可以要求纳税人进行土地增值税清算。

（3）清算后再转让房地产的处理。在土地增值税清算时未转让的房地产，清算后销售或有偿转让的，纳税人应按规定进行土地增值税的纳税申报，扣除项目金额按清算时的单位建筑面积成本费用乘以销售或转让面积计算。

单位建筑面积成本费用 = 清算时的扣除项目总金额 ÷ 清算的总建筑面积

4. 纳税地点。

土地增值税纳税人发生应税行为应向房地产所在地主管税务机关缴纳税款。这里所称的房地产所在地，是指房地产的坐落地。纳税人转让的房地产坐落在两个或两个以上地区的，应按房地产所在地分别申报纳税。

（二）土地增值税智慧平台纳税申报

纳税人依法进行土地增值税纳税申报时，应在国家电子税务局智慧平台填报《财产和行为税税源明细表》《土地增值税税源明细表》，并按要求提供相关资料。

任务 6　印花税

知识储备

一、印花税认知

印花税是对经济活动和经济交往中书立、领受、使用的应税经济凭证征收的一种税，它属于行为税。因其采用在应税凭证上粘贴印花税票的方法征税，故称印花税。

（一）印花税纳税人

在中国境内书立应税凭证、进行证券交易的单位和个人，为印花税的纳税人。应税凭证即《印花税法》所附“印花税税目税率表”列明的合同、产权转移书据和营业账簿。

如果一份合同或应税凭证由两方或两方以上当事人共同签订，签订合同或应税凭证的各方都是纳税人，应各就其所持合同或应税凭证的计税金额履行纳税义务。

根据书立、使用应税凭证的不同，纳税人可分为立合同人、立账簿人、立据人和使用人等。

（二）印花税征税范围

现行印花税采取正列举形式，只对法律规定中列举的凭证征收，没有列举的凭证不征税。征税的凭证可分为四类，分别是合同类、产权转移书据类、营业账簿类和证券交易类。

1. 合同。

合同是指平等主体的自然人、法人、其他组织之间设立、变更、终止民事权利义务关系的协议。

2. 产权转移书据。

产权转移即产权主体发生变更，财产权利转移的行为。产权转移书据是在产权主体变更过程中，由产权出让人与受让人之间所订立的民事法律文书。

3. 营业账簿。

营业账簿是按照财务会计制度的要求设置的，反映生产经营活动的账册，归属于财务会计账簿。印花税法仅对资金账簿征税，资金账簿即记载资金的营业账簿。

4. 证券交易。

证券交易印花税仅对证券交易的出让方征收，不对受让方征收。

（三）印花税的税目和税率

印花税施行的是比例税率。具体税目税率见表 6–11。

表 6–11　　印花税税目税率表

税目		计税依据	税率	备注
书面合同	借款合同	借款金额	0.005%	指银行业金融机构、经国务院银行业监督管理机构批准设立的其他金融机构与借款人（不包括同业拆借）的借款合同
	融资租赁合同	租金		
	买卖合同	价款	0.03%	指动产买卖合同（不包括个人书立的动产买卖合同）
	承揽合同	报酬		
	建设工程合同	价款		
	运输合同	运输费用		指货运合同和多式联运合同（不包括管道运输合同）
	技术合同	价款、报酬或使用费		不包括专利权、专有技术使用权转让书据
	租赁合同	租金	0.1%	
	保管合同	保管费		
	仓储合同	仓储费		
	财产保险合同	保险费		不包括再保险合同

续表

<table>
<tr><th colspan="2">税目</th><th>计税依据</th><th>税率</th><th>备注</th></tr>
<tr><td rowspan="4">产权转移书据</td><td>土地使用权出让书据</td><td rowspan="4">价款</td><td rowspan="3">0.05%</td><td rowspan="4">转让包括买卖（出售）、继承、赠与、互换、分割</td></tr>
<tr><td>土地使用权、房屋等建筑物和构筑物所有权转让书据（不包括土地承包经营权和土地经营权转移）</td></tr>
<tr><td>股权转让书据（不包括应缴纳证券交易印花税）</td></tr>
<tr><td>商标专用权、著作权、专利权、专有技术使用权转让书</td><td>0.03%</td></tr>
<tr><td colspan="2">营业账簿</td><td>实收资本 +
资本公积</td><td>0.025%</td><td></td></tr>
<tr><td colspan="2">证券交易</td><td>成交金额</td><td>0.1%</td><td></td></tr>
</table>

二、印花税应纳税额的计算

（一）计税依据

1. 应税合同的计税依据。

应税合同的计税依据为合同所列的金额（不包括增值税税款），合同中价款或报酬与增值税未分开列明的，按照合计金额确定。具体计税依据见表 6–11。

2. 应税产权转移书据的计税依据。

应税产权转移书据的计税依据为产权转移书据所列的金额，不包括列明的增值税税款；产权转移书据中价款与增值税税款未分开列明的，按照合计金额确定。

应税合同、产权转移书据未列明价款或者报酬的，按照下列方法确定计税依据：

（1）按照订立合同、产权转移书据时的市场价格确定；依法应当执行政府定价的，按照其规定确定。

（2）不能按照上述规定的方法确定的，按照实际结算的价款或者报酬确定。

3. 应税营业账簿的计税依据。

应税营业账簿的计税依据，为账簿记载的实收资本（股本）、资本公积合计金额。

4. 证券交易的计税依据。

证券交易以非集中交易方式转让证券时无转让价格的，按照办理过户登记手续前一个交易日收盘价计算确定计税依据；办理过户登记手续前一个交易日无收盘价的，按照证券面值计算确定计税依据。

5. 未列明金额时的计税依据。

应税合同、产权转移书据未列明金额的，印花税的计税依据按照实际结算的金额确定。计税依据按照上述规定仍不能确定的，按照书立合同、产权转移书据时的市场价格确定；依法应当执行政府定价或者政府指导价的，按照国家有关规定确定。

6. 核定印花税计税依据。

纳税人有以下情形的，税务机关可以核定纳税人印花税计税依据：

（1）未按规定建立印花税应税凭证登记簿，或未如实登记和完整保存应税凭证的。

（2）拒不提供应税凭证或不如实提供应税凭证致使计税依据明显偏低的。

（3）采用按期汇总缴纳办法的，未按税务机关规定的期限报送汇总缴纳印花税情况报告，经税务机关责令限期报告，逾期仍不报告的或者税务机关在检查中发现纳税人有未按规定汇总缴纳印花税情况的。

（二）应纳税额的计算

印花税的应纳税额按照计税依据乘以适用税率计算，计算公式为：

应纳税额 = 计税依据 × 适用税率

【技能点 6–6】城乐公司向平安公司租赁 2 台起重机并签订租赁合同，合同注明起重机总价值为 800 000 元，租期为 2 个月，每台每月租金为 20 000 元。已知租赁合同适用印花税税率为 1‰。计算城乐公司签订该租赁合同应缴纳的印花税。

应纳税额 =20 000 × 2 × 2 × 1‰ =80（元）

三、印花税智慧平台申报管理

（一）印花税征收管理

1. 纳税义务发生时间。

印花税的纳税义务发生时间为纳税人书立应税凭证或者完成证券交易的当日。

证券交易印花税扣缴义务发生时间为证券交易完成的当日。

2. 纳税地点。

（1）纳税人为单位的，应当向其机构所在地的主管税务机关申报缴纳印花税；纳税人为个人的，应当向应税凭证书立地或者纳税人居住地的主管税务机关申报缴纳印花税。

（2）不动产产权发生转移的，纳税人应当向不动产所在地的主管税务机关申报缴纳印花税。

（3）纳税人为境外单位或者个人，在境内有代理人的，以其境内代理人为扣缴义务人；在境内没有代理人的，由纳税人自行申报缴纳印花税，具体办法由国务院税务主管部门规定。

（4）证券登记结算机构为证券交易印花税的扣缴义务人，应当向其机构所在地的主管税务机关申报解缴税款以及银行结算的利息。

3. 纳税期限。

印花税按季、按年或者按次计征。实行按季、按年计征的，纳税人应当自季度、年度终了之日起 15 日内申报缴纳税款；实行按次计征的，纳税人应当自纳税义务发生之日起 15 日内申报缴纳税款。

证券交易印花税按周解缴。证券交易印花税扣缴义务人应当自每周终了之日起 5 日内申报解缴税款以及银行结算的利息。

4. 缴纳方式。

印花税可以采用粘贴印花税票或者由税务机关依法开具其他完税凭证的方式缴纳。印花税票粘贴在应税凭证上的，由纳税人在每枚税票的骑缝处盖戳注销或者画销。

印花税票由国务院税务主管部门监制。

（二）印花税智慧平台纳税申报

纳税人依法进行印花税纳税申报时，应在国家电子税务局智慧平台填报《财产和行为税税源明细表》、(《印花税税源明细表》，见表 6-12)，并按要求提供相关资料。

表 6-12　　印花税税源明细表

纳税人识别号（统一社会信用代码）：□□□□□□□□□□□□□□□□□□□□

纳税人名称：　　　　金额单位：人民币元（列至角分）

序号	*税目	*税款所属期起	*税款所属期止	应纳税凭证编号	应纳税凭证书立（领受）日期	*计税金额或件数	核定比例	*税率	减免性质代码和项目名称
按期申报									
1									
2									
3									

续表

序号	*税目	*税款所属期起	*税款所属期止	应纳税凭证编号	应纳税凭证书立（领受）日期	*计税金额或件数	核定比例	*税率	减免性质代码和项目名称
按次申报									
1									
2									
3									

注：

（1）税目：必填。可填项：购销合同、加工承揽合同、建设工程勘察设计合同、建筑安装工程承包合同、财产租赁合同、货物运输合同、仓储保管合同、借款合同、财产保险合同、技术合同、产权转移书据、营业账簿（记载资金的账簿）、营业账簿（其他账簿），以及权利、许可证照。

（2）税款所属期起（止）：按期申报的，填写所属期的起始（终止）时间，应填写具体的年、月、日。按次申报的，如填写了应纳税凭证书立（领受）日期，则为应纳税凭证书立（领受）日期；否则为填表当日。

（3）计税金额或件数：必填。营业账簿（其他账簿）和权利、许可证照税目填写件数，其他税目填写金额。

（4）核定比例：实行核定征收的，填写核定比例。根据各省、区、市确定的核定比例填写。

任务 7　资源税

知识储备

一、资源税认知

资源税是以应税资源为课税对象，对在我国领域或管辖的其他海域开发应税资源的单位和个人，就其应税资源销售额或者销售数量为计税依据而征收的一种税。开征资源税的目的是调节资源条件差异而形成的资源级差收入，促进自然资源合理开发和有效配置。

（一）资源税纳税人

在中华人民共和国领域和中华人民共和国管辖的其他海域开发应税资源的单位和个人，为资源税的纳税义务人，应依法缴纳资源税。

中外合作开采陆上、海上石油资源的企业依法缴纳资源税。

纳税人开采或者生产应税产品自用的，视同销售，应当按规定缴纳资源税，但是用于连续生产应税产品的，不缴纳资源税。纳税人自用应税产品应当缴纳资源税的情形，包括纳税人以应税产品用于非货币性资产交换、捐赠、偿债、赞助、集资、投资、广告、样品、职工福利、利润分配或者连续生产非应税产品等。

（二）资源税征税范围

我国的资源税目前只对税法列举的资源征税，包括能源矿产、金属矿产、非金属矿产、水汽矿产、盐类，共计五大类。各税目的征税对象包括原矿或选矿，涵盖了所有已经发现的矿种和盐。根据《资源税法》的规定，对取用地表水或者地下水的单位和个人试点征收水资源税。

（三）资源税税目与税率

资源税的征税对象具体划分为 5 个一级税目，17 个二级子税目。大部分资源税应税产品实行从价计征，部分资源税应税产品从量计征，税率形式有比例税率和定额税率两种。具体资源税税目、税率见表 6–13。

表 6–13　　资源税税目税率表

税目			征税对象	税率
能源矿产	原油		原矿	6%
	天然气、页岩气、天然气水合物		原矿	6%
	煤		原矿或者选矿	2%~10%
	煤成（层）气		原矿	1%~2%
	铀、钍		原矿	4%
	油页岩、油砂、天然沥青、石煤		原矿或者选矿	1%~4%
	地热		原矿	1%~20% 或者每立方米 1~30 元
金属矿产	黑色金属	铁、锰、铬、钒、钛	原矿或者选矿	1%~9%
	有色金属	铜、铅、锌、锡、镍、锑、镁、钴、铋、汞	原矿或者选矿	2%~10%
		铝土矿	原矿或者选矿	2%~9%
		钨	选矿	6.5%
		钼	选矿	8%
		金、银	原矿或者选矿	2%~6%
		铂、钯、钌、锇、铱、铑	原矿或者选矿	5%~10%
		轻稀土	选矿	7%~12%
		中重稀土	选矿	20%
		铍、锂、锆、锶、铷、铯、铌、钽、锗、镓、铟、铊、铪、铼、镉、硒、碲	原矿或者选矿	2%~10%
非金属矿产	矿物类	高岭土	原矿或者选矿	1%~6%
		石灰岩	原矿或者选矿	1%~6% 或者每吨（或者每立方米）1~10 元
		磷	原矿或者选矿	3%~8%
		石墨	原矿或者选矿	3%~12%
		萤石、硫铁矿、自然硫	原矿或者选矿	1%~8%

续表

税目			征税对象	税率
非金属矿产	矿物类	天然石英砂、脉石英、粉石英、水晶、工业用金刚石、冰洲石、蓝晶石、硅线石（矽线石）、长石、滑石、刚玉、菱镁矿、颜料矿物、天然碱、芒硝、钠硝石、明矾石、砷、硼、碘、溴、膨润土、硅藻土、陶瓷土、耐火粘土、铁矾土、凹凸棒石粘土、海泡石粘土、伊利石粘土、累托石粘土	原矿或者选矿	1%~12%
		叶蜡石、硅灰石、透辉石、珍珠岩、云母、沸石、重晶石、毒重石、方解石、蛭石、透闪石、工业用电气石、白垩、石棉、蓝石棉、红柱石、石榴子石、石膏	原矿或者选矿	2%~12%
		其他粘土（铸型用粘土、砖瓦用粘土、陶粒用粘土、水泥配料用粘土、水泥配料用红土、水泥配料用黄土、水泥配料用泥岩、保温材料用粘土）	原矿或者选矿	1%~5% 或者每吨（或者每立方米）0.1~5 元
	岩石类	大理岩、花岗岩、白云岩、石英岩、砂岩、辉绿岩、安山岩、闪长岩、板岩、玄武岩、片麻岩、角闪岩、页岩、浮石、凝灰岩、黑曜岩、霞石正长岩、蛇纹岩、麦饭石、泥灰岩、含钾岩石、含钾砂页岩、天然油石、橄榄岩、松脂岩、粗面岩、辉长岩、辉石岩、正长岩、火山灰、火山渣、泥炭	原矿或者选矿	1%~10%
		砂石	原矿或者选矿	1%~5% 或者每吨（或者每立方米）0.1~5 元
	宝玉石类	宝石、玉石、宝石级金刚石、玛瑙、黄玉、碧玺	原矿或者选矿	4%~20%
水汽矿产	二氧化碳气、硫化氢气、氦气、氡气		原矿	2%~5%
	矿泉水		原矿	1%~20% 或者每立方米 1~30 元
盐	钠盐、钾盐、镁盐、锂盐		选矿	3%~15%
	天然卤水		原矿	3%~15% 或者每吨（或者每立方米）1~10 元
	海盐			2%~5%

（四）资源税税收优惠

1. 免征资源税的情形。

（1）开采原油以及在油田范围内运输原油过程中用于加热的原油天然气

（2）煤炭开采企业因安全生产需要抽采的煤成（层）气。

2. 减征资源税的情形。

（1）从低丰度油气田开采的原油、天然气，减征 20% 资源税。

（2）高含硫天然气、三次采油和从深水油气田开采的原油、天然气，减征 30% 资源税。

（3）稠油、高凝油减征 40% 资源税。

（4）从衰竭期矿山开采的矿产品，减征 30% 资源税。

（5）页岩气资源税（按 6% 的规定税率）减征 30%。

（6）增值税小规模纳税人可以在 50% 的税额幅度内减征资源税。

3. 有下列情形之一的省、自治区、直辖市可以决定免征或减征资源税：

（1）纳税人开采或者生产应税产品过程中，因意外事故或者自然灾害等原因遭受重大损失。

（2）纳税人开采共伴生矿、低品位矿、尾矿。

课程思政

“资源税是如何保护和管理自然资源的呢？”——通过话题讨论，让学生深入了解资源税中蕴含的绿色发展理念，进一步理解资源税是如何调节资源配置、引导企业转型、助力绿色发展。

资源是大自然对人类的馈赠。但是很多资源都是不可再生资源，如我们日常使用的天然气、水等。为了更好地保护自然资源、合理利用资源，资源税根据应税产品的品种、质量、存在形式、开采方式以及企业所处地理位置和交通运输条件等客观因素差异来确定资源税的差别税率，引导企业合理开采和利用资源。坚定“绿色低碳”之路，以经济社会发展全面绿色转型为引领，加快形成保护环境，生态优先的可持续发展道路。

二、资源税应纳税额的计算

（一）计税依据

资源税以纳税人开发应税资源产品的销售额或者销售数量为计税依据。

“税目税率表（见表 6–13）”中规定可以选择实行从价计征或者从量计征的，具体计征方式由省（自治区、直辖市）人民政府提出，报同级人民代表大会常务委员会决定，并报全国人大常委会和国务院备案。

纳税人开采或者生产不同税目应税产品的，应当分别核算不同税目应税产品的销售额或者销售数量；未分别核算或者不能准确提供不同税目应税产品的销售额或者销售数量的，从高适用税率。

资源税应税产品销售额是指纳税人销售应税产品向购买方收取的全部价款（不含增值税）。计入销售额中的相关运杂费用，凡取得增值税发票或者其他合法有效凭据的，准予从销售额中扣除。相关运杂费用是指应税产品从坑口或者洗选（加工）地到车站、码头或者购买方指定地点的运输费用、建设基金以及随运输产生的装卸、仓储、港杂费用。

应税产品的销售数量，包括纳税人开采或者生产应税产品的实际销售数量和自用于应当缴纳资源税情形的应税产品数量。

此外，还需注意：

1. 纳税人外购应税产品与自采应税产品混合销售或者混合加工为应税产品销售的，在计算应税产品销售额或者销售数量时，准予扣减外购应税产品的购进金额或者购进数量：当期不足扣减的，可结转下期扣减。纳税人应当准确核算外购应税产品的购进金额或者购进数量，未准确核算的，一并计算缴纳资源税。

纳税人核算并扣减当期外购应税产品购进金额、购进数量，应当依据外购应税产品的增值税发票、海关进口增值税专用缴款书或者其他合法有效凭据。

2. 纳税人以外购原矿与自采原矿混合为原矿销售，或者以外购选矿产品与自产选矿产品混合为选矿产品销售的，在计算应税产品销售额或者销售数量时，直接扣减外购原矿或者外购选矿产品的购进金额或者购进数量。

纳税人以外购原矿与自采原矿混合洗选加工为选矿产品销售的，在计算应税产品销售额或者销售数量时，按照下列方法进行扣减：

准予扣减的外购应税产品购进金额（数量）= 外购原矿购进金额（数量）×（本地区原矿适用税率 ÷ 本地区选矿产品适用税率）

不能按照上述方法计算扣减的，按照主管税务机关确定的其他合理方法进行扣减。

3. 纳税人开采或者生产同一税目下适用不同税率应税产品的，应当分别核算不同税率应税产品的销售额或者销售数量；未分别核算或者不能准确提供不同税率应税产品的销售额或者销售数量的，从高适用税率。

4. 纳税人以自采原矿（经过采矿过程采出后未进行选矿或者加工的矿石）直接销售，或者自用于应当缴纳资源税情形的，按照原矿计征资源税。

纳税人以自采原矿洗选加工为选矿产品（通过破碎、切割、洗选、筛分、磨矿、分级、提纯、脱水、干燥等过程形成的产品，包括富集的精矿和研磨成粉、粒级成型、切割成型的原矿加工品）销售，或者将选矿产品自用于应当缴纳资源税情形的、按照选矿产品计征资源税，在原矿移送环节不缴纳资源税。

5. 纳税人开采或者生产同一应税产品，其中既有享受减免税政策的，又有不享受减免税政策的，按照免税、减税项目的产量占比等方法分别核算确定免税、减税项目的销售额或者销售数量。

（二）应纳税额的计算

资源税的应纳税额，按照从价定率或者从量定额的办法，分别以应税产品的销售额乘以纳税人具体适用的比例税率或者以应税产品的销售数量乘以纳税人具体适用的定额税率计算。

1. 从价定率计征资源税应纳税额的计算公式。

实行从价定率计征办法的应税产品，资源税应纳税额按销售额和比例税率计算：

应纳税额 = 应税产品的销售额 × 适用的比例税率

2. 从量定额计征资源税应纳税额的计算公式。

实行从量定额计征办法的应税产品，资源税应纳税额按销售数量和定额税率计算：

应纳税额 = 应税产品的销售数量 × 适用的定额税率

3. 代扣代缴资源税应纳税额的计算公式。

扣缴义务人代扣代缴资源税应纳税额的计算：

代扣代缴应纳税额 = 收购未税产品的数量 × 适用的定额税率

【技能点 6-7】城品公司是一家锡矿开采企业，本月该公司开采锡矿原矿 600 吨，销售锡矿原矿 400 吨，取得不含税销售额 7 000 000 元；剩余锡矿原矿 200 吨移送加工为选矿 160 吨，本月全部销售，取得不含税销售额 4 800 000 元。锡矿原矿和锡矿选矿资源税税率分别为 5% 和 4.5%。请计算该公司本月应缴纳的资源税。

①锡矿原矿为资源税的应税产品，开采销售锡矿原矿应计算缴纳资源税。

销售锡矿原矿应缴纳资源税 =7 000 000 × 5%=350 000（元）

②将锡矿原矿移送加工应税选矿，不征收资源税，但生产销售的锡矿选矿属于资源税应税产品，应计算缴纳资源税。

销售锡矿选矿应缴纳资源税 =4 800 000 × 4.5%=216 000（元）

该企业应缴纳资源税 =350 000+216 000=566 000（元）

三、资源税智慧平台申报管理

（一）资源税征收管理

1. 纳税义务发生时间。

纳税人销售应税产品，纳税义务发生时间为收讫销售款或者取得索取销售款凭据的当日；自用应税产品的，纳税义务发生时间为移送应税产品的当日。

2. 纳税地点。

纳税人应当在矿产品的开采地或者海盐的生产地缴纳资源税。

3. 征收机关。

资源税由税务机关征收管理。海上开采的原油和天然气资源税由海洋石油税务管理机构征收管理。

4. 纳税期限。

资源税按月或者按季申报缴纳，不能按固定期限计算缴纳的，可以按次申报缴纳。纳税人享受资源税优惠政策，实行“自行判别、申报享受、有关资料留存备查”的办理方式，另有规定的除外。纳税人对资源税优惠事项留存材料的真实性和合法性承担法律责任。

纳税人按月或者按季申报缴纳的，应当自月度或者季度终了之日起 15 日内，向税务机关办理纳税申报并缴纳税款；按次申报缴纳的，应当自纳税义务发生之日起 15 日内，向税务机关办理纳税申报并缴纳税款。

（二）资源税智慧平台纳税申报

纳税人依法纳税申报时，应在国家电子税务局智慧平台填报《财产和行为税税源明细表》、《资源税税源明细表》，见表 6-14，并按要求提供相关资料。

知识巩固

表 6–14

资源税税源明细表

税款所属期限：自　　年　月　日至　　年　月　日

纳税人识别号（统一社会信用代码）：□□□□□□□□□□□□□□□□□□

纳税人名称：　　　　　　　　　　　　　　　　金额单位：人民币元（列至角分）

申报计算明细

序号	税目	子目	计量单位	销售数量	准予扣减的外购应税产品购进数量	计税销售数量	销售额	准予扣除的运杂费	准予扣减的外购应税产品购进金额	计税销售额
	1	2	3	4	5	6=4–5	7	8	9	10=7–8–9
1										
2										
合计										

减免税计算明细

序号	税目	子目	减免性质代码和项目名称	计量单位	减免税销售数量	减免税销售额	适用税率	减征比例	本期减免税额
	1	2	3	4	5	6	7	8	9①=5×7×8 9②=6×7×8
1									
2									
合计									

注：税款所属期限：纳税人申报资源税所属期的起止时间，应填写具体的年、月、日。

项目实训

【实训目的】通过本项目的实训操作，能够熟练掌握财产与行为税的应纳税额的计算、纳税申报资料填报的基本技能，为学生从事财产与行为税办税业务奠定良好的技能基础，提升上岗操作技能。

【实训方法】以企业常见经济业务为基础，按照财产和行为税相关法规制度的规定，学生边学边做，在操作中深化学习，在学习中不断提升。

【实训资料】

1. 企业概况

（1）企业名称：湖南万和置业有限公司

（2）企业地址：湖南省长沙市天心区五一大道 188 号

（3）法人代表：刘志杰

（4）开户行及账号：中国工商银行长沙天心支行 6228501240031085264

（5）行业：房地产

（6）联系电话：0731-82210426

（7）纳税人识别码：9240886342Y86P8582

（8）纳税主体：一般纳税人

（9）注册资本：5 000 万元

（10）注册时间：2016-10-01

（11）经营范围：在合法取得的土地使用权范围内从事房地产开发经营；投资兴办实业（具体项目另行申报）；信息咨询（不含人才中介服务和其他限制项目）

2. 基本业务

2023 年第一季度，湖南万和置业有限公司发生如下经济业务：（湖南省规定：计算房产税时按原值的 20% 作为扣除额，房产税按季申报，印花税按季申报，公司所在地区的城镇土地使用税税率为每平方米年税额 30 元，以下收入均为含增值税收入）。

（1）1 月 1 日，为扩大经营规模，接收追加投资，增加实收资本 50 000 000 元。

（2）1 月 15 日，将闲置的万和职业洋湖售楼部（地址为湖南省长沙市岳麓区洋湖街道万和置业）对外出租，该售楼部不动产证取得时间为 2020 年 8 月，原值 4 000 000 元，占地面积 300 平米。财产租赁合同编号：20230115430111100078，承租人为家和餐馆，纳税人识别号：410502198602232045。合同规定的租赁开始日期为 2023 年 2 月 1 日，租期 3 年，每月租金 50 000 元（不含增值税）。

（3）2月2日，与银行签订借款合同，借款合同编号：HET2023020201220078615，借款金额10 000 000元，借款期限6个月。

（4）2月22日，通过竞拍取得一宗土地使用权作为居住用地，出让书记载金额为200 000 000元，未约定土地交付时间。（契税税率为4%）。土地相关情况如下：

土地编号：C2023-06

土地名称：万和3号土地

土地性质：国有

土地用途：房地产开发企业的开发用地

土地位置：湖南省长沙市望城区高塘岭街道高塘岭大道

土地等级：五级

城镇土地使用税征收额度：12元/平方米

出让面积：51 697.57平方米

有效面积：42 187.27平方米

（5）3月25日，销售自行开发的在建的普通住宅项目整体出售，项目信息如下：

项目名称：万和雅苑项目

项目地址：长沙市岳麓区莲坪大道167号

项目可售面积：10 217.27平方米

产权转移书据编号：202303250296，取得不含增值税转让收入100 000 000元。公司为了取得土地使用权所支付的金额45 000 000元，开发土地、建房及配套设施等共支出15 000 000元（其中土地征用及拆迁补偿费8 000 000元，前期工程费7 000 000元），开发费用共计3 200 000元（其中：利息支出1 000 000元，未超过国家规定的利息率标准），转让房地产有关的税金共付560 000元（其中城市维护建设税392 000元，教育费附加168 000元）。

【实训要求】

1. 计算湖南万和置业有限公司2023年第一季度应缴纳的财产和行为税税额。

2. 填制《财产和行为税税源明细表》和《财产和行为税纳税申报表》。并在智慧税务平台申报处理。

表 6-15

财产和行为税纳税申报表

纳税人识别号（统一社会信用代码）：□□□□□□□□□□□□□□□□□□

纳税人名称：

金额单位：人民币元（列至角分）

序号	税种	税目	税款所属期起	税款所属期止	计税依据	税率	应纳税额	减免税额	已缴税额	应补（退）税额
1										
2										
3										
4										
5										
6										
7										
8										
9										
10										
11	合计	—	—	—	—	—				

声明：此表是根据国家税收法律法规及相关规定填写的，本人（单位）对填报内容（及附带资料）的真实性、可靠性、完整性负责。

纳税人（签章）　　年　月　日

经办人： 经办人身份证号： 代理机构签章： 代理机构统一社会信用代码：	受理人： 受理税务机关（章）： 受理日期：　　年　　月　　日

附表

财产和行为税减免税明细申报附表

纳税人识别号（统一社会信用代码）：□□□□□□□□□□□□□□□□□□

纳税人名称：　　　　　　　　　　　　　　　　　　　　　　金额单位：人民币元（列至角分）

本期是否适用增值税小规模纳税人减征政策		□是 □否	本期适用增值税小规模纳税人减征政策起始时间		年　月
			本期适用增值税小规模纳税人减征政策终止时间		年　月
合计减免税额					
城镇土地使用税					
序号	土地编号	税款所属期起	税款所属期止	减免性质代码和项目名称	减免税额
1					
2					
小计	—			—	
房产税					
序号	房产编号	税款所属期起	税款所属期止	减免性质代码和项目名称	减免税额
1					
2					
小计	—			—	
车船税					
序号	车辆识别代码 / 船舶识别码	税款所属期起	税款所属期止	减免性质代码和项目名称	减免税额
1					
2					
小计	—			—	

续表

印花税

序号	税目	税款所属期起	税款所属期止	减免性质代码和项目名称	减免税额
1					
2					
小记	—			—	

资源税

序号	税目	子目	税款所属期起	税款所属期止	减免性质代码和项目名称	减免税额
1						
2						
小记	—	—			—	

耕地占用税

序号	税源编号	税款所属期起	税款所属期止	减免性质代码和项目名称	减免税额
1					
2					
小记	—			—	

契税

序号	税源编号	税款所属期起	税款所属期止	减免性质代码和项目名称	减免税额
1					
2					
小记	—			—	

续表

土地增值税

序号	项目编号	税款所属期起	税款所属期止	减免性质代码和项目名称	减免税额
1					
2					
小记	—			—	

环境保护税

序号	税源编号	污染物类别	污染物名称	税款所属期起	税款所属期止	减免性质代码和项目名称	减免税额
1							
2							
小记	—	—	—			—	

声明：此表是根据国家税收法律法规及相关规定填写的，本人（单位）对填报内容（及附带资料）的真实性、可靠性、完整性负责。

纳税人（签章）　　年　月　日

经办人： 经办人身份证号： 代理机构签章： 代理机构统一社会信用代码：	受理人： 受理税务机关（章）： 受理日期：　年　月　日

表 6-16

城镇土地使用税　房产税税源明细表

纳税人识别号（统一社会信用代码）：□□□□□□□□□□□□□□□□□□□□

纳税人名称：

金额单位：人民币元（列至角分）；面积单位：平方米

一、城镇土地使用税税源明细

<table>
<tr><td colspan="2">＊纳税人类型</td><td colspan="2">土地使用权人□ 集体土地使用人□
无偿使用人□ 代管人□ 实际使用人□
（必选）</td><td colspan="2">土地使用权人纳税人识别号（统一社会信用代码）</td><td colspan="2"></td><td colspan="2">土地使用权人名称</td><td colspan="2"></td></tr>
<tr><td colspan="2">＊土地编号</td><td colspan="2"></td><td colspan="2">土地名称</td><td colspan="2"></td><td colspan="2">不动产权证号</td><td colspan="2"></td></tr>
<tr><td colspan="2">不动产单元号</td><td colspan="2"></td><td colspan="2">宗地号</td><td colspan="2"></td><td colspan="2">＊土地性质</td><td colspan="2">国有□ 集体□
（必选）</td></tr>
<tr><td colspan="2">＊土地取得方式</td><td colspan="2">划拨□ 出让□ 转让□ 租赁□ 其他□
（必选）</td><td colspan="2">＊土地用途</td><td colspan="6">工业□ 商业□ 居住□ 综合□ 房地产开发企业的开发用地□ 其他□
（必选）</td></tr>
<tr><td colspan="2">＊土地坐落地址（详细地址）</td><td colspan="10">省（自治区、直辖市）　市（区）　县（区）　乡镇（街道）　（必填）</td></tr>
<tr><td colspan="2">＊土地所属主管税务所（科、分局）</td><td colspan="10"></td></tr>
<tr><td colspan="2">＊土地取得时间</td><td>年　月</td><td>变更类型</td><td colspan="5">纳税义务终止（权属转移□ 其他□）
信息项变更（土地面积变更□ 土地等级变更□ 减免税变更□
其他□）</td><td colspan="2">变更时间</td><td>年　月</td></tr>
<tr><td colspan="2">＊占用土地面积</td><td></td><td>地价</td><td></td><td>＊土地等级</td><td colspan="3"></td><td colspan="2">＊税额标准</td><td></td></tr>
<tr><td rowspan="5">减免税部分</td><td rowspan="2">序号</td><td colspan="4" rowspan="2">减免性质代码和项目名称</td><td colspan="3">减免起止时间</td><td colspan="2" rowspan="2">减免税土地面积</td><td rowspan="2">月减免税金额</td></tr>
<tr><td>减免起始月份</td><td colspan="2">减免终止月份</td></tr>
<tr><td>1</td><td colspan="4"></td><td>年　月</td><td colspan="2">年　月</td><td colspan="2"></td><td></td></tr>
<tr><td>2</td><td colspan="4"></td><td></td><td colspan="2"></td><td colspan="2"></td><td></td></tr>
<tr><td>3</td><td colspan="4"></td><td></td><td colspan="2"></td><td colspan="2"></td><td></td></tr>
</table>

续表

二、房产税税源明细						
（一）从价计征房产税明细						
* 纳税人类型	产权所有人□ 经营管理人□ 承典人□ 房屋代管人□ 房屋使用人□ 融资租赁承租人□ （必选）	所有权人纳税人识别号（统一社会信用代码）		所有权人名称		
* 房产编号		房产名称				
不动产权证号		不动产单元号				
* 房屋坐落地址（详细地址）	省（自治区、直辖市）　市（区）　县（区）　乡镇（街道）　（必填）					
* 房产所属主管税务所（科、分局）						
房屋所在土地编号		* 房产用途	工业□ 商业及办公□ 住房□ 其他□　（必选）			
* 房产取得时间	年　月	变更类型	纳税义务终止（权属转移□ 其他□） 信息项变更（房产原值变更□ 出租房产原值变更□ 减免税变更□ 申报租金收入变更□ 其他□）	变更时间	年　月	
* 建筑面积		其中：出租房产面积				
* 房产原值		其中：出租房产原值		计税比例		
减免税部分	序号	减免性质代码和项目名称	减免起止时间		减免税房产原值	月减免税金额
			减免起始月份	减免终止月份		
	1		年　月	年　月		
	2					
	3					

续表

（二）从租计征房产税明细						
*房产编号			房产名称			
*房产所属主管税务所（科、分局）						
承租方纳税人识别号（统一社会信用代码）			承租方名称			
*出租面积			*申报租金收入			
*申报租金所属租赁期起			*申报租金所属租赁期止			
减免税部分	序号	减免性质代码和项目名称	减免起止时间		减免税租金收入	月减免税金额
			减免起始月份	减免终止月份		
	1		年　月	年　月		
	2					
	3					

表 6–17　**契税税源明细表**

纳税人识别号（统一社会信用代码）：□□□□□□□□□□□□□□□□□□

纳税人名称：

金额单位：人民币元（列至角分）；面积单位：平方米

*税源编号		*土地房屋坐落地址		不动产单元号（或房屋编号）	
合同编号		*合同签订日期		*共有方式	□单独所有 □共同共有 （共有人：_____） □按份共有 _____%
*权属转移对象		*权属转移方式		*用途	
*成交价格 □含税 □不含税		*权属转移面积		*成交单价	
*评估价格			*计税价格		
*适用税率			减免性质代码和项目名称		

表 6-18

印花税税源明细表

纳税人识别号（统一社会信用代码）：□□□□□□□□□□□□□□□□□□

纳税人名称：

金额单位：人民币元（列至角分）

序号	*税目	*税款所属期起	*税款所属期止	应纳税凭证编号	应纳税凭证书立（领受）日期	*计税金额或件数	核定比例	*税率	减免性质代码和项目名称
按期申报									
1									
2									
3									
4									
5									
6									
7									
8									
按次申报									
1									
2									
3									

表 6–19

土地增值税税源明细表

税款所属期限：自　　年　月　日至　　年　月　日

纳税人识别号（统一社会信用代码）：□□□□□□□□□□□□□□□□□□□□

纳税人名称：

金额单位：人民币元（列至角分）；面积单位：平方米

土地增值税项目登记表（从事房地产开发的纳税人适用）					
项目名称			项目地址		
土地使用权受让（行政划拨）合同号			受让（行政划拨）时间		
建设项目起讫时间		总预算成本		单位预算成本	
项目详细坐落地点					
开发土地总面积		开发建筑总面积		房地产转让合同名称	
转让次序	转让土地面积（按次填写）		转让建筑面积（按次填写）	转让合同签订日期（按次填写）	
第 1 次					
第 2 次					
……					
备注					
土地增值税申报计算及减免信息					
申报类型：					
1. 从事房地产开发的纳税人预缴适用 □					
2. 从事房地产开发的纳税人清算适用 □					

续表

<table>
<tr><td colspan="8">土地增值税申报计算及减免信息</td></tr>
<tr><td colspan="8">3. 从事房地产开发的纳税人按核定征收方式清算适用 □</td></tr>
<tr><td colspan="8">4. 纳税人整体转让在建工程适用□</td></tr>
<tr><td colspan="8">5. 从事房地产开发的纳税人清算后尾盘销售适用 □</td></tr>
<tr><td colspan="8">6. 转让旧房及建筑物的纳税人适用 □</td></tr>
<tr><td colspan="8">7. 转让旧房及建筑物的纳税人核定征收适用 □</td></tr>
<tr><td colspan="2">项目名称</td><td colspan="2"></td><td colspan="2">项目编码</td><td colspan="2"></td></tr>
<tr><td colspan="2">项目地址</td><td colspan="6"></td></tr>
<tr><td colspan="2">项目总可售面积</td><td colspan="2"></td><td colspan="2">自用和出租面积</td><td colspan="2"></td></tr>
<tr><td>已售面积</td><td></td><td>其中：普通住宅已售面积</td><td></td><td>其中：非普通住宅已售面积</td><td></td><td>其中：其他类型房地产已售面积</td><td></td></tr>
<tr><td colspan="2">清算时已售面积</td><td colspan="2"></td><td colspan="2">清算后剩余可售面积</td><td colspan="2"></td></tr>
</table>

<table>
<tr><td rowspan="2">申报类型</td><td rowspan="2">项目</td><td rowspan="2">序号</td><td colspan="4">金额</td></tr>
<tr><td>普通住宅</td><td>非普通住宅</td><td>其他类型房地产</td><td>总额</td></tr>
<tr><td rowspan="6">1. 从事房地产开发的纳税人预缴适用</td><td>一、房产类型子目</td><td>1</td><td></td><td></td><td></td><td>—</td></tr>
<tr><td>二、应税收入</td><td>2=3+4+5</td><td></td><td></td><td></td><td></td></tr>
<tr><td>1. 货币收入</td><td>3</td><td></td><td></td><td></td><td></td></tr>
<tr><td>2. 实物收入及其他收入</td><td>4</td><td></td><td></td><td></td><td></td></tr>
<tr><td>3. 视同销售收入</td><td>5</td><td></td><td></td><td></td><td></td></tr>
<tr><td>三、预征率（%）</td><td>6</td><td></td><td></td><td></td><td>—</td></tr>
</table>

续表

申报类型	项目	序号	金额			
			普通住宅	非普通住宅	其他类型房地产	总额
2. 从事房地产开发的纳税人清算适用 3. 从事房地产开发的纳税人按核定征收方式清算适用 4. 纳税人整体转让在建工程适用	一、转让房地产收入总额	1=2+3+4				
	1. 货币收入	2				
	2. 实物收入及其他收入	3				
	3. 视同销售收入	4				
	二、扣除项目金额合计	5 = 6+7+14+17+21+22				
	1. 取得土地使用权所支付的金额	6				
	2. 房地产开发成本	7 = 8+9+10+11+12+13				
	其中：土地征用及拆迁补偿费	8				
	前期工程费	9				
	建筑安装工程费	10				
	基础设施费	11				
	公共配套设施费	12				
	开发间接费用	13				
	3. 房地产开发费用	14 = 15+16				
	其中：利息支出	15				
	其他房地产开发费用	16				
	4. 与转让房地产有关的税金等	17 = 18+19+20				
	其中：营业税	18				
	城市维护建设税	19				
	教育费附加	20				
	5. 财政部规定的其他扣除项目	21				

续表

申报类型	项目		序号	金额			
				普通住宅	非普通住宅	其他类型房地产	总额
2. 从事房地产开发的纳税人清算适用 3. 从事房地产开发的纳税人按核定征收方式清算适用 4. 纳税人整体转让在建工程适用	6. 代收费用（纳税人整体转让在建工程不填此项）		22				
	三、增值额		23=1–5				
	四、增值额与扣除项目金额之比（%）		24=23 ÷ 5				
	五、适用税率（核定征收率）(%)		25				
	六、速算扣除系数（%）		26				
	七、减免税额		27=29+31+33				
	其中：减免税（1）	减免性质代码和项目名称（1）	28				
		减免税额（1）	29				
	减免税（2）	减免性质代码和项目名称（2）	30				
		减免税额（2）	31				
	减免税（3）	减免性质代码和项目名称（3）	32				
		减免税额（3）	33				

续表

申报类型	项目		序号	金额			
				普通住宅	非普通住宅	其他类型房地产	总额
5. 从事房地产开发的纳税人清算后尾盘销售适用	一、转让房地产收入总额		1=2+3+4				
	1. 货币收入		2				
	2. 实物收入及其他收入		3				
	3. 视同销售收入		4				
	二、扣除项目金额合计		5=6 × 7+8				
	1. 本次清算后尾盘销售的销售面积		6				
	2. 单位成本费用		7				
	3. 本次与转让房地产有关的税金		8=9+10+11				
	其中：营业税		9				
	城市维护建设税		10				
	教育费附加		11				
	三、增值额		12=1−5				
	四、增值额与扣除项目金额之比（%）		13=12 ÷ 5				
	五、适用税率（核定征收率）（%）		14				
	六、速算扣除系数（%）		15				
	七、减免税额		16=18+20+22				
	其中：减免税（1）	减免性质代码和项目名称（1）	17				
		减免税额（1）	18				
	减免税（2）	减免性质代码和项目名称（2）	19				
		减免税额（2）	20				
	减免税（3）	减免性质代码和项目名称（3）	21				
		减免税额（3）	22				

续表

申报类型	项目	序号	金额			
			普通住宅	非普通住宅	其他类型房地产	总额
6. 转让旧房及建筑物的纳税人适用 7. 转让旧房及建筑物的纳税人核定征收适用	一、转让房地产收入总额	1=2+3+4				
	1. 货币收入	2				
	2. 实物收入	3				
	3. 其他收入	4				
	二、扣除项目金额合计	（1）5=6+7+10+15 （2）5=11+12+14+15				
	（1）提供评估价格					
	1. 取得土地使用权所支付的金额	6				
	2. 旧房及建筑物的评估价格	7=8×9				
	其中：旧房及建筑物的重置成本价	8				
	成新度折扣率	9				
	3. 评估费用	10				
	（2）提供购房发票					
	1. 购房发票金额	11				
	2. 发票加计扣除金额	12=11×5%×13				
	其中：房产实际持有年数	13				
	3. 购房契税	14				
	4. 与转让房地产有关的税金等	15=16+17+18+19				
	其中：营业税	16				
	城市维护建设税	17				
	印花税	18				

续表

申报类型	项目		序号	金额			
				普通住宅	非普通住宅	其他类型房地产	总额
6. 转让旧房及建筑物的纳税人适用 7. 转让旧房及建筑物的纳税人核定征收适用	教育费附加		19				
	三、增值额		20=1−5				
	四、增值额与扣除项目金额之比（%）		21=20 ÷ 5				
	五、适用税率（核定征收率）(%)		22				
	六、速算扣除系数（%）		23				
	七、减免税额		24=26+28+30				
	其中：减免税（1）	减免性质代码和项目名称（1）	25				
		减免税额（2）	26				
	减免税（2）	减免性质代码和项目名称（2）	27				
		减免税额（2）	28				
	减免税（3）	减免性质代码和项目名称（3）	29				
		减免税额（3）	30				

参考文献

1. 中国注册会计师协会:《税法》，北京：中国财政经济出版社，2022 年版。

2. 全国税务师职业资格考试教材编写组:《税法（Ⅰ）》，北京：中国税务出版社，2022 年版。

3. 全国税务师职业资格考试教材编写组:《税法（Ⅱ）》，北京：中国税务出版社，2022 年版。

4. 财政部会计资格评价中心编著:《经济法基础》，北京：经济科学出版社，2023 年版。

5. 黄洁洵、东奥会计在线:《2023 年会计专业技术资格考试应试指导及全真模拟测试：经济法基础》，北京：北京科学技术出版社，2023 年版。

6. 周伟华:《纳税实务》第 1 版，北京：中国财政经济出版社，2016 年版。

参考答案